沟通技巧与实训

GOUTONG JIQIAO YU SHIXUN

主　编　徐凌洁　副主编　张　勤　樊　乐　孟祥山

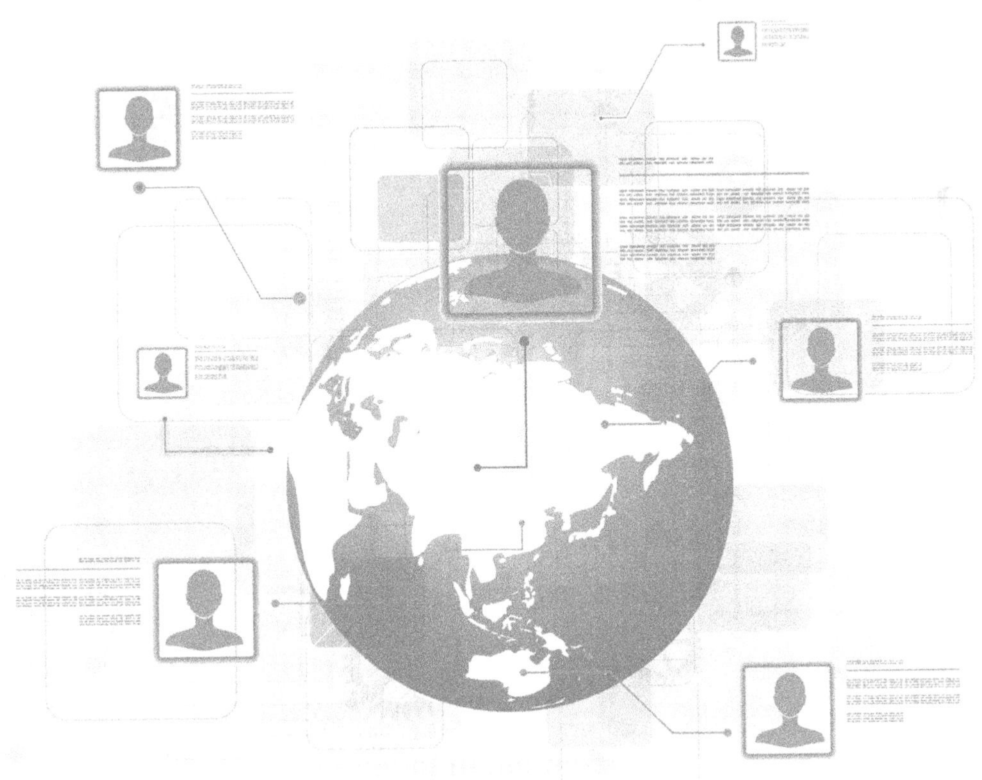

镇　江

图书在版编目(CIP)数据

沟通技巧与实训 / 徐凌洁主编. — 镇江 ：江苏大学出版社，2018.10(2020.10 重印)
ISBN 978-7-5684-0964-3

Ⅰ. ①沟… Ⅱ. ①徐… Ⅲ. ①商业管理－公共关系学－教材 Ⅳ. ①F715

中国版本图书馆 CIP 数据核字(2018)第 232443 号

沟通技巧与实训
Goutong Jiqiao yu Shixun

主　　编/徐凌洁
副 主 编/张　勤　樊　乐　孟祥山
责任编辑/徐子理　董国军
出版发行/江苏大学出版社
地　　址/江苏省镇江市梦溪园巷 30 号(邮编：212003)
电　　话/0511-84446464(传真)
网　　址/http://press.ujs.edu.cn
排　　版/镇江市江东印刷有限责任公司
印　　刷/广东虎彩云印刷有限公司
开　　本/787 mm×1 092 mm　1/16
印　　张/16.25
字　　数/376 千字
版　　次/2018 年 10 月第 1 版　2020 年 10 月第 2 次印刷
书　　号/ISBN 978-7-5684-0964-3
定　　价/45.00 元

如有印装质量问题请与本社营销部联系(电话:0511-84440882)

目　录

模块一　沟通基本训练

模块二　自我认知与管理训练

模块三　人际沟通训练

模块四　组织沟通训练

沟通基本训练

学习引导

沟通在我们的日常生活中无处不在，良好有效的沟通是我们提升工作效率和生活质量的重要手段。只有与人良好地沟通，才能为他人所理解；只有与人良好地沟通，才能得到必要的信息；只有与人良好地沟通，才能获得他人的鼎力相助，正所谓“能此者大道坦然，不能此者孤帆片舟”。沟通是生活，沟通是工作，沟通是生命。快乐沟通，沟通快乐。同时，沟通可以产生聚合力，团队内良好有效的沟通对于提升团队素质和战斗力同样至为关键。

良好有效的沟通对于个体而言，具有重要的作用，沟通能力是个人成功的必要条件！一个人的成功75%靠沟通，25%靠天才和能力。

同样，对于一个团队、一个组织而言，良好的沟通，可以增强团队的凝聚力和战斗力。学习需要沟通、生活需要沟通，成就未来的事业更需要沟通。本模块通过对沟通基础环节的训练，为后续模块学习奠定良好的基础。

项目一　沟通的基本知识与技能

【项目概述】

沟通是各种职业活动中最富人性化的活动，在职场中无时不在、无处不有。良好的沟通能力可以使职场人士准确、恰当地表达自己的思想和感情，进而获得他人的理解和支持，保持良好的人际关系，促进职业活动的顺利开展和自身职业的发展。

本项目通过“沟通要素认知训练”“认识沟通对象训练”“消除沟通障碍训练”等任务，帮助受训练者掌握并熟练运用沟通的基本知识和技能。

任务一　沟通要素认知训练

【训练导入】

唐僧给孙悟空的一封信

悟空徒儿：

那天没有接你电话，是因为正在开会，现在会场都有监控，每人还发了笔记本电脑，可以玩游戏，但不能打电话，所以要注意的。有些话在电话里说不清楚，就给你写了这封信。

你是一个很有本事的人，没有你，为师早被妖怪吃掉变成肥料了。但是时代变了，只靠本事是不够的，你该转变观念了，这点要多向八戒学习，他现在混得左右逢源、如鱼得水，不但上层路线走得好，在女同志中威信也很高。上次推荐优秀年轻干部，你只得到了2票，1票是我的，估计还有1票是你自己投的，八戒的票数却是遥遥领先，据说嫦娥也给他投了1票。

悟空，你要好好反省一下，虽然你在取经路上做出了许多贡献，但那些都属于过去，现在关键要和领导搞好关系，消除大闹天宫及坐过牢的不良影响。你当花果山风景区管委会的临时负责人好多年了，为什么没有转正，原因还用说吗，就因为你脾气直。

不管怎样，你都要改变，别老是火眼金睛的，让人不舒服，你又不是审计局局长。还有你这张猴嘴，该说的不该说的乱说，猴急的老毛病要改一改了！时代变化太快了，八戒的孩子都十几岁了，明年就准备送到西天上大学，以后就留在那儿不回来了。还有沙僧，你别看他老实，现在搞了个流沙河房地产开发公司，把别墅都建到月亮上去了。

悟空，好好考虑一下为师的意见，为师给你写的不是信，写的是心啊。

师父：唐僧

思考：什么是沟通？业务精英孙悟空沟通能力不强给他带来了什么困扰？

【训练目标】

1. 掌握沟通的含义；
2. 认识沟通的基本要素；
3. 理解沟通的基本过程。

【知识链接】

一、沟通的概念

沟通的本意是开沟使得两水相通。《左传·哀公九年》中写道：“秋，吴城邗，沟通江淮。”后指两方能够通连，在信息社会又泛指信息沟通。

沟通的英语为 communication，又可译为传达、通信、交流、交通、交际等，国内一般翻译成交流、沟通、传播。

沟通的定义很多，概括为几种类型：

（1）共享说：强调传者与受者对信息的分享，此以美国传播学家施拉姆为代表；

（2）交流说：强调沟通是有来有往的双向活动，即如美国学者霍本的观点“沟通即是用言语交流思想”；

（3）影响（说服）说：强调传者对受者施加影响的行为，如美国学者露西与彼得森认为“沟通是人影响人的全部过程”；

（4）符号（信息）说：强调沟通是符号或信息的流动，如美国学者贝雷尔森认为“沟通是通过传播媒介所做的符号的传送”。

总之，沟通就是为了一个设定的目标，把信息、思想和情感在个人或群体间传递，并且达成共同协议的过程。

二、沟通的三大要素

沟通是从预定目标出发，在个人或群体间传递信息、思想和情感，并且达成共同协议的过程。沟通包含以下要素：

（1）目标。沟通的前提是有一个明确的目标。沟通目标包括说明事情、表达情感、建立关系等。沟通的方式根据沟通目的不同而改变。

（2）协议。沟通结束的标志是双方或多方达成了一个共同承认的协议。“协议”的达成需要对沟通的内容有共同的理解和判断。

（3）内容。沟通的内容包括信息、思想和情感。信息较易沟通，而思想及情感则较难传递。在沟通过程中，信息并不是沟通最主要的内容，传递彼此之间的思想与情感更为重要。

三、沟通过程模型

沟通过程包括沟通主体（发送者）、沟通客体（接收者）、信息、信息渠道等基本要素。沟通过程示意图及要素如下所示：

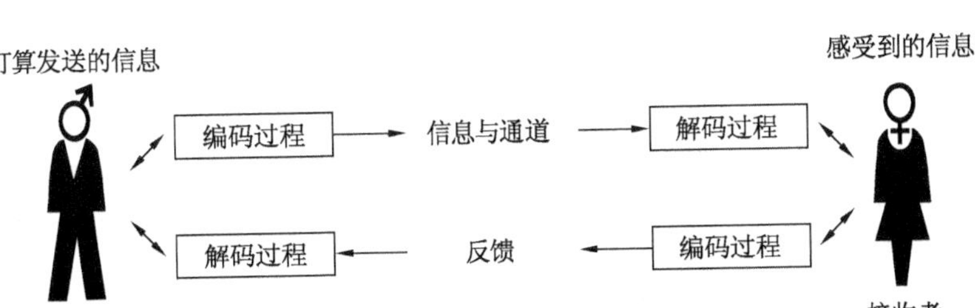

（1）主体/发送者。即信息源与沟通发起者，这是沟通的起点。

（2）编码。即组织信息，把信息、思想与情感等内容用相应的语言、文字、图形或其他非语言形式表达出来就构成了编码过程。

（3）信息通道。即媒介、信息的传递载体。沟通除了面谈外，还可借助电话、传真、电子邮件、手机短信等媒介传递信息。

（4）解码。即译码，是接收者对所获取的信息（包括了中性信息、思想与情感）的理解过程。

（5）客体/接收者。即信息接收者、信息达到的客体或信息受众。

（6）反馈。接收者对信息的理解和态度，接收者向发送者传送回去的反应即反馈。

【训练实施】

一、训练一：按照要求完成分组

（一）实训要求：

1. 时间控制：15 分钟

2. 场地：室内

（二）训练过程

同学自由组合分组，但在同一组内，一个宿舍的不超过两人，班干部不超过两人，同一县（区）不超过两人（根据情况可以增加其他条件）。推选一人做小组组长，要求沟通能力在本组中处于中等，组织小组自己评价大家的沟通能力并排序（排序与成绩评定没有任何关系），请一位同学对小组情况进行介绍（3 ~5 分钟），对小组介绍情况进行评价并记分。

（三）分组结果

第　组　团队成员

	学号	姓名	县（区）	职务	沟通力排序	联系电话
组长						
组员						

（四）任务评价

分组情况评分表

小组与介绍人	分组得分（30%）	介绍得分（80%）	合　计
A 组 介绍人：________			
B 组 介绍人：________			
C 组 介绍人：________			
D 组 介绍人：________			
E 组 介绍人：________			

说明：分组后小组的构成是否符合要求（有一项不符合扣除 10 分，扣完为止）

介绍：能够准确、生动地介绍小组情况，让大家对小组情况有全面的认识。介绍人比小组分高 5 ~ 10 分。

评价人：第____组____________

（五）训练分享

1. 在完成活动过程中，你觉得比较重要的因素是什么？
2. 如何提升任务完成时间？

二、训练二：搭纸牌

（一）训练要求

1. 时间控制：30 分钟左右
2. 场地：室内
3. 所需道具：纸牌 4 ~ 5 副

（二）训练过程

1. 训练者分成若干组，每组 5 ~ 6 人；
2. 各小组有 15 分钟的准备时间；
3. 小组成员可用纸牌的边将纸牌搭起来；
4. 纸牌搭得最高的小组胜出。

（三）训练分享

1. 在完成活动的过程中，各小组的沟通目标是什么？
2. 各小组成员在沟通中最终达成了什么协议？

三、训练三：驿站传书

（一）训练要求

1. 时间控制：30 分钟左右

2. 场地：室内

3. 所需道具：随意的三组数据

（二）训练过程

1. 训练者分成若干组，每组 10 人，排成纵行坐下；

2. 各小组用 15 分钟的时间进行准备；

3. 指导者把数据告诉每组的最后一名成员，这组数据由最后一名成员正确地传输到最前面的一名成员；

4. 整个训练过程中，所有成员不能离开自己的位置、不允许说话、不允许回头、不允许传递任何物品、不允许发手机短信；

5. 传递结束以后，请最前面的成员将信息写在指定的位置上；

6. 共完成三次，数据传递正确的小组胜出。

（三）训练分享

1. 对照沟通模型，谈谈你是如何理解“信息编码—传递—解码”这个过程的？

2. 在环境和条件受到限制的时候，各小组是如何对信息进行编码、传递及解码的？你觉得还有什么更好的方法？

【训练评估】

<table>
<tr><td colspan="2">我对本训练感触最深的是：</td></tr>
<tr><td colspan="2"></td></tr>
<tr><td colspan="2">我将在自己的沟通实践中做如下改变：</td></tr>
<tr><td colspan="2"></td></tr>
<tr><td>实践计划</td><td>预计期限</td></tr>
<tr><td></td><td></td></tr>
<tr><td></td><td></td></tr>
<tr><td></td><td></td></tr>
<tr><td></td><td></td></tr>
</table>

【拓展训练与阅读】

一、个人沟通能力测试

沟通能力测评表 按照你的实际情况，在五个等级中选择相应的分值："总是" 5 分，"经常" 4 分，"不确定" 3 分，"偶尔" 2 分，"从不" 1 分，填入括号内。	
（1）能自如地用语言表达情感。	□
（2）能自如地用非语言表达情感。	□
（3）在表达情感时，能选择准确恰当的词汇。	□
（4）他人能准确地理解自己使用语言和非语言所要表达的意思。	□
（5）能很好地识别他人的情感。	□
（6）能在一位封闭的朋友面前轻松自如地谈论自己的情况。	□
（7）对他人寄予深厚的情感。	□
（8）不会盲目地暴露自己的秘密。	□
（9）能与自己观念相同的人沟通情感。	□
（10）能与自己观念不同的人沟通情感。	□
（11）持有不同观念的人愿意与自己沟通情感。	□
（12）他人乐于对己诉说不幸。	□
（13）轻易评价他人。	□
（14）明白自己在沟通中的不良习惯。	□
（15）与人讨论，善于倾听他人的意见，且不强加于人。	□
（16）与人争执，但能克制自己。	□
（17）能通过工作来排遣自己的心烦意乱。	□
（18）面对他人请教问题，能告诉他该做什么。	□
（19）对某事持异议，能说出这件事的后果。	□
（20）乐于公开自己的新观念、新技术。	□
您的得分是________。	

沟通力水平测试说明：得分越低，说明沟通力越弱；得分越高，沟通力则越强；如果总得分在 75 分以上，说明沟通力水平高。

二、阅读下面材料

老黄牛的故事

从前，有一个农夫，依靠一头老黄牛耕种几亩地来维持生活。这个农夫还养着一只可爱的小花猫。

一天，老黄牛因为多吃了稻草而被主人打了一顿，正在伤心地哭泣，这时小花猫走过来。小花猫喵喵地叫了两声，笑着对老黄牛说："老牛啊，老牛，你可真是一个可怜的老黄牛啊！""我都被主人打了，你还笑啊！"老黄牛呜咽着说。"主人为什么要打你啊？"小花猫笑得更欢。老黄牛委屈地说："主人说我多吃了稻草。可是你也知道，我平时耕地那么辛苦，流了那么多汗水，消耗那么多体力，再说我的块头也这么大，不多吃一点，我会很饿的。饿坏了，我哪里有体力下地干活啊！""那主人怎么说的啊？"小花猫问。"主人说啊，就要让你每天饿一点，你才能卖力地干活，你一旦吃饱了，就会变懒。"老黄牛说："哦？"小花猫一边听一边用爪子清理身上的毛。老黄牛继续说："我说，主人啊主人，你可是误会我了啊，自从你把我买来，我就认定要跟着你一辈子，看到你生活这么困难，只依靠几亩地营生，我每天都在想，一定要帮助主人把地耕好犁好，来年让庄稼长得好一些，让主人有一个好收成。我还说，有时我在田埂上看到主人的庄稼长势喜人，我就十分高兴，因为这里面也有我的一份功劳啊！""但主人还是教训你了啊！"小花猫说。"是啊！"老黄牛说，"主人说，少说废话，你这是为了自己偷嘴而狡辩，不服从主人的规定，就得挨打！""想想，在耕种季节，我卖力耕地犁地；空闲时候，主人还要让我驮货，出远门时还要骑着我，让我做代步工具。可是我只是为了要吃饱肚子才多吃了几口稻草啊！"老黄牛说着又呜咽起来。

小花猫咯咯地笑起来，说："你真是一个又勤快又憨直又老实的老黄牛啊！我跟你就不一样了，主人从来没有打过我哟。不但没打过我，还经常带我出去散步，抱着我睡觉，经常去街上买鱼给我吃啊……""那为什么啊？"老黄牛悲哀地问。小花猫又咯咯地笑起来，说："主人说，我长得漂亮可爱、聪明伶俐啊，主人烦恼时，我可以和他说话聊天，还有，主人说，我会逮老鼠，能帮助主人逮那些经常偷嘴的老鼠呀。"黄牛呆呆地望着小花猫……小花猫说着叹了口气，说："你难道不觉得最近主人打你的次数变多了吗？你知道为什么吗？"老黄牛茫然地摇摇头。小花猫压低声音神秘地说："主人跟我说过，你现在老了，没有力气了，没什么用了，他打算明年把你卖给屠宰场。"老黄牛惊恐地瞪大了两只牛眼……当天夜里，农夫在床上睡觉，突然被一声"轰隆"巨响惊醒了，然后听到一阵急促的"嗒嗒"声音由近向远传去。农夫慌忙从床上跳下来，点灯，开门，定睛细看，发现牛圈里的老黄牛已消失得无影无踪。

任务二　认识沟通对象训练

【训练导入】

在《杜拉拉升职记》中，玫瑰是拉拉的上司，她要求拉拉做一份广州办事处的行政报告。拉拉了解到玫瑰曾经是上海办事处的主管，因此她研究了由玫瑰撰写的上海办事处行政报告的格式，确认大致适用于广州办事处的情况后，就直接采用上海办事处的格式取代了广州办事处原来的格式。这一举措果然获得了玫瑰的赞赏，拉拉进入公司不到半年，就被提拔为行政主管。

为什么杜拉拉能够获得上司的赞赏，并得以晋升？在沟通中，应该运用哪些方法去了解沟通对象？

【训练目标】

1. 掌握不同类型人的主要特征；
2. 运用恰当的方法了解沟通对象；
3. 通过不同渠道了解沟通对象。

【知识链接】

“性格决定命运。”其实，在现实生活中有很多因素都很重要，例如，性别、学历等都会产生影响。

一、了解沟通对象的特征

（一）性格特征

根据性格的不同，一般可把职场人士分为力量型、完美型、活泼型、和平型等四种类型，各种类型的典型性格特点及沟通策略如下：

性格分类	行为特点分析	沟通策略
力量型	擅长：做； 优点：善于管理、主动积极； 弱点：缺乏耐心、感觉迟钝； 反感：优柔寡断； 追求：工作效率、支配地位； 担心：被驱动、强迫； 动机：获胜、成功。	承认他们是天生的领导者； 表示支持他们的意愿和目标； 从务实的角度考虑； 方案分析简洁明确、便于选择； 开门见山、直切主题； 重结果与机会、不要拘泥于过程与形式。
完美型	擅长：想； 优点：做事讲求条理、善于分析； 弱点：完美主义、过于苛刻； 反感：盲目行事； 追求：精细准确、一丝不苟； 担心：批评与非议； 动机：进步。	知道他们敏感而容易受到伤害； 提出周到且有条不紊的办法； 具体实践诺言； 更细致、更精确和理智； 列出任何计划的长、短处； 务实； 不要越轨、遵循规章制度； 整洁是非常必要的。
活泼型	擅长：说； 优点：善于劝导、重视人际关系； 弱点：缺乏条理、粗心大意； 反感：循规蹈矩； 追求：广受欢迎与喝彩； 担心：失去声望； 动机：别人的认同。	对他们的观点、看法、梦想表示支持； 理解他们说话不会三思； 容忍离经叛道、新奇的行为； 要热情随和、潇洒大方一些； 协助他们提高形象； 不让他们过多参与细节琐事； 要懂得他们是善意的。

续表

性格分类	行为特点分析	沟通策略
和平型	擅长：听； 优点：恪尽职守、善于倾听； 弱点：过于敏感、缺乏主见； 反感：感觉迟钝； 追求：被人接受、生活稳定； 担心：突然的变革； 动机：团结、归属感。	要懂得他们需要直接的推动； 帮助他们订立目标并争取回报； 迫使他们做决定； 主动表示对他们情感的关注； 不要急于获得信任； 有意见时，从感情角度去谈； 放慢节奏、重视礼节； 积极地听、鼓励他们说。

（二）兴趣爱好

了解对方的兴趣爱好，便于切入话题，从而有利于沟通活动的开展。兴趣可以概括为以下几种类别：

（1）物质兴趣和精神兴趣。物质兴趣主要指人们对舒适的物质生活的兴趣和追求；精神兴趣主要指人们对精神生活的兴趣和追求。

（2）直接兴趣和间接兴趣。直接兴趣是指对客观事物或活动过程本身的兴趣。间接兴趣主要指对客观事物或活动过程所产生的结果的兴趣。

（三）价值观

价值观是指个体对客观事物（包括人、事、物）的意义、重要性的总评价和总看法。一般可以分为如下几种：

（1）理性价值观。以知识和真理为中心，把追求真理看得高于一切。

（2）美的价值观。以外形协调和匀称为中心，把美和协调看得比什么都重要。

（3）政治性价值观。以权力、地位为中心的价值观，这一类型的人把权力和地位看得最有价值。

（4）社会性价值观。以群体和他人为中心的价值观，这种人认为为群体和他人服务是最有价值的。

（5）经济性价值观。以有效和实惠为中心，认为实惠的就是最有价值的。

（6）宗教性价值观。以信仰为中心，认为信仰是人生最有价值的。

（7）教育价值观。以学习为乐，认为终身学习、不断提高是人生的价值所在。

二、了解沟通对象的方法

（一）观察法

通过对沟通对象形象、姿态的观察，了解其爱好特征；通过举止、神态、表情等生理变化和表情动作，判别沟通对象的情绪；观察沟通对象的言谈举止，了解其觉悟高低、作风好坏、能力大小等。

（二）模仿法

通过模仿沟通对象日常的着装品位、“招牌”动作、说话方式等，从潜意识中了解沟通对象的思维方式及逻辑。

（三）同类比较法

通过了解与沟通对象性格相近的参照对象对同一问题的看法和态度，分析、判断沟通对象的性格特征、兴趣爱好、价值取向。

（四）定岗识人法

通过了沟通对象比较固定的工作岗位的职责和要求，了解沟通对象的基本特征。

三、了解沟通对象的渠道

（一）职业

通过对沟通对象职业的深入分析，了解其价值观。一般来说，每一种职业都有明显的价值倾向，从事这一职业的人，必然会受价值倾向的感染。

（二）着装

通过沟通对象服饰的不同款式与颜色的偏好，了解其性格、喜好等特征。

（三）体态

自信的人，走路时常常昂首挺胸；自卑的人，行走时常常低头看路。通过一个人的行为举止，可大致推断出其主要的性格特征。

（四）朋友

通过对沟通对象的交往对象的了解，间接推断沟通对象的价值取向、生活态度、行为习惯等。

（五）网络

很多人喜欢用 BLOG、QQ 空间等网络工具来记录自己的经历或对某事的感想，若能了解沟通对象的 BLOG、QQ 空间等网上信息，可以从侧面了解沟通对象的一些情况。

【训练实施】

一、训练一：了解沟通对象的基本特征

（一）训练要求

1. 时间控制：30 分钟左右
2. 场地：室内，椅子围成一圈，中间没有桌椅的阻隔
3. 所需道具：每人准备一张写有自己名字的卡片

（二）训练过程

1. 训练者交上自己准备的名字卡片，卡片打乱混放；
2. 训练者用 10 分钟时间互相认识，要尽量认识更多的人；
3. 10 分钟后，训练者停止说话，围成一个圆圈站立；
4. 每位训练者随机抽取一张卡片，并站到自己抽到的卡片主人的右边，组成一个新的圆圈；
5. 训练者出示卡片，看有多少人找错了位置；
6. 出现偏差的训练者再次寻找卡片的主人，以此类推，直到所有训练者都站对位置。

（三）训练分享

1. 怎样可以迅速找对卡片的主人？一般来说，可以通过什么方法记住初次见面的人？
2. 还有哪些方法可以了解初次沟通对象的基本特征？

二、训练二：了解沟通对象的行为习惯

（一）训练要求

1. 时间控制：30 分钟

2. 场地：不限

（二）训练过程

1. 训练者 6 人一组，围成一圈；

2. 每位训练者与自己相邻的两名训练者自由活动交流 5 分钟，要求仔细观察与自己相邻的训练者；

3. 每位训练者出列模仿自己右边的训练者，可以模仿他的声音、表情及动作等；

4. 小组内所有训练者的模仿结束后，评选出模仿最逼真的训练者并给予奖励；

5. 训练结束后，获胜者分享他的模仿心得。

（三）训练分享

1. 你是通过什么方法模仿的？在模仿过程中，你主要模仿哪些方面？

2. 在模仿的过程中，你能体会“他人”目前所处的状态吗？

三、训练三：了解沟通对象的性格类型

（一）训练要求

1. 时间控制：30 分钟

2. 场地：不限

3. 所需道具：“角色分配表”数张，笔数支

（二）训练过程

1. 训练者 8 人一组，围成一圈；

2. 训练任务：假如你现在是电影《西游记》的导演，请根据四种类型的性格特征给所在小组的成员分类，并挑选出你所在的小组中最合适担任唐僧、孙悟空、猪八戒及沙僧四个角色的人选，然后填写“角色分配表”；

3. 表格填写后，小组成员相互传阅表格，统计出小组中每个角色获得最多导演选择的训练者，询问他自己是否赞同；

4. 小组成员讨论选角的依据。

附件：角色分配表

担任角色	成员名称	行为特点	原因
唐僧			
孙悟空			
猪八戒			
沙僧			

（三）训练分享

1. 近年来，一些学者借用《西游记》中的人物对人的性格进行分析，孙悟空代表力量型、唐僧代表完美型、猪八戒代表活泼型、沙僧代表和平型。根据这种分析，你会给自己选择哪个角色？依据是什么？

2. 你所选择的四个角色（训练者）是否符合上述的性格特点？

3. 可以通过什么方法了解初次见面之人的性格特征？

【训练评估】

我对本训练感触最深的是：	
我将在自己的职场沟通实践中改变如下：	
实践计划	预计期限

【拓展训练与阅读】

一、练习：性格牌

（一）训练要求

1. 时间控制：20 分钟

2. 场地：不限

3. 所需道具：每人一张性格牌（见附件），一支笔

附件：性格牌

喜欢红色	喜欢踢足球	喜欢购物	性格内向	喜欢旅游
会弹钢琴	性格开朗	不喜欢说话	喜欢爬山	喜欢读书
不喜欢吃肉	喜欢孩子	学习很好	喜欢独处	喜欢开车
喜欢坐车	喜欢画画	喜欢唱歌	会看电视剧	偏好看电影
骑自行车	喜欢大城市	想去小山村	喜欢海边	喜欢大山

（二）训练过程

1. 给每位训练者一张性格牌，训练者拿着性格牌在其他训练者中间寻找符合要求的人，并请其在符合要求的格子里签字（每个人可能有数项符合，但只许在最准确的格子里签名）；

2. 每人有10分钟的时间去收集签名；

3. 收集签名最多的训练者获胜。

（三）训练思考

1. 怎样才能尽快找到符合要求的人？

2. 你需要采用什么方法才能让对方更准确地说出他符合哪一项（哪一种特征）？

二、阅读并思考下面材料

快速升迁的小王

小王是公司的新员工，他从第一天进公司时就发现部门经理下班后还会继续留在办公室工作。虽然经理没有要求他也这样做，但是小王坚持每天下班后也留下来。除了完成自己的工作外，在经理需要时，还为经理提供一些帮助。经理经常需要找资料、打印文件，原来这些都是经理自己做的，但发现小王在办公室后，就请小王代劳，没有多久，经理就重用小王，让他做自己的助理。

小王作为公司新员工，能得到快速升迁，关键在于他能善于观察领导，注意到领导的工作习惯，并据此选择自己的行为。

请思考：

（1）就上述案例而言，很多人会认为小王是逢场作戏，你认为呢？如果抛开偏见，小王的行为反映了哪些优秀的品质？

（2）小王是怎样了解自己上司的？

“以下犯上”的钟伟

电视剧《亮剑》的主人翁李云龙，李云龙的原型据说有两个，其中一个叫钟伟。钟伟是个师长，他的副司令带他跟别人打仗，对面遇到埋伏，司令问：“打还是不打？”他说：“打！”这个司令说：“不打？打？”犹豫不决。他“噌”地把枪拔了出来，顶着司令的头说：“他娘的，打还是不打，再说不打我毙了你。”这个司令想了想，“打，打就打吧！”在军队里面，下属拿枪对着上级的头逼问对方，这种事很不可思议，但这是真实的，他就这么干，这是典型的力量型的性格。

请思考：

（1）请分析钟伟属于什么性格的人？

（2）如果你的领导属于这种性格，你该如何与他相处？

三、阅读下面材料

如何通过行为习惯了解他人性格

1. 通过办公桌的整理情况判断性格

美国效率专家约翰·李博士在研究中发现，办公桌上的情况分为四类：

（1）叠：桌面上、抽屉里所有的文件资料都叠得整整齐齐，井然有序。

这种人的性格特点为：有条理性，善于组织，讲究办事效率，工作责任心强，事事小心谨慎，但往往缺乏开拓精神。

（2）散：文件、书报东放一些，西放一些，无规无矩。

这种人的性格特点为：浪漫，不拘小节，胸襟开阔，富于想象，感情丰富，宽以待人，不追求吃穿，珍惜时间，开拓精神强，但缺乏自我组织能力，很难集中精力，工作上往往有头无尾，在细小问题上缺乏条理性。

（3）塞：桌面上干干净净，但抽屉里很乱。

这种人的性格特点为：重视外观，喜欢取巧。但比较勤快，擅长做服务性工作。

（4）堆：桌面上像垃圾堆，集前三种缺点于一身。

这种人的性格特点为：无拘无束，松松垮垮，吊儿郎当，无责任心，但不计较别人说三道四，不介意领导的批评，我行我素，与人吵架，事过境迁，不好记仇。

2. 通过最喜欢的服装色彩判断性格

经服装色彩专家研究，人对着装色彩的选择，代表了个人的性格特征。

（1）喜欢穿红色衣服的人，快乐、热烈、活泼，喜欢得到异性的偏爱和帮助。

（2）喜欢穿蓝色衣服的人，安静、稳重、智慧，接人待物彬彬有礼。

（3）喜欢穿绿色衣服的人，喜和平生活，珍视生命，亲近大自然，精力充沛。

（4）喜欢穿紫色衣服的人，追求高贵，待人威严，做事神秘，令人难以琢磨。

（5）喜欢穿咖啡色衣服的人，朴素、含蓄、坚实、可靠。

（6）喜欢穿黑色衣服的人，庄重、肃穆、公平、忧郁，做事讲究原则，有板有眼，稍缺乏灵活性。

（7）喜欢穿白色衣服的人，其性格为纯洁、清静、素雅、善良、感情淡漠。

（8）喜欢穿黄色衣服的人，其性格为信仰坚定，追求自愉，待人真诚。

（9）喜欢穿灰色衣服的人，朴实、平凡、空虚、出风头，得过且过。

（10）喜欢穿金银色衣服的人，追求荣华富贵，行止洒脱，无拘无束。

3. 通过习惯的站立姿势判断性格

每个人都有自己习惯的站立姿势。美国夏威夷大学一位心理学家指出，不同的站姿往往可以显示出一个人的性格特征。

（1）站立时习惯把双手插入裤袋的人：不轻易向人表露内心的情绪。性格偏于保守，内向。凡事步步为营，警觉性极高，不肯轻信别人。

（2）站立时常把双手置于臀部的人：自信心强，处事认真，具有驾驭一切的魄力。有时会固执己见。

（3）站立时喜欢把双手叠放于胸前的人：这种人性格坚强，不屈不挠，不轻易向困境压力低头。但是由于过分重视个人利益，与人交往经常摆出一副自我保护的防范姿态，拒人于千里之外，令人难以接近。

（4）站立时将双手握置于背后的人：性格特点是奉公守法，尊重权威，极富责任感，不过有时情绪不稳定，往往令人莫测高深，最大的优点是富于耐性，而且能够接受新思想和新观点。

(5) 站立时习惯把一只手插入裤袋，而另一只手放在身旁的人：性格复杂多变，有时会极易与人相处，推心置腹。有时则冷若冰霜，对人处处提防，为自己筑起一道防护网。

(6) 站立时两手双握置于胸前的人：其性格表现为成竹在胸，对自己的所作所为充满成功感，虽然不至于睥睨一切，但却踌躇满志，信心十足。

(7) 站立时双脚合并，双手垂置身旁的人：性格特点诚实可靠，循规稻矩而且生性坚毅，不会向任何困难屈服。

(8) 站立时不能静立，不断改变站立姿势的人：性格急躁，身心经常处于紧张的状态，而且不断改变自己的思想观念。在生活方面喜欢接受新的挑战，是一个典型的行动主义者。

任务三　消除沟通障碍训练

【训练导入】

一个外国人来中国旅游，隔着车窗，看见车外有一群农夫在耕地。老外就对导游说："停车，让我下去跟这些农民聊一聊。"导游说："可是，中国的农民受教育程度不高，一般都不会说英语。"老外说："不怕，全地球人民是一家，我下去用手语沟通。"

外国人下车后拍拍一位农民的肩膀，伸出一只手，然后伸伸大拇指，一句话也没说。这个农民看看外国人也不说话，伸出两个手指；外国人见状，伸出四个手指；农民伸出五个手指；外国人又看农民，两手一起伸出七个手指；农民伸出一个中指在空中甩了甩。

外国人转身上了车，高兴地说："中国的农民了不起！"导游吃惊地问那位外国人："你们俩说什么了？"外国人回答说："我告诉他全世界只有一个地球，而且农民是地球保卫者，我尊重农民。农民马上回答说地球有南北两极。我又说咱们有四大洲，他立刻回答我还有五大洋。我又说有七大行星，他接着说七大行星全部围绕一根轴心转。"

导游很吃惊，说："没那么玄吧？我下去问问。"导游下去问农民："刚才老外跟你说了什么？"农民回答道："来了一个老外个子很高，还长胸毛，我认为他很壮。他跟我说他一顿能吃一个馍，我说我儿子都能吃俩馍，他说他饿了能吃四个馍。我又说：废话，老子饿了能吃五个馍。，他越吹越不像话，他说他一顿能吃七个馍，我说再吹牛，我就要揍他。让他赶紧走。"

思考：老外与农民沟通成功了吗？为什么？

【训练目标】

1. 了解沟通障碍的种类；
2. 运用恰当的方法消除沟通障碍。

【知识链接】

一、沟通障碍种类

（一）发送者方面的障碍

1. 目的不明。发送者不清楚自己要说些什么，对自己将要传递的信息内容、交流的目的不明确，这是沟通过程中遇到的第一障碍，将导致沟通的其他环节无法正常进行。即使信息发送者喋喋不休，却不知所云，又怎能使听众驻足聆听呢？因此，发送者在信息交流之前必须明确目的，即“我要通过什么渠道向谁传递什么信息并达到什么目的”。

2. 思路不清。无论是口头演讲还是书面报告，都要求思路清晰，条理分明，使人一目了然，心领神会。若发送者口齿不清、语无伦次、闪烁其词，或词不达意、文理不通、字迹模糊，都会产生“噪音”并造成传递失真，使接收者无法了解对方所要传递的真实信息。

3. 选择失误。对传送信息的时机把握不准，缺乏审时度势的能力，会大大降低信息交流的价值。若信息沟通渠道选择失误，会导致信息传递受阻，或延误传递的恰当时机；若沟通对象选择错误，无疑会造成“对牛弹琴”或自讨没趣的局面，直接影响信息交流的效果。

4. 形式不当。当我们使用语言（书面或口头）和非语言（即肢体语言，如手势、表情、体态等）表达同样的信息时，一定要相互协调，否则会使人“丈二和尚摸不着头脑”。如果我们要传递一些十万火急的信息，不采用电话、传真或因特网等现代化的通信手段，而通过邮递寄信的途径，那么接收者收到的信息往往会由于信息滞后而失效。

（二）源于接收者方面的障碍

1. 过度加工。接收者在信息交流过程中，有时会按照自己的主观意愿，对信息进行“过滤”和“加工”。在组织中，由下属向上司所进行的上行沟通，由于某些下属投其所好，报喜不报忧，因此所传递的信息往往在经过层层“过滤”后或变得支离破碎，或变得完美无缺；由决策层向管理层和执行层所进行的下行沟通，由于经过逐级领会而“添枝加叶”，因此所传递的信息或被断章取义，或者面目全非，从而导致信息的模糊或失真。

2. 知觉偏差。接收者的个人特征，诸如个性特点、认知水平、价值标准、社会地位、社会阶层、文化修养、智商、情商等将直接影响到对被知觉对象即传送者的正确认识。人们在信息交流或人际沟通中，往往习惯于以自己为中心，对不利于自己的信息要么视而不见，要么熟视无睹，甚至颠倒黑白，以达到防御的目的。

3. 心理障碍。由于接收者在人际沟通或信息交流过程中曾经受到过伤害或有过不快的情感体验，造成“一朝被蛇咬，十年怕井绳”的心理定式，对传送者心存疑惑、怀有戒备，或内心恐惧、忐忑不安，就会拒绝接受所传递的信息，甚至抵制参与信息交流。

（三）信息传递过程中的障碍

1. 沟通渠道选择方面的障碍。信息在传递过程中，渠道或媒介的选择和信息符号的选择不匹配，导致信息无法有效传递和信息传递失误。

2. 传递层次的障碍。信息从发送者那里发出，到达接收者那里经过的环节越多，信息过滤现象就会越严重，使到达最终接收者那里的信息大打折扣，甚至出现被歪曲、篡改的情况。

3. 信息传递手段的障碍。在现代信息沟通中，越来越多的先进传递手段，大大提高了沟通效率。但在这些手段发生故障时也会影响沟通。

二、消除沟通障碍的方法

（一）作为信息发送者，消除沟通障碍应注意：

1. 明确沟通目的。发送者必须清楚沟通的真正目的是什么，需要对方理解什么。

2. 系统思考，充分准备。在进行沟通之前，信息发送者必须对需要传递的信息做系统、详尽的准备，并据此选择适宜的沟通渠道、最佳的信息传递时间。

3. 因人制宜。发送者要充分考虑接收者的心理特征、知识背景等状况，依此调整自己的沟通方式、措辞或是服饰仪态。此外，发送者还须使用接收者能够理解的语言，语言要清晰，不可含糊其辞。

4. 言行一致。发送者要以自己的行动支持自己的想法和说法。更有效的沟通方式是“行”重于“言”。

（二）作为信息接收者，消除沟通障碍应注意：

1. 站在说话者的立场上去理解信息。

2. 保证存在于个体之间的信息已经被传送，且信息已被准确传达。

3. 注意非语言信息，通过关注对方的非语言提示，全面理解对方的思想、感情。

4. 过于兴奋、失望等情绪容易造成对信息的误解，也易造成过激反应。信息接收者在接收信息时，要调整自己的心态，明确自己的角色，客观评价他人。

【训练实施】

一、训练一：撕纸

（一）训练要求

1. 时间控制：15 分钟

2. 所需道具：总人数两倍的 A4 纸

（二）训练过程

1. 给每位训练者发一张纸；

2. 第一次撕纸，指导者发出单项指令。

（1）大家闭上眼睛；

（2）整个过程不许提问题；

（3）把纸对折；

(4) 再对折;

(5) 再对折;

(6) 把左上角撕下来,转180度,把右上角也撕下来;

(7) 张开眼睛,把纸打开。

3. 第二次撕纸,重复上述指令,唯一不同的是这次训练者可以提问题。

(三) 训练分享

1. 第一次撕纸和第二次撕纸有什么不同?为什么两次撕纸会有不同的结果?

2. 第一次撕纸为什么会产生沟通障碍?双向沟通对于消除沟通障碍有什么作用?

二、训练二:牧羊人

(一) 训练要求

1. 时间控制:30分钟左右

2. 场地:室外

3. 所需道具:两根绳子

(长度分别为20米和7.2米;长绳子做边界,短绳子做羊圈)、28个眼罩、2个哨子

(二) 训练过程

1. 训练者分为两组,每组15人,各组选出一名组长,除组长外组员均需要戴上眼罩。

2. 这是一次特殊的紧急集合,起源于古希腊的军队,被称为牧羊人的训练,由指挥员(各组组长)扮演牧羊人,士兵(组员)扮演羊。在一个寒冷的黑夜,一场暴风雪突如其来,牧羊人必须用最短的时间将羊群赶进羊圈。

3. 由于天黑,每只羊都看不见羊圈,也看不见牧羊人。

4. 牧羊人与羊群之间沟通的工具只有牧羊人口中的哨子,双方都不能说话。

5. 羊圈的进口只允许一只羊进入(必须一只羊进入后另一只才能进入)。

6. 每个成员身体不可以相互接触,单独进入羊圈。

7. 最早完成任务的组获胜。

(三) 训练分享

1. 在活动过程中,小组成员遇到了哪些沟通障碍?

2. 小组成员是如何克服这些障碍的?还有没有更好的办法?

三、训练三:沟通障碍分析

张:看来工作进展顺利。

王:根据你提供的数据是这样。

张:如果我们按计划进行,工作将顺利完成。

王:除非出现我们力量不足的问题。

张:我们肯定能够完成任务。

王:但愿如此。

张:你这是什么意思?

王：看来你不愿意正视自己在这个项目上的问题。

张：请说下去！

王：你就是这样！

张：我并非如此！

王：看，这就是你一贯的作风。

张：我不同意你这样说，我知道自己没错。

王：但事实是我们缺乏足够的力量。

张：我同意。

王：那你为什么说不是！

张：什么？我那样说了吗？我只是说，尽管如此，只要我们努力也能完成任务。

王：如果你早这样说，我就会赞成你了。

思考：

1. 张和王的观点一致吗？
2. 两个人产生争执是由于在沟通方面存在一些什么障碍？
3. 如何越过沟通的障碍？

【训练评估】

我对本训练感触最深的是：	
我将在自己的沟通实践中做如下改变：	
实践计划	预计期限

【拓展训练与阅读】

一、案例阅读

同样的事物，不同的理解

前些日子我出差，客户的公司门口有一家宠物店，看到宠物店中有一条小狗，经过一番讨价还价，把小狗买了下来带回家去。

晚上给二姐打电话，告诉她我买了一条博美，她非常高兴，马上询问狗是什么颜色，多大了，可爱吗?

再晚些，大姐打电话来询问我最近的情况，小狗在我接电话的时候叫起来，大姐在电话里一听到有狗在叫，就问是否很脏，咬人吗？有没有打预防针……

同样是对于一条狗的理解，然而不同的人反应的确差别很大。二姐从小就喜欢狗，所以一听到狗，在她的脑海中肯定会描绘出一幅一条可爱的小狗的影像。而大姐的反应却是关心狗是否会给我们带来什么麻烦，在脑海中也会浮现出一副“肮脏凶恶的狗”的形象。

案例点评：

看来，同样的一件事物，不同的人对它的概念与理解的区别是非常大的。在我们日常的谈话与沟通当中也是同样的。

当你说出一句话来，你自己认为可能已经表达清楚，但是不同的听众会有不同的反应，对同样一句话的理解可能是千差万别的，甚至截然相反。这将大大影响我们沟通的效率与效果。

同样的事物，不同的人就有不同的理解。在我们进行沟通的时候，需要细心地去体会对方的感受，做到真正用“心”去沟通。

请　客

某人请客，他看有几个人还没到，就说怎么该来的还不来。客人们听了心想，那我们就是不该来的了，于是有一半人走了。他看走了客人又说，不该走的倒走了。剩下的人一听，就说那么该走的就是我们了，于是三分之二的人走了。见客人都走了，他急忙说，我说的不是他们。最后剩下的人全走了。

自我检查：你有沟通失败的体会或经历吗？请介绍一下并分析原因。

二、阅读以下材料

跨文化沟通需要具备的条件

（一）语言要相通。语言是文化沟通的基础。

（二）认识上求“共识”。所谓“共识”，并不要求一切见解、看法和理解百分之百地趋向一致，只要求合作者做到“求大同存小异”。共识的达成，有时还需要沟通各方的变通、妥协或让步。

（三）情感上要“宽容”。不同文化背景的人，其情感活动在内容、方式、格调和倾向等方面，往往有较大的差异，沟通双方应彼此尊重对方的情感习惯。

（四）行动上要协调。人的“文化性”不同，其行为特点和习惯方式就会相距甚远，这也是沟通中潜在的冲突源，因此就需要加以“协调”，使双方在行为上逐步适应、合拍，最终实现同步。

总之，有效的跨文化沟通，需要双方知己知彼，不仅要了解对方所在文化背景的特点，还要了解对方的社会经济、文化及企业经营管理的具体情况。在沟通中把文化冲突降低到最小限度，建立互相尊重、平等、正规的交流协调机制，在相互冲突中取得一种动态平衡。

项目二 基本沟通训练

【项目概述】

通过本项目学习，学生能够了解倾听在沟通中的作用，掌握有效倾听的技巧，做一个善于倾听的人，掌握说好话和提问的基本技能，在交谈中把握主动，有效表达自己的观点和意见。

本项目通过“表达能力训练”“倾听能力训练”“提问技巧训练”“非语言沟通能力训练”等任务，帮助学生提高自己的语言沟通和非语言沟通能力。

任务一　表达能力训练

【训练导入】

阿兰是某校客户关系管理专业一名大二的学生。一直以来，她不敢与班上男同学单独讲话。即便几个同学一起，她也经常面红耳赤，不知说什么好。现在的大学生中，独生子女居多，有很多学生是第一次离开家庭，离开父母，缺乏人际交往的实践，见到异性同学脸红，害怕当众讲话，这些都是心理素质差，缺乏锻炼的表现。

【训练目标】

1. 掌握克服心理障碍的方法，树立自信心；
2. 有效表达自己的观点和意见，实现交流沟通的目的。

【知识链接】

一、提升表达能力技巧

（一）挑前面的位子坐

把它当作一个规则试试看，从现在开始就尽量往前坐。当然，坐前面会比较显眼，但要记住，有关成功的一切都是显眼的。

（二）练习正视别人

正视别人等于告诉你：我很诚实，而且光明正大。我告诉你的话是真的，毫不心虚。

（三）把你走路的速度加快25%

许多心理学家将懒散的姿势、缓慢的步伐跟对自己、对工作及对别人的不愉快的感受联系在一起。但是心理学家也告诉我们，借着改变姿势与速度，可以改变心理状态。你若仔细观察就会发现，身体的动作是心灵活动的结果。那些遭受打击、被排斥的人，走路都拖拖拉拉，完全没有自信心。普通人有“普通人”走路的模样，做出“我并不怎么以自己为荣”的表白。另一种人则表现出超凡的信心，走起路来比一般人快，像跑。他们的步伐告诉整个世界：“我要到一个重要的地方，去做很重要的事情，更重要的是，我会在15分钟内成功。”使用这种“走快25%”的技术，抬头挺胸走快一点，你就会感到自信心在膨胀。

（四）练习当众发言

不论是参加什么性质的会议，每次都要主动发言，也许是评论，也许是建议或提问题，都不要有例外。而且，不要最后才发言。要做破冰船，第一个打破沉默。也不要担心你会显得很愚蠢，不会的，因为总会有人同意你的见解。

（五）咧嘴大笑

大部分人都知道笑能给自己很实际的推动力，它是医治信心不足的良药。真正的笑不但能治愈自己的不良情绪，还能马上化解别人的敌对情绪。如果你真诚地向一个人展颜微笑，他实在无法再对你生气。咧嘴大笑，你会觉得美好的日子又来了。笑就要笑得“大”，半笑不笑是没有什么用的，要露齿大笑才能有功效。

（六）怯场时，不妨道出真情

冷静地观察自己内心的情况，而后毫无隐瞒地抖出观察结果。如能模仿这种方法，把时时刻刻都在变化的心理秘密，毫不隐瞒地用言语表达出来，那么就没有产生烦恼的余力了。例如面对陌生的场合，内心难免会忐忑，这时候，不妨将这种不安的情绪，清楚地用语言表达出来：“我几乎愣住了，我的心忐忑地跳个不停，甚至两眼也发黑，舌尖凝固，喉咙干渴得不能说话。”这样一来，不但可将内心的紧张驱除殆尽，而且也能使心情得到意外的平静。不妨再举一个很实在的例子。有一个著名的美国推销员，当他还不熟悉这行工作时，有一次，他竟独自会见美国的汽车大王。结果，他真是胆怯得很。情急之下，他只好老实地说出来了：“很惭愧，我刚看见你时，我紧张得连话也说不出来。”结果，这样反而驱除了恐惧感，这要归功于坦白的效果。

（七）积极的心态和肯定的语气能消除自卑

虽然彼此的肤色都很黝黑，但自信的女人会认为：“我的皮肤呈小麦色，几乎可跟黑发相媲美。”而她内心一定暗喜不已。可是，一个缺乏自信的女人却因此痛苦不堪地呻吟起来：“怎么搞的，我的肤色这么黑。”两种人的心情完全不同。由此可见，心态有重要的作用。只要认为漂亮，看起来就觉得很漂亮，如果认为讨厌，看来看去都觉得不顺眼。尤其，关于自卑感的情况，也常常会受到语言的影响，所以说，否定意味的语言，对于一个人的心理健康有百害而无一利。运用肯定或否定的措词，可将同一件事实，形容成有如天壤之别的结果。在任何情况之下，只要常用有价值的措辞或叙述法，就可以将同一个事实完全改观，驱除自卑感，令人享受愉快的生活。

（八）做自己能做的事

做自己做得到的事时，个性会显现出来。试着记下马上可以做的事，然后加以实践，没有必要非是伟大、不平凡的行动，只要是自己能力所及的事就足够了。因为我们就是想一步登天，所以才找不到事做。

二、学会用目光和微笑交谈

（一）目光

交谈时目光正面注视对方是一种起码的礼仪，以表示对谈话的兴趣和对对方的尊重，同时也可以创造愉快和谐的谈话气氛。如果两个人在室内交谈，目光距离最好在1～2米，目光注视范围也就是所谓的“公务注视”和“社交注视”。为引起对方的谈话兴趣，称赞对方、关怀对方甚至用眼神和点头表示对对方讲话的浓厚兴趣，都可以体现出对对方的尊重，并为话题的展开、深入奠定基础。道别或握手的时候，更应该用目光注视着对方的眼睛。很多人在谈话的时候都不好意思看对方眼睛，其实大可不必这样。和对方说话的时候，注视着对方也是一种真诚和礼貌。不看对方的眼睛，以及游离不定的目光，只能给人心不在焉的感觉。

（二）微笑

微笑的最高境界是“眼神笑”，也就是目光中含笑脉脉。“眼神笑”的练习方法：拿一张厚纸遮住眼睛下边部位，对着镜子，心里想着最使你高兴的事情。这样，您的整个脸部就会露出自然的微笑。学会用眼神和人交流，这样的微笑才会更传神、更亲切。

【训练实施】

一、训练一：对面交谈

游戏规则：将所有人排成两个相对的同心圆，随着歌声同心圆转动，歌声一停，面对面的两人要相互进行自我介绍。

（一）注意事项

1. 排成相对的两个同心圆，边唱边转，内外圈的旋转方向相反。

2. 歌声告一段落时停止转动，面对面的人彼此握手寒暄并相互交谈。歌声再起时，游戏继续进行。

（二）训练分享

1. 你与其他人交谈顺利吗？

2. 你觉得自己有哪些方面可以提升？

二、训练二：我说你摆

（一）训练要求

1. 参与人数：20 人

2. 时间控制：30 分钟

3. 场地：室内

4. 所需道具：长方形盒子 24 个、桌子 4 张

（二）训练过程

1. 20 名训练者平均分成四组，两组组成一个竞赛队；

2. 一个竞赛队中的一个组，背对着另一组先将自己桌上的6个盒子摆成任意形状；

3. 摆好的一组向自己队中的另一组描述所摆形状，另一组听到描述后即开始摆放，另一队亦然；

4. 两组交换角色进行；

5. 10分钟后，根据两个竞赛队图形摆放的难度及各队中两组摆放的相似度判定获胜的一方。

（三）训练分享

1. 能取胜的原因是什么？向他人描述情况有什么技巧？

2. 你认为在沟通中怎样才能提高信息传达的有效性？

三、训练三：童年往事

（一）训练要求

每人一分钟，讲述在小学六年级以前，曾发生过的一件事，谈它带给你什么启示，而让你有深刻的印象。

（二）训练分享

1. 你是否具有在听众面前说话的信心和勇气；无论何时何地，想要侃侃而谈？

2. 谈一些自己熟悉的话题，是否有助于与别人顺利沟通？对你今后沟通有哪些提示？

四、训练四：讨论电影计划

（一）训练要求

1. 时间控制：5分钟

2. 场地：室内

3. 所需道具：印有“任务表”的纸张，每小组一张

附件：任务表

姓名		A	B
任务1	最终达成的结果是什么？		
任务2	最终达成的结果是什么？		
	与任务1的结果有何不同？		
	如果本次交流确有进展，为什么？		

（二）训练过程

1. 训练者分成2人一组，其中一人角色为A，另一人角色为B，允许训练者自由组合。每组有1分钟时间一起安排下周末去看电影的计划；

2. 完成任务1：（时间为5分钟）

（1）A提出一个建议，例如，我们一起去看电影好吗？

（2）B采用“好的，但是……”这样的句式来回答。

（3）A也用“好的，但是……”这样的句式来表达自己的意愿。

（4）AB均采用这样的句式进行交流，直至时间结束为止。

3. 完成任务2：（时间为5分钟）

（1）A用同样的建议开始这次对话。

（2）本次交流均采用“好的，而且……”这样的句式对对方的建议做出反应。

（3）5分钟后结束本次交流。

4. 小组成员完成任务表。

（三）训练分享

1. 现实生活中你遇到过类似的情况吗？你经常采用哪种方式来回应对方？你认为哪种交流方式更有利于有效的沟通？

2. 总结一些常用的肯定性词语和常用的否定性词语。

3. 当你不同意他人观点时，怎样用肯定性词语来回应对方？

【训练评估】

<table>
<tr><td colspan="2">我对本训练感触最深的是：</td></tr>
<tr><td colspan="2"></td></tr>
<tr><td colspan="2">我将在自己的沟通实践中做如下改变：</td></tr>
<tr><td colspan="2"></td></tr>
<tr><td>实践计划</td><td>预计期限</td></tr>
<tr><td></td><td></td></tr>
<tr><td></td><td></td></tr>
<tr><td></td><td></td></tr>
<tr><td></td><td></td></tr>
</table>

【拓展训练与思考】

一、训练：自我介绍

（一）训练背景

应届毕业生应聘

（二）训练要求

分小组3分钟自我介绍，每组各选派2人在全班演讲。

（三）训练提示

1. 敢说

2. 时间控制

3．现场调控能力

二、阅读并思考下面材料

小杨这样辞职对吗？

小杨是某大学广告专业学生，下学期即将毕业，目前正在一家大型公司的销售部做兼职。小杨工作十分出色，销售部冯经理对她的工作非常认可，向高层汇报小杨工作时全是赞美之词，并承诺待小杨毕业后立刻雇佣她，让她领导公司里新成立的媒体研究部。

小杨对此受宠若惊，但她对这个新职位并不感兴趣，因为她对目前正在做的工作并不满意，然而她从来没有告诉冯经理她对当前工作及将来工作的想法。因为冯经理培养了小杨，并且对每个人都夸赞她，小杨对冯经理十分忠诚并心怀感激。因此小杨觉得如果拒绝这项工作就等于背叛了冯经理。几个星期后，小杨还是决定辞职，但她不知道如何面对冯经理，觉得有点难以启齿，便一直拖到她要辞职的那天。

那天冯经理准备出差，小杨走进经理办公室，当时还有其他人在里面讨论项目。冯经理问小杨什么事情，小杨回答说："我要辞职。"

冯经理大吃一惊，问小杨为什么要辞职，心里还想着该怎样处理小杨正在负责的项目。小杨为未能早些通知他而道歉，并解释说从明天开始就要在其他地方做兼职。冯经理对这位下属非常失望，说："如果你早点告诉我，我还能慢慢将项目交给其他人，现在可怎么办？"

请思考：

（1）小杨应该怎样处理辞职一事？

（2）你认为小杨应该在何时、何地、以何种方式提出辞职？如果换一个环境，冯经理会理解她吗？

（3）冯经理的哪些做法使得小杨不愿沟通？

任务二　倾听能力训练

【训练导入】

乔是世界上最伟大的推销员，他所保持的世界汽车销售纪录——连续 12 年平均每天销售 6 辆车，至今无人能破。在他入职初始，曾经有过这样一次经历：

乔花了近一个小时才让他的顾客下定决心买车，当他们走向办公室准备签销售合同时，那位顾客开始向乔提起了自己的儿子。"乔，"顾客十分自豪地说："我儿子考进了普林斯顿大学，我儿子要当医生了。"

"那真是太棒了。"乔回答，眼睛却看着其他顾客。

"乔，我的孩子很聪明吧，当他还是婴儿的时候，我就发现他非常聪明了。"

"那他高中毕业后打算做什么呢？"乔心不在焉。

"乔，我刚才告诉过你的呀，他要到大学去学医，将来做一名医生。"

"噢，那太好了。"乔说。

那位顾客看了看乔，说了一句"我该走了"，便走出了车行。

次日上午，乔一到办公室，就给昨天那位顾客打了一个电话，诚恳地询问道："我是乔，我希望您能来一趟。"

顾客说："我从那个欣赏我的推销员那里买到车了。当我提到我儿子的时候，他是多么认真地听。"顾客沉默了一会儿，接着说，"你知道吗？你并没有听我说话，对你来说我儿子当不当得成医生并不重要。你真是个笨蛋！当他人跟你讲他的喜恶时，你应该听着，而且必须聚精会神地听。"

乔的推销为什么会失败？他在与顾客的沟通中犯了什么错误？在沟通中，应该掌握哪些基本技能？

【训练目标】

1. 了解倾听层次；
2. 了解倾听的障碍；
3. 养成良好的倾听习惯。

【知识链接】

一、倾听与听的本质区别

听只是一个生理过程，它是听觉器官对声波振动的获得。倾听则是弄懂所听的内容和意义，它要求对声音刺激给予注意、解释和记忆。上述案例乔在向顾客推销过程中做出了听的行为，却没有做到倾听，即没有完全将注意力放到顾客所讲的内容上来。所以，倾听不是单纯的身体反应过程，同时要做到智力、情感上的努力。概言之，倾听，就是认真地听，积极地听，是耳到、眼到、心到的综合行为；是倾听者凭借听觉器官接受言语信息，进而通过思维，完成认知与理解的全过程。

二、倾听的意义

（一）倾听是信息的重要来源

缺乏经验的人可以通过倾听来弥补自己的不足，富有经验的人通过倾听可以使工作更出色，善于倾听各方的意见有利于做出正确的决策。

（二）倾听有利于知己知彼

通往别人内心世界的第一步就是认真倾听，在陈述自己的观点之前先让对方畅所欲言，然后有的放矢，找到说服对方的关键。

（三）倾听还有利于获得友谊和信任

在与人交谈的时候，认真聆听，对对方的话题表示出浓厚的兴趣，实际上是对对方最大的尊重。

三、影响倾听效果的原因分析

（一）主观障碍：

1. 倾听者过于自我；
2. 倾听者已有的偏见；
3. 倾听者急于结束谈话；
4. 缺乏兴趣。

（二）客观障碍：

不同环境类型营造的环境氛围不如，如下表所示：

环境类型	封闭式	氛围	对应关系	主要障碍源
办公室	封闭	严肃	一对一，多对一	不平等造成的心理压力，紧张情绪，他人或电话铃声的干扰等
会议室	一般	严肃	一对多	对在场的其他与会者的顾虑，时间受限制
现场	开放	可松可紧	一对多	外界的干扰，准备不足
谈判	封闭	紧张	多对多	对抗心理，想说服对方的愿望太强烈
讨论会	封闭	轻松	多对多，一对多	很难把握信息要点
非正式场合	开放	轻松	多种对应关系	外界干扰，易跑题

四、倾听的五个层次

（一）生理的听

对你的话充耳不闻，脑子根本没有听你所说的。

（二）消极被动的听

对方并没有注意听，通过发出间隙的嗯嗯声表示在听，基本上不会重复刚才你说的话。

（三）有选择地听

他们会聚焦于你说的某一点而忽视其他部分，感兴趣时会有一些积极表现如：声音突然放大，语速突然加快，但不持久，经常脱离对话，回到消极状态。

（四）全神贯注地听

会始终如一保持积极姿态，或许会经常重复你说的内容。

（五）设身处地地听（同理心倾听）

对听到的信息会有连贯的反应，带着一种理解信息全部意义的强烈意图，会有经常的回馈，并伴有提问，其情绪是和你一致的。

【训练实施】

一、训练一：旁听者

（一）训练要求

1. 时间控制：30 ~45 分钟

2. 场地：室内

（二）训练过程

1. 训练者分 A、B 两组面对面坐或站立；

2. 指导者把要讨论的题目告诉 A 组成员，A 组成员就问题表达自己的想法或观点，但不能直接说出讨论的题目，B 组成员旁听；3 分钟后，B 组成员就听到的内容进行陈述；

3. 五分钟后，角色转换，指导者把另一个讨论的题目告诉 B 组成员进行讨论，A 组成员旁听，流程如上；

4. 在训练最后一个阶段，所有训练者围坐成一个大圈，并就刚才讨论的内容发表各自的意见并与所有人分享心得。

（三）训练分享

1. 旁听的训练者陈述的内容是你们讨论的题目及你们的观点吗？

2. 作为旁听者，你们在倾听的过程是如何确定对方讨论的问题及他们的观点的？

3. 作为旁听者，如果你们听到的内容与他们实际讨论的题目不一致，你们觉得主要原因是什么？

二、训练二：你善于倾听吗？

（一）操作程序

1. 请大家在一张白纸上由上至下标出 1—8 个数字。讲师宣布接下来将提出一系列问题，每个问题都有一个很简短的答案。学员所需做的就是将答案记在纸上。注意：每道题只念一遍。

2. 讲师将下页所附的 8 个问题一一念给全体学员听。

3. 然后检查学员的答案。（请参见下列解题关键）讲师问：“第一题，谁认为是对的？谁认为是错的？”（课堂内轻轻的笑声会提示有些人搞错了）然后讲师再重新读一次问题，并说出（或请回答正确的学员提供）提示。以此类推。逐一解释各题。

（二）相关讨论

1. 你答对了多少？答错了多少？

2. 为什么你的成绩不太理想呢？

3. 为什么我们说聆听也应当是积极主动的呢？

附：聆听练习参考资料语

1. 我国法律是否规定成年男子不得娶其遗孀的姐妹为妻？

2. 如果你晚上 8：00 上床睡觉，设定闹钟在 9：00 将你闹醒，你能睡几个小时？

3. 在我国，每年都庆祝10月1日国庆节，在英国，是否也有10月1日？

4. 如果你只有一根火柴，当你走进一间冰冷的房间时，发现里面有一盏油灯，一个燃油取暖器，一个火炉，你会先点燃哪一个来获取最多的热量？

5. 平均一个男子一生可以有几次生日？平均一个女子一生可以有几次生日？

6. 根据国际法规定，如果一架飞机在两个国家的边境坠落失事。那些不明身份的幸存者应当被安葬在他们准备坐飞机去的国家呢，还是出发的国家？

7. 一位考古学者声称发现了一枚标有公元前48年（48B. C.）的钱币，这可能吗？

8. 有人造了一幢普通的有四堵墙的房子，只是每面墙上都开着一个面向南的窗口。这时有只熊来敲门，猜猜这只熊的颜色是什么？

解题提示：

1. 从没有任何一部法规会有如此的规定。因为这个男人若想娶他遗孀的姐妹为妻，首先得让自己的妻子变成遗孀，而他的妻子要变成遗孀，他就得先去世不可。

2. 你只能睡一个小时。因为闹钟可不会认得白天和晚上，除非你按24小时设定。

3. 是的，在英国也有10月1日，还有2日，3日，直到31日。

4. 首先，你得先点燃火柴。

5. 平均一个男人一生只有一次生日，平均一个女人一生也只有一次生日。其他的都是生日纪念日。

6. 无论哪条法律都绝不允许埋葬不明身份的幸存者。尤其当他们还有一口气反对时。

7. 那个考古学家在骗人。因为公元前的人不可能知道自己是身处“公元前”，因此不可能在钱币上刻上B. C的字样。

8. 是只白熊。因为只有在北极才可能建一幢那样的房子。在北极，每个方向都是南方。

三、训练三：听我说

反向动作：教师说一个动作，学生给出相反动作（如向后转，学生要原地不动；我说向右看齐，学生要向左看齐……）。可以小组为单位PK，发出10个指令，一人错，则小组挑战失败，10个指令全对获胜。

四、训练四：《黑熊和棕熊赛蜜》

要求：每当听到“蜜蜂”时，男同学起立，女同学坐着；听到“蜂蜜”时，女同学起立，男同学坐下。如果连续听到两个相同的词，则站立不动。站立的同学要等另一组同学起立后方可坐下。

附：《黑熊和棕熊赛蜜》

黑熊和棕熊喜食蜂蜜，都以养蜂为生。它们各有一个蜂箱，养着同样多的蜜蜂。有一天它们决定比赛看谁的蜜蜂产的蜜多。黑熊想，蜂蜜的产量取决于蜜蜂每天对花的“访问量”。

于是它买来了一套昂贵的测量蜜蜂访问量的绩效管理系统。同时，黑熊还设立了奖项，奖励访问量最高的蜜蜂。但它从不告诉蜜蜂们它是在与棕熊比赛，它只是让它的蜜蜂比赛访问量。棕熊与黑熊想得不一样。它认为蜜蜂能产多少蜜，关键在于它们每天采回多少花蜜——花蜜越多，酿的蜂蜜也越多。于是它直截了当告诉众蜜蜂：它在和黑熊比赛看谁产的蜜多。它花了不多的钱买了一套绩效管理系统，它也设立了一套奖励制度，重奖当月采花蜜最多的蜜蜂。如果一个月的蜜蜂总产量高于上个月，那么所有蜜蜂都受到不同度的奖励。

相关讨论：你从训练中体会到什么？你记住训练二中的内容了吗？

五、训练五：同理心倾听

你的同事小张，是个很优秀的销售代表，在公司业绩领先。但他最近有点消沉。下班以后，在办公室，他找你聊天。请根据小张说的话体会他要表达的意思。

情境一：

小张说：“我用了整整一周的时间发展这个客户，但客户的销售量还是不高。”小张的意思是（　　）

（A）抱怨　（B）无奈　（C）表达建议　（D）征求建议　（E）希望指导

你会如何回应？

情境二：

小张说：“嗨，我用了整整一周的时间，发展这个客户，也不知道怎么搞的，客户的销售量还不高。”小张的意思是（　　）

（A）抱怨　（B）无奈　（C）表达建议　（D）征求建议　（E）希望指导

你会如何回应？

情境三：

小张说：“看来是麻烦了，我用了整整一周的时间发展这个客户，客户的销量还是不高。”小张的意思是（　　）

（A）抱怨　（B）无奈　（C）表达建议　（D）征求建议　（E）希望指导

你会如何回应？

情境四：

“说来也奇怪，我用了一周的时间发展这个客户，销量还是不高。”小张的意思是（　　）

（A）抱怨　（B）无奈　（C）表达建议　（D）征求建议　（E）希望指导

你会如何回应？

【训练评估】

<table>
<tr><td colspan="2">我对本训练感触最深的是：</td></tr>
<tr><td colspan="2"></td></tr>
<tr><td colspan="2">我将在自己的沟通实践中做如下改变：</td></tr>
<tr><td colspan="2"></td></tr>
<tr><td>实践计划</td><td>预计期限</td></tr>
<tr><td></td><td></td></tr>
<tr><td></td><td></td></tr>
<tr><td></td><td></td></tr>
<tr><td></td><td></td></tr>
</table>

【拓展训练与思考】

一、测试一下你的倾听能力（回答是或否）

1. 朋友们心里有事，通常把我当成共鸣箱。
2. 我愿意倾听他人的烦恼。
3. 在聚会上，我从一个圈子转到另一个，经常感到还会有更好的谈话对象。
4. 对方不能很快明白我的意思，我就会不耐烦。
5. 我喜欢接过别人正说的笑话或故事。
6. 别人跟我说话时，我总在想下句该说什么。
7. 大多数人说话很乏味。
8. 我通常比与我谈话的人说得多。
9. 别人和我说话时，要重复一两次。
10. 我喜欢说，胜过倾听。

得分情况说明：回答与下列答案相符的，每题得 1 分，然后计算总分。1. 是；2. 是；3. 否；4. 否；5. 否；6. 否；7. 否；8. 否；9. 否；10. 否。

得分在 8 分或以上：你的倾听能力高于平均值。朋友们有困难需要找人商量时最有可能找你，你很可能在社交聚会上大受欢迎。

得分在 5～7 分：你的倾听技巧一般。你同大多数人一样，有时你认真倾听，有时你可能心不在焉。改进的空间还很大。

得分在0～4分：坦率地说，你不是最好的倾听者。你拒绝的次数比倾听的次数多。

罗杰斯博上认为，积极倾听的重点是产生同情心，这是与他人形成良好关系的重要因素。积极倾听包括进入说话人的私人感知世界，从说话人的角度看问题，并完全投入到这件事中。这就意味着注意说话人潜在的感受，而不是只关心话语本身。如果一个沮丧的年轻人问：“我的朋友今天不会过来和我玩吗？”如果你回答：“他不会来了，他得看牙医。”这就只是对他的话语内容作了部分反应。这种回答方式没有注意到他内在的感受。使用积极倾听技巧，你的回答就可能是这样的：“我知道朋友今天没有来，你很失望，但不要伤心。我们可以约他明天过来好好玩吧。”积极倾听可以使你很快抓住说话人烦恼的原因。积极倾听显示了你真的理解了说话人。当然，需要花点时间才能准确发现话语中潜在的感情，但这种倾听最终会产生好的结果。

为了训练你自己成为一个良好的倾听者，请采取下列步骤：

（1）努力做一个好的倾听者。

（2）阅读有关书籍，并练习一些技巧，如积极倾听技巧。

（3）研究测试题目，改进存在欠缺的习惯。

二、读一读，再思考

巴顿将军尝汤的故事

巴顿将军为了显示他对部下生活的关心，搞了一次参观士兵食堂的突然袭击。刚好在食堂里，他看见两个士兵站在一个大汤锅前。

“让我尝尝这汤！”巴顿将军向士兵命令道。

“可是，将军……”士兵正准备解释。

“没什么‘可是’，给我勺子！”巴顿将军拿过勺子喝了一大口，怒斥道：“太不像话了，怎么能给战士喝这个？这简直就是刷锅水！”

“我正想告诉您这是刷锅水，没想到您已经尝出来了。”士兵答道。

思考：通过这个故事你有怎样的启发？

三、读一读，再思考

小金人的故事

有这样一个故事：曾经有个小国到中国来，进贡了三个一模一样的金人，金碧辉煌，把皇帝高兴坏了。可是这个小国不厚道，同时出了一道题目：这三个金人哪个最有价值？

小组讨论题目：你如何寻找最有价值的金人？

教师提问：你身边的同学刚才发表了什么意见？（老师为什么要提这个问题？）技巧：认真听他人的讲话，要尊重别人，做到有始有终，不随意打断别人的讲述，影响他人思路，最后再做出评价。能重复同学的发言内容，让别人知道你是仔细地在听他讲。

故事发展：皇帝想了很多办法，请来珠宝工匠检查，称重量、看做工，都是一模一样的。怎么办？最后，由一位老臣说他有办法，皇帝将使者请到大殿，老臣胸有成竹地拿着三根稻草，第一根稻草插进了金人的耳朵里，从另一个耳朵穿了出来，第二个金人的稻草从耳朵里穿了进去，从嘴巴里掉了出来，而第三个金人，稻草进去后掉进了肚子，什么响动也没有。

小组讨论：

（1）三个小金人分别代表了什么？

（2）你认为哪个小人最有价值，为什么？

四、传话接龙

规则：主持人准备一句较长且绕口的话，各组（12 人左右一组）派一名代表上前默记住这句话，回去后在规定时间内通过“交头接耳”的方式从第一个人传达至最后一个人，然后由最后一个人将他听到的内容读出。

讨论：误差从何而来？为何会产生误差？

附：传话内容

传话内容 1：有一天，我与我的同事在出差的路上经过佛山，遇见有人抢劫，四名匪徒冲进银行，一人手里拿着枪，一人拿着匕首，一人拿着炸药。他们头上套着丝袜，身上穿黑色衣服。在慌乱之中，我把手袋丢了。我的同事也丢了一把雨伞。后来，公安局通知我们找到了。

传话内容 2：明晚 8 点钟左右，可能在这个地区看到哈雷彗星，这种彗星每隔 76 年才能看见一次。命令所有士兵着野战服在操场上集合，我将向他们解释这一罕见的现象。如果下雨的话，就在礼堂集合，我为他们放一部有关彗星的影片。

传话内容 3：早上，小明的妈妈给了小明十元钱，让小明去买早餐，小明买了 1 斤油条和两杯豆浆，爸爸吃的是米饭，妹妹吃的是蛋糕，妈妈喝了一杯牛奶，爷爷直夸小明是一个好孩子。

任务三　提问技巧训练

【训练导入】

有一天，一位老太太离开家门，拎着篮子去楼下的菜市场买水果。她来到第一个小贩的水果摊前问道：

“这李子怎么样？”

“我的李子又大又甜，特别好吃。”小贩回答。

老太太摇了摇头没有买，她向另一个小贩走去，问道：“你的李子好吃吗？”

“我这里是李子专卖，各种各样的李子都有，您要什么样的李子？”

“我要买酸一点儿的。”

“我这篮子的李子酸地咬一口就流口水，你要多少？”

“来一斤吧！”

老太太买完李子后继续在菜市场里逛，又看到一个小贩的摊上也有李子，又大又圆非常抢眼，便问水果摊上的小贩，“你的李子多少钱一斤？”

“您好，您问哪种李子？”

“我要酸一点儿的。”

“别人买李子都要又大又甜的，您为什么要酸的李子呢？”

“我儿媳要生孩子了，想吃酸的。”

“老太太，您对儿媳真体贴，她想吃酸的，说明他一定能给您生个大胖孙子。你要多少？”

“我再来一斤吧。”老太太被小贩说得高兴，便又买了一斤。

小贩一边称李子一边继续问，“您知道孕妇最需要什么营养么？”

“不知道。”

“孕妇特别需要补充维生素。您知道哪种水果含维生素最多么？”

“不清楚。”

“猕猴桃含有多种维生素，特别适合孕妇。您要给儿媳妇天天吃猕猴桃，她一高兴，说不定能给您生一对双胞胎。”

“是吗？好啊，我就再来一斤猕猴桃。”

“您人真好，谁摊上您这样的婆婆，一定有福气。”小贩开始给老太太称猕猴桃，嘴里也不闲着，“我每天都在这摆摊，水果都是当天从批发市场新鲜批来的，您媳妇要是吃好了，您再来。”

“行”，老太太被小贩说得高兴，提了水果边付账边应承着。

思考：为什么三个小贩的销售效果不一样呢？

【训练目标】

1. 学会主动提问；
2. 掌握提问技巧。

【知识链接】

沟通中，谁想要从另一方那里得到更多的东西，谁就必须做到一点：多听少说。对方说得越多，我们获得的东西就越多。在沟通中，让对方说得越多，我们了解对方真正意图的机会就越多。所谓知己知彼，百战百胜。当你掌握对方的情况，远比对方知道你的情况还要多，你自然就把握住了先机。

那么，怎么样才能让别人说得更多呢？秘诀就是——提问！提问可以有以下几种方式：

（1）开放式提问

常以“为什么”“什么”“哪个”等方式提问，鼓励对方回答，从而获取信息。比如，“你们学校里有什么好吃的小吃?”“你喜欢自己的哪个老师?”“你喜欢去什么地方旅行?”“如果你赢得了100万美元，你会做什么?”这些问题的答案是多样的，每个人都可以有不同的答案。

（2）封闭式提问

这种提问要找的是一个明确的答案，是或不是，或要被问者从几个选项中选出一个答案，或者是问对方同意或不同意某个观点。如：“你今年多大了”“什么学校毕业”“哪一年工作”等。

我们在沟通时所提的问题，最常用的就是以上两种方式中的一种，可是什么时候提封闭性问题，什么时候提开放性问题呢?

两个人见面初期，提问更多的会是封闭性的问题，诸如“什么时候毕业”“现在在哪儿上班”之类的问题。通过几个封闭性的问题，对对方的基本情况和个人喜好有了一个基本的了解。在有了初步的了解后，就可以适当提一些开放性的问题。比如可以问问对方平时有什么业余爱好，喜欢看什么书，或者平时都有参加什么活动锻炼身体等等。这样的提问，答案是多样的，可以讨论的，比较容易活跃气氛，增加沟通的时长，提高沟通效率。

（3）清单式提问

常以多项选择性的问题提问，鼓励询问对象多方面地考虑问题以获取信息。例如，最近公司员工纪律松懈，你认为主要原因是什么?工资偏低?制度不健全?工作压力太大还是别的什么原因?

（4）重复式提问

这种提问方式一方面是为了向别人表达我听见了你所提供的信息，另一方面也是为了检验自己所获取信息是否正确。例如，“你是说……”

（5）假设性提问

这种提问方式是为了鼓励对方从不同角度来思考问题，并从中获取其对问题的看法和态度。例如，“如果是你的话，你会怎么处理这件事情?”

从上述几种不同的提问方式来看，在同一场合用不同的提问方式，其效果显然是大不一样的。在沟通过程中，为了正确使用各种不同的提问方式，首先要明确为什么要提问。如果提问的目的是在于收集信息，交流观点，那么在提问之前，就应该明确自己希望获取什么信息，最好事先拟定一个问题提纲。正确使用各种提问方式，通过提出各种不同形式的问题，希望他们继续下去，给讲更多的内容。

【训练实施】

一、训练一：猜物品

（一）训练要求

1. 时间控制：5分钟

2. 场地：室内

3. 所需道具：写有物品名称的卡片若干张

（二）训练过程

1. 训练者分成10人一组，各组选出1名回答问题的人。

2. 每组的回答者随机抽出写有物品名称的卡片，不能让其他组员看到。

3. 小组成员提问，回答者回答，目的是猜物品。提问的句式是“是不是……”或者“是……吗?”，回答者只能回答“是”“不是”或者“不一定”。提出的问题需要涉及其他内容的，则视为无效问题，不予作答，所以请注意提问技巧。

例如，一人提示：这是一款电器，另一个人可以问：“是不是家庭用的?”而不能问：“是在哪里用的?”每件物品只能问十个问题，然后根据问的情况猜出这是什么物品。

4. 在规定时间内猜对物品数目最多的组获胜。

（三）训练分享

1. 在活动中，你们是如何组织提问顺序的?

2. 你觉得你们提问的效果如何？如何改进?

二、训练二：我是记者

（一）训练目的

评价学员信息收集（问）及表达能力

（二）训练规则

两两配对，其中一个作为记者对拍档进行采访，内容自定，时间3分钟，你的目的是在3分钟内获得有价值的信息，要求在采访过程中做笔记，之后进行角色互换。完成采访后，学员把获得的信息做1分钟演讲，目的是把你采访的人以最佳表达方式介绍给大家。演讲可以抽查方式进行。

（三）训练分享

1. 在活动中，你们是如何组织提问顺序的?

2. 你觉得你们提问的效果如何？如何改进?

三、训练三：13问

（一）训练规则

A小组设定一个答案（比如说某数字或某动物），其他各小组提问，A小组只能回答“是”或“不是”（封闭型问题），13个问题过后，其他小组未猜出答案，则A小组获胜，反之，则猜出答案小组获胜。

（二）训练分享

1. 在活动中，你们是如何组织提问顺序的?

2. 你们提问的效果如何？如何改进提问方式?

【训练评估】

<table>
<tr><td colspan="2">我对本训练感触最深的是：</td></tr>
<tr><td colspan="2"></td></tr>
<tr><td colspan="2">我将在自己的职场沟通实践中改变如下：</td></tr>
<tr><td colspan="2"></td></tr>
<tr><td>实践计划</td><td>预计期限</td></tr>
<tr><td></td><td></td></tr>
<tr><td></td><td></td></tr>
<tr><td></td><td></td></tr>
<tr><td></td><td></td></tr>
</table>

【拓展训练与阅读】

一、练习：摆纸牌

（一）训练要求

1. 时间控制：20 分钟

2. 场地：室内

3. 所需道具：每个小组一张 1 米 ×1 米的桌子和 1 至 13 的 13 张数字牌

（二）训练过程

1. 训练者分为若干组，每组人数均等，约 8 ~ 10 人；

2. 每组成员依次从起始线开始，跑步到前方的区域，全队用最快的时间将反扣的数字牌按照顺序翻过来；

3. 每组每次只能有一人从起始线进入活动区域，每人只能翻动一张数字牌，如果翻开的数字是紧跟着已经翻开的数字，可以继续翻牌，如果不是正确的数字牌，则继续扣回去，换下一名队员，不能改动数字牌的位置；

4. 最早完成的小组获胜。

（三）训练思考

1. 完成本活动的关键点是什么？

2. 在完成活动的过程中，表达、倾听、提问及反馈的作用体现在哪些方面？

二、实战演练

拜访你所在专业领域的成功人士，注意运用巧妙的提问技巧，尽可能多地获得关于专业发展和个人发展建议方面的信息。请列出提问提纲。

任务四　非语言沟通训练

【训练导入】

《三国演义》中有一个脍炙人口的故事“空城计”，讲的是：诸葛亮守着空城，在城楼上镇定自若，笑容可掬，焚香弹琴。司马懿的大军不战自退。诸葛亮妙用非语言沟通的技巧，吓退了司马懿的大军，而转危为安。由此可见，在非语言信息的传播领域里，可以说是“眉来眼去传情意，举手投足皆语言”。

【训练目标】

1. 掌握非语言沟通的表现形式。
2. 运用技巧改善自己的非语言沟通。

【知识链接】

非语言沟通是人们运用表情、手势、眼神、触摸等方式，以他人的空间距离为载体进行的信息传递，是人际沟通的重要方式之一，也是无声语言沟通的一种形式。

一、非语言沟通的方式

（一）标记语言

手语、旗语，交通警察的指挥手势，裁判的手势，以及人们惯用的一些表意手势，如“OK”和胜利的“V”等。

（二）动作语言

例如，饭桌上的仪态能反映出一个人的修养；一位顾客在排队，他不停地把口袋里的硬币弄得叮当响，这表明他很着急；顾客将商品拿起又放下，说明她拿不定主意。

（三）物体语言

总把办公物品摆放很整齐的人，能看出他是个干净利落，讲效率的人；穿衣追求质地，不跟时尚跑，这样的人一定有品位、有档次。

二、非语言沟通的表现形式

（一）体态语言

体态语言也称身势语，是以身体动作表示意义的沟通形式。人们见面相互点头、握手或拥抱，就是用体语向对方致意、问候和欢迎。人们在交谈时身体略向前倾，不时点头，神情随着谈话内容的变化而变化，这些体态特征表现出对说话者的尊敬和礼貌。如果腿不住地乱抖，身体随意摇晃，左顾右盼，那一定会使说话者感到不高兴。因为这些无声的语言传达的信息是不尊重、不礼貌和不欢迎。所以体态语言与人际沟通成功与否关系很大。

体语主要包括头语、身姿和手势三种，它们既可以支持修饰言语，表达口头语言难以表达的情感意味，也可以表达肯定、默许、赞扬、鼓励、否定、批评等意图，收到良好的沟通效果。

1．头语

点头：可以表示多种含义，如赞许、打招呼等。

摇头：一般表示拒绝、否定的意思。

仰头：表示思考和犹豫的意思。

低头：有两种含义：一种是陷入沉思时，表示精力很集中；另一种是受到批评、指责或训斥时，表示认错、羞愧和无地自容。

2．身姿

身姿是人们经常使用的姿势动作。例如，老师教学生要从小养成好习惯，要站如松、坐如钟、行如风，就可以伴以简洁的身姿作为示范。人们协调各种动作姿势，并与其他无声语言动作，如眼神、面部表情等紧密配合，使各种表现手段协调一致，才能达到良好的沟通效果。

3．手势

手势是会说话的工具。是体态语言的主要形式，使用频率最高，形式变化最多，因而表现力、吸引力和感染力也最强，最能表达其丰富多彩的思想感情。

从手势表达思想内容来看，手势动作可分为情意手势、指示手势、象形手势与象征手势。情意手势用以表达感情，使抽象的感情具体化、形象化，如挥拳表义愤，推掌表拒绝等。指示手势用以指明人或事物及其所在位置，从而增强真实感和亲切感。象形手势用以模拟人或物的形状、体积、高度等，给人以具体明确的印象。这种手势常略带夸张，只求神似，不可过分机械模仿。象征手势用以表现某些抽象概念，以生动具体的手势和有声语言构成一种易于理解的意境。

体态语言与自然语言相比有如下作用：

（1）替代作用：代替自然语言进行信息沟通，如点头表示同意，摇头表示反对等。

（2）辅助作用：帮助自然语言加强所表达的意思。比如护士对患者说："我们共同配合，共同努力，一定要战胜疾病。"说的同时紧握拳头，这就大大加强了所表达的决心。

（3）表露作用：即表露出一定的感情和思想活动。比如在聆听有奖储蓄中奖号时的紧张、关注的神态，表露出一个人盼望中奖的期待；如听到一个不幸的消息时悲愤或难过的表情，显示出自己内心痛苦的情感；患者被病痛折磨时所表现出的痛苦表情。

（4）适应作用：体语可以帮助人们适应一定的环境。比如一位青年女子遇到尴尬之事感到不适应时，会卷弄辫梢，抚弄衣角来帮助自己从尴尬中摆脱出来；在路上认错人时不好意思地点头致歉来缓解窘态。

（二）脸部表情

脸部表情（又称面部表情）是身体语言的一种特殊表现。人类具有异常丰富的脸部表情，在人际沟通中，人们的脸部表情起着重要的作用。脸部皮肤的颜色与光泽，肌肉的收缩与舒张，以及脸部纹路的不同组合，便构成体现喜怒哀乐等情绪的各种复杂的表情。同样是笑，有微笑、憨笑、苦笑等，在嘴、唇、眉、眼和脸部肌肉等方面都表现出许多细微而复杂的差别。因此，要善于观察面部表情的各种细微差别，并且要善于灵活地驾驭自己的面部表情，使面部表情能更好地辅助和强化口语表达。

（三）眼神

眼睛是心灵的窗户，它能表达许多言语所不易表达的复杂而微妙的信息和情感。眼神与语言之间有一种同步效应。通过眼神，可能把激情、学识、品德、情操、审美情趣等传递给别人，达到互相沟通的目的。不同的眼神，给人以不同的印象。眼神坚定明澈，使人感到坦荡、善良、天真；眼神阴暗狡黠，给人以虚伪、狭隘之感；左顾右盼，显得心慌意乱；翘首仰视，露出凝思高傲；低头俯视，露出胆怯、害羞。眼神会透露出内心真意和隐秘。

（四）人际距离

人际距离不仅是人际关系密切程度的一个标志，而且也是用来进行人际沟通的传达信息的载体。所谓人际距离是指人与人之间的空间距离。当人与人交往时处于不同的空间距离中，就会有不同的感觉从而产生出不同的反应，因为人际距离传递出了不同的信息。彼此关系融洽的朋友总是肩并肩或面对面地交谈。而彼此敌意的人只能是背对背以示不相往来。恋人之间的亲密无间能表明二人关系发展到了一定的程度。

美国学者 E. T. 霍尔提出了距离学的理论来阐述人际距离影响沟通的问题。他把人际距离划分为四个区域：

（1）亲密的距离为 0 ~ 0. 46m，在这个区域内来往的人，彼此关系是亲密的，一般是在亲属之间、爱人之间。

（2）熟人区域为 0. 46 ~ 1. 2m，一般是老同事、老同学，关系融洽的邻居、师生等，都处在这一区域内。

（3）社交的距离为 1. 2 ~ 3. 6m，进入这一区域的人彼此不十分熟悉。

（4）演讲即作演讲报告的区域，一般在 3. 6m 以上。比如教师的讲课，报告人在礼堂上做报告等。

由此可见，在人际交往中距离越近，双方关系越密切。

（五）仪表、衣着与环境布置

仪表、衣着服饰是一种无声的语言，仪表是否端庄，衣着服饰是否美观大方。服装表现出自己的审美情趣，表现出对他人的态度。

（六）类语言和辅助语言

类语言是指无固定语义的发声。如哭声、笑声、叹息、呻吟及各类叫声。

在一定意义上说，类语言虽然不是语言，但有时却胜似语言。它在沟通思想、感情方面的作用，丝毫不比语言逊色。例如就笑声而言，有哈哈大笑、爽朗的笑、略有声音的笑、傻笑、苦笑、冷笑，等等。

辅助语言是指言语的非词语的方面。即声音的音质、音量、声调、语速、节奏，等等。它们是言语的一部分，却不是言语的内容本身。辅助语言有时也可以表达出不同的意思，借助它来传递某方面的信息。比如用轻缓和平稳的语调说“你真聪明”，表达了对对方的称赞和敬意；如果语速较快，声调尖刻地说“你真聪明”，那无疑是在讥讽对方。

【训练实施】

一、训练一：快乐传真

（一）训练要求

请一组同学上来参加游戏，让他们站成一排，所有人都是背向组织者的。组织者首先让第一个玩家转过来，然后给他一个词或句子，再由他表演给下一个玩家看，以此类推，看看最后一位玩家与第一位玩家的表演有多少差别。（参考词语：猪八戒背媳妇、猴子捞月、暗送秋波、口是心非、我的心里只有你没有他）

（二）训练分享

你是如何领会他们的非语言表达的？

二、训练二：无言的自我介绍

（一）训练要求

1. 时间控制：30 分钟左右

2. 场地：室内

（二）训练过程

1. 训练者 2 人一组，分别用 2 分钟向搭档介绍自己，注意自我介绍的全部过程都要通过肢体语言来完成，如通过自己身上的某些特征、标识、手势和表情等，不能借助语言和文字；

2. 活动结束后，训练者用语言确认自己所获得的信息是否准确。

（三）训练思考

1. 你用非语言手段向他人做自我介绍时，自认是否表达准确？你的动作、表情等是否到位？你的同伴在多大程度上了解了你？有哪些体会？

2. 当你的同伴向你做自我介绍时，他是否感到吃力？你对对方传递的信息是否理解？

3. 你的同伴用了哪些方式介绍自己，你受到什么启发？

【训练评估】

我对本训练感触最深的是：	
我将在自己的职场沟通实践中改变如下：	
实践计划	预计期限

【拓展训练与阅读】

一、测试：你给人的第一印象如何？

第一印象，是指人们在社会认知过程中所获得的关于客体、并对客体以后的认知产生影响的印象，也称为“首因效应”。下面12个问题可以使你知道自己是否具有运用首因效应，并迅速与对方建立良好的沟通关系的能力：

1. 当你第一次见到某个人时，你的表情是（　　）

A. 热情诚恳，自然大方

B. 紧张局促，羞怯不安

C. 大大咧咧，漫不经心

2. 与人初次会面，经过一番交谈，你能对对方的举止谈吐、知识能力等方面做出准确的评价吗？（　　）

A. 我想可以

B. 很难说

C. 不能

3. 你选择的交谈话题是（　　）

A. 对方所感兴趣的

B. 两个人都喜欢的

C. 自己所热衷的

4. 你是否能在寒暄之后，很快就找到双方共同感兴趣的话题？（　　）

A. 是的，对此我很敏感
B. 必须经过较长一段时间才能找到
C. 我觉得这很难
5. 第一次交谈，你们分别所占用的时间是（　　）
A. 多数时间我是在倾听
B. 差不多
C. 我总是滔滔不绝
6. 你与人谈话时的坐姿通常是（　　）
A. 两膝靠拢
B. 跷起腿来
C. 两腿叉开
7. 你同别人谈话时，眼睛望着何处？（　　）
A. 直视对方眼睛
B. 盯着自己的钮扣，不停玩弄
C. 看着其他的东西或人
8. 会面时你说话的音量总是（　　）
A. 柔和而低沉
B. 很低，以致别人听得很困难
C. 声音高亢热情
9. 你说话时姿态是否丰富？（　　）
A. 从不指手画脚
B. 偶尔做些手势
C. 常用姿势补充言语表达
10. 你讲话的速度怎样？（　　）
A. 节律适中
B. 十分缓慢
C. 频率相当高
11. 假若别人谈到了你兴趣索然的话题，你将（　　）
A. 仍然认真听，从中寻找乐趣
B. 显得沉默、忍耐
C. 打断对方，另起一题
12. 你和别人告别时，下次相会的时间地点是（　　）
A. 我提议的
B. 对方提出的
C. 谁也没有提这事

评分标准及结果分析：
选择1得5分，选择2得3分，选择3得1分。

47 ~ 60 分　你的适度、温和、合作给第一次见到你的人留下了深刻的印象。无论对方是你工作范畴或私人生活中的初次接触者，都会有与你进一步接触的愿望。

23 ~ 46 分　你的表现存在着某些令人愉快的成分，但同时又偶有不够精彩之处，这使得别人不会对你印象恶劣，但你也缺乏很强的吸引力。如果你希望提高自己的魅力，首先必须心理上重视，努力在交往的第一回合显示出最佳形象。

23 分以下　也许你感到吃惊，因为很可能你只是依着自己的习惯行事而已。你本是很愿意给别人一个美好印象的，可是你的不经心或缺乏体贴，或言语无趣，无形中却导致他人错误地勾勒了你的印象。交往是种艺术，而艺术是不能不修边幅的。

二、阅读下面材料

如何突出自己的个性

每个人都有自己的特色，但很多原本有特色的人，在与别人初次见面时不是很拘束，就是发挥失常，从而导致沟通不佳或失败，其中一个重要原因就是没有掌握好突出自己个性的技巧。

（一）用行动突出热情

与人初次见面，应当主动和对方握手，微笑着介绍自己，并且在谈话中不吝啬自己的赞美；如果对方需要帮助，则热情地施以援手，这样不仅可使对方容易记住，并将为自己贴上热情的标签。

（二）用目视突出自信

最能看出一个人是否自信的地方就是眼神，自信的眼神应该是正视对方，面带微笑，目光炯炯但不咄咄逼人。初次见面，一旦对方被自己自信的眼神所打动，接下去的沟通就顺畅多了。

（三）适时表现自己的才能

与人初次见面，如果有适合展示自己才华的机会，一定不要错过，才华横溢的表现，一定会让对方在很长一段时间里记忆犹新。

模块二 自我认知与管理训练

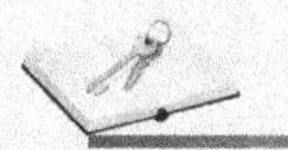

学习引导

通俗地说，自我沟通就是自己与自己对话，在自我沟通过程中，我们认识自我、提升自我并超越自我。自我沟通的目的在于说服自己，其核心在于自我认知，良好的人际沟通就建立在自我沟通的基础上。一个善于自我沟通的人，了解自己的优势和不足，知道自己与别人的差距，提升自己的适应能力，内心平和，能用自己的认知改善人际关系。

苏格拉底说过："认识你自己!"认识自己是自我沟通的第一步。古人说得好："知人者智，自知者明。胜人者有力，自胜者强。"只有真正认识了自我，才能够在此基础之上做出正确的判断，采取合适的行动。"不识庐山真面目，只缘身在此山中"。认识自我的时候，一定要跳出自我的"庐山"，用真实、客观、诚恳的态度理性地审视、定位自我。在自我认识的过程中，尤其需要警惕别人的夸奖和赞许，他人过分的肯定会让人辨不清自己的位置和方向。认识自我包括认识自己的情感、气质、能力、水平、品德修养和处世方式，意味着一个人真正做到功过分明，实事求是，既不在别人的溢美之词中忘乎所以，也不因他人一时的否定而自暴自弃。

项目一　自我认知训练

【项目概述】

知人者智，自知者明。自我认知是对自己及自己与周围环境关系的认识，包括对自己存在的认识，对个体身体、心理、社会特征等方面的认识。简单地说，自我认识就是一个人对自己的看法，它既包括个人对自己身心状况的认知、体察和控制，也包括个人对自己所处环境的认识和评价。一个人要想成功，要想实现自身目标，必须首先认识自己。

本项目通过对自我认知环节的学习，为自我沟通管理及后续环节奠定良好的基础。通过本项目学习，学生能够了解自我认知在沟通中的作用，掌握如何评价自我认知的水平，逐渐地培养自己阳光开朗的心态。本项目通过“自我认知训练”“阳光心态训练”等任务，帮助学生提高自我认知的水平。

任务一　自我认知

【训练导入】

古老而永恒的哲学主题“我是谁”

在古希腊的神话中，一个名叫斯芬克斯的狮身人面女妖坐在忒拜城堡附近的悬崖上，向过路的人提出一个谜语——什么东西早晨用四条腿走路，中午用两条腿走路，傍晚用三条腿走路？过路者如果猜不中，就要被她吃掉。无数人为此而丧生。最后是一个流浪者猜中了谜底。

【训练目标】

1. 理解自我认知的内涵；
2. 树立自尊与自信；
3. 掌握性格色彩分类理论。

【知识链接】

“你认识自己吗？”也许你会觉得这真是一个简单的问题，怎么会有人不认识自己呢？你真的认识自己吗？

我们可以根据自我认识的内容不同，把自我认识分成物质、精神和社会三个方面。自我认识的物质方面，就是个体对自己的物质方面的认识、了解和控制。比如你的身体状况：身高、体重、容貌、健康程度等；你拥有的东西：衣服、钱财、用品等；觉得自己长得漂亮、身体健康、财富丰厚等，这些都是对自己物质方面的认识。自我认识的精神方面，主要指的是个体对自己的心理方面情况的认识，包括你的智力、能力、兴趣、爱好、情绪、性格、气质、动机、意志品质，以及理想、信念、道德等。例如，觉得自己性格比较温和、智商较高，意识到自己心理状态的快乐、舒畅、忧伤和压抑等，这些都是对自己精神或心理方面的认识。自我认识的社会方面，主要是个体对自己在社会关系、人际关系中的角色的认识，包括自己的地位、作用、应当承担的社会义务和享受权利的意识，即个人意识到自己的社会属性。如意识到自己的家庭出身、社会关系、国籍、民族、社会角色、社会地位、社会责任和社会义务等。例如，觉得自己朋友很多，人际关系良好；认识到自己作为学生的角色，要认真学习等。

自我认识还可以分为现实自我、投射自我和理想自我。现实自我是指个体从自己的立场和观点出发，对自己目前的实际状况的评价和看法。比如，认识到自己是个学生，自己的学习成绩很好，自己的长相平平等。投射自我是指个体想象他人对自己的评价和看法，以及由此而产生的自我感觉。比如，觉得别人看不起自己或别人认为自己的能力很强。理想自我是指个体要实现的比较完善的一种自我境界或形象，是个人追求的目标，如个人的生活目标和对将来的期待、抱负或成就，以及自己想成为一个什么样的人。理想自我虽有可能与现实自我不一致，但它却对人的认知和行为有很大的影响，是人前进的动力和方向。比如，希望自己将来成为科学家、政治家、教师、飞行员，想要获得别人的喜爱，希望自己拥有良好的人缘等。

你的现实自我与理想自我一致吗？你喜欢现在的自己吗？你觉得自己现在的情况跟你理想中的自己有多大的距离呢？通常，人们的理想自我一般都比较完美且高于现实自我，这样才能让人们有不断完善自己的动力，但是理想与现实的差距又常常会给人们带来一些负面的影响。当现实中的自我与理想中的自我差异过大时，我们就会出现对现实自我的不满意而表现出自卑甚至自弃。一名沉溺于网络的大学生曾经这样写道："我的理想是做一个有抱负、有成就、成功、非凡的人，在大学要为我将来的成就奠定基础，我的理想自我是一个优秀大学生，可在现实中，我却发现自己意志薄弱、缺乏奋斗精神，而且比较懒散，约束不了自己。当我第一次为上网逃课时，我对自己说：仅此一次，但每次的决心都在网络巨大的诱惑面前败下阵来。我越来越觉得现实自我距离理想自我越来越远，甚至有时都不敢正视自己。"我们的自我认识常常是以真实自我为轴心上下摆动，当取得一点成绩时，便显示出自负的一面；而当遇到挫折时，又会表示出自卑的否定性评价，这都是人们自我认识中客观存在的现象，是每个人都曾经有过的体验。

我们还可以按照作用来划分自我认识，把它分为积极的自我认识和消极的自我认识。像自信心、适度的自尊心、一定的责任感和义务感等属于积极的自我认识。而自卑、自我否定、缺乏自制力等属于消极的自我认识。

自我认识不仅包括个体对认识内容的看法和评价，还包括个体如何控制和改变自身的各方面特点。其核心是："我应该做什么？""我应该成为什么样的人？"和"我可以选择如何做？"比如，如果你对自己的身材不满意，总觉得自己很"胖"，你会减肥吗，你想怎样减肥呢？你觉得自己不够聪明，又缺乏能力，你想过要通过学习或其他途径来培养和提升自己的能力吗？你觉得自己人缘不好，怎样去改善这种现状呢？你的情绪很容易激动，你想过用什么方法来约束和控制自己乱发脾气吗？

一、认识自我的内涵

人类行为学的研究表明，自我知识——自我意识、自我洞察、自我理解对于提升个人的沟通能力和情商是非常有利的。那些有更好的自我意识的人更为健康，在管理和领导决策上更出色，其工作生产率也更高。自我了解是成长和提高的前提条件和激励的因子。

（一）自我的空间与层面

1. 内在：自我的五个空间

什么是自我？你又是谁？这个问题很难回答。"我的"并不等同于"我"。你既不等同于你的思想，也不等同于你的心灵，你是它们的体验者。自我并不是个人的身体、思想和感情，它们仅仅是自我的某个部分、某个空间，是自我的某个功能领域。除了身体、思想、感情，自我还有两个空间：神经感觉系统和意识状态。

2. 外在：自我存在的五个层面

（1）在社会层面，你是一个公民。随着科技进步的加快，我们生活在一个水平不断提高的环境中。但对个人而言，生活也越来越紧张，压力在增大。

（2）在组织层面，你是集体的成员。如今面临的环境的不确定性在增加，许多传统的管理方式已不能适应新的环境，要求我们不断学习新的技能。

（3）在管理层面，你是一名管理者，这意味着你肩负着特定的责任，拥有特定的资源。如何使自己从"管理过度"和"领导不足"中走出来。

（4）在个人层面，在家庭工作社区里扮演着多重的角色。我们如何确保在工作上不断进取的同时兼顾家庭和睦和个人发展，以期在最小的压力下获得最大的成功。

（5）在存在成面，你还具有人的生命体征，与这些问题相关的是自由、孤独、死亡，以及生命本身的意义与目的等。

（二）人的五种行为模式

脑（mind），理性利弊分析，这是经济学、政治学研究的内容，归根到底，就是趋利避害，追求效用最大化。

心（heart），感性的个人好恶，比如我们都喜欢外貌俊美的人，这样的爱好自然会影响到我们的行为。

脸（face），我们要"面子"，在意别人对我们的看法，这种社会舆论、他人的看法，对行为的影响力是不可低估的。

灵（soul），我们有自己的价值观、信仰、信念，我们做的许多事情，可能完全与别人无关，只是为了贯彻我们自己做人做事的原则。

体（body），人们完全可能因为视为理所当然的习惯完成许多行为，这是新制度主义社会学所说的“制度化”。

(三) 自我意识的四个领域

长期以来，人们关注自我意识的四个主要领域，它们对促进成功的管理来说至关重要。这四个领域包括：价值观、学习风格、变革取向和人际取向。它们对人们获得生活的成功、有效活动、有效决策、终身学习和发展与沟通能力是非常重要的。

1. 价值观

价值观（personal value）是人们行为动力的核心，并且在统一的人格中占很大一部分。价值观是指人们对不同事物应赋予何种程度重要性的观念，它还与人们相信某种操行比其他相反的操行更好这种信仰密切相关，也即人们关于其基本价值的信念、信仰、理想系统。价值观是最稳定、最持久的个人特征。它们是变革取向和个人偏好形成的基础，是重大决策、生活方向和个人品位的依据，他们帮助我们确立道德观和是非标准。

2. 学习风格

学习风格（learning style）指个体收集和加工信息的方式；为了取得竞争优势和成功，我们必须不断学习。如今，大约每过 3 年，你所知道的一般事情将变得陈旧，而且每隔 3 年个人所接触到的信息量也在翻倍。我们时刻都被大量的信息所包围，但并非所有的信息都会被我们意识到。长期以来，人们发展出了压抑某些信息而关注另一些信息的策略。这些策略是习惯性的和根深蒂固的，他们形成了我们自己的学习风格。学习风格由大量与个体知觉、解释信息和对信息做出反应的方式有关的因素组成。学习风格基于两个维度：一是个体收集信息的方式，二是评估所接受的信息的方式。

3. 变革取向

变革取向（orientation toward change）关注于人们用来应付环境变化的方法。我们处于混沌的变化过程之中，意识到我们自己对变化的取向，是我们进行有效应对的前提条件。我们从两个重要的维度来衡量人的变革取向，即模糊耐受度和内外控。模糊耐受度（tolerance of ambiguity），是指个体在多大程度上受环境所威胁，或难以应付环境，诸如模糊性的情境、变化速度过快或无法预测，信息不充分或不清晰，或存在复杂性的情境。内外控（locus of control）是指人们考虑自己在多大程度上控制自己命运方面所形成的态度。具有内部控制倾向的人往往相信命运掌握在自己的手里；具有外部控制倾向的人相信命运天定。

4. 人际取向

第四个自我意识的关键领域是人际取向。人际取向（interpersonal orientation）是以特定的方式与他人互相交往（沟通）的倾向。这个方面与前三个方面的不同在于，它是关于行为倾向与他人的关系的，而不只是一个人自己的个人倾向和心理属性。人际取向并不反映在人际情境中展示的实际行为模式。它是指以某种方式行为的潜在趋势，无论涉及什么样的人或环境。心理学家舒兹（Schutz）认为，每个人都需要他人，因而都具有人际关系的需求。

二、自尊与自信

我们总是在问：我是谁？为了达到认识自己的目标，我们必须首先认清自我（self），自我一般是一个人所有的、独特的本质属性。自我可分为公众自我和个人自我。

公众自我是指一个人展现在他人面前的自我，也就是在别人眼中这个人的整体形象。个人自我是指一个人的真正本性。为了了解自己，我们必须收集有关自己的准确信息。我们可以通过以下途径来收集这方面的信息：

（1）通过系统的学习，了解和掌握有关人类行为的一般信息。

（2）运用自我评估的方法获取反馈。有许多标准化的测试可以帮助我们进行个人能力、人格特质等方面的反馈。

（3）获取他人对自己的反馈信息，我们可以从上司、下属、亲戚和朋友那里得到他们对你的看法。

（一）自我概念

自我了解的另一个方面就是自我概念（self - concept），也就是对自己的看法，或者是对于自我形象的认知。促使自我概念发展的因素很多，一般说来，它与一个人经验积累的范围有关。自我概念最初是对自我的简单看法或意识，是各种情况下表现出的个人潜能。随着年龄的增长，自我概念变得越来越复杂，被进一步区分为在不同条件下与自我有联系的若干方面，如“社会自我”“学术自我”“身体自我”等。J·W·麦克维拉认为，在促使自我概念发展的诸多因素中，有四个因素特别重要，它们分别是语言、个人的成功或失败、社会反馈和认同。

1. 语言。语言能使儿童表达各种体验和行动，并把体验组织成综合的概念类别。在儿童的早期词汇中，有些词汇与个人的身体有关，例如我、我的名字、脚趾头、手指等。很快地，儿童开始学会称呼与自己紧密相关的特别重要的人或事物。如爸爸、妈妈、玩具等。到了后来，他学会了用评价性词语表达思想和行动，例如好、坏、淘气、乖等。这些词汇有利于儿童把自我体验组织起来。

2. 个人的成功或失败。该因素涉及由奖惩产生的思想和情感。个人的成功伴随着快乐和满足，个人的失败伴随着悲痛和苦恼，这些体验与包括自我知觉的所有活动和体验联系在一起，从而决定着自我目标的定向、行为、善恶的评价和内在标准的确认。所有这一切都有利于巩固自我概念和自尊。当个体缺乏标志成功或失败的客观标准时，他也可以通过将自己的行为与他人的行为进行社会性比较，以此来说明成功或失败。

3. 社会反馈。社会反馈能使儿童把别人察觉到的东西变成自己印象的一部分。这取决于角色扮演的能力，因此与察觉、掌握自己和别人的能力有关。为了了解他人对自己的评价，儿童必须首先站在他人的立场上对此加以了解。随着了解的不断深入，这些成分便融入自我概念之中。

4. 认同。认同是儿童通过与父母、教师或其他重要人物的接触，把信念和价值观融入人格中去的过程。自我信念（自我概念）和自我价值（自尊）的形成是通过认同过程来实验的，其中包括心力内投（将别人的价值观吸收为自己的）和模仿（效仿别人的行动、信念和判断）。人们特别注意性和感情（依恋性认同）的重要性，同时也注意影响自我概念发展的防御性认同的重要性。

（二）自尊的本质及影响

讨论自我概念的方法很多，但有两个非常重要，即自尊和自信。

自尊（self-esteem）是指欣赏自己的价值、对自己的行为负责及对他人负责的态度。

具有积极自尊的人对于自己的人生价值的理解非常深刻，因此他们也就能具有积极的自我概念。良好的自尊是十分重要的，它如同有魔力一样，会让美好的经历和你期望的事情发生在你身上。而消极的自我形象则会阻止你获得本应属于你的东西，它还会破坏人际关系，因为人们很难喜欢和尊重一个不自爱、不自重的人。但自尊过度就变成傲慢或者自负，一旦这样，我们就很难获取来自他人的认同。

班杜拉（Bandura A）的理论揭示了自尊的本质，他认为自尊由相关的两个部分组成——自我效能和自我欣赏。自我效能（self-efficacy）区别于一般的自信心，它是指具有完成某具体任务的能力所拥有的信心。如果你的自我效能很高，那么你就具有可以成功完成某项特定任务所需要的各种技能。相信能完成任务可以增强人的自尊。自我欣赏（self-respect）是指基于客观评价基础上的自我肯定。自我欣赏的人喜欢自己是因为他们就是这样的人，而不是因为他们可以做什么或不能做什么。

增强自尊的过程将伴随我们的一生，自尊的增强是建立在我们不断成功和与他人的积极互动之上的。有一些有效的培养自尊的方法可以帮助我们。

第一，不断发展新技能，取得新成就，这样就可以为自己骄傲，并在这个过程中接受别人的赞扬、承认。无论对于孩子和成人，成就有价值的事业都是培养自尊的最好的方法。

第二，把自己的优点、良好的品质都一一列出来。欣赏自己的长处也是培养自尊的有效方法。这样你就能有更积极的自我意识。经常看看自己的长处，会使你在感到失望或需要得到鼓励时，信心倍增。我们要重视、赞赏，并积极地表现自己与众不同的地方。

第三，让别人适当地了解自己。适当的自我披露，也就是把内心的真实自我适当地展示给他人，可以帮助别人接纳你，因为向别人更多地开放自己的内心，别人对你的了解越多，别人对你的理解越多，你的自尊也就越强。当然，许多人也不能适应一个自我披露过多的人的。

第四，与那些可以增强你自尊的人多相处。要避免与那些令你感觉糟糕的人和把自己的良好感觉建立在他人痛苦基础上的人在一起。在没办法避免的情况下，就必须尽快解决这一问题，有效的方法是先使自己强大起来。一个可以真正增强你自尊的人一定也是自尊较强的人，因为他们既尊重自己也尊重别人，他们会给你真实的反馈。

第五，选择合理的比较对象。一般来说，社会比较主要有两种方式：一种是与比自己强或好的人比较，我们通常称为上行比较；另一种是与比我们弱或差的人比较，我们通常称为下行比较。人们常常认为，与比自己强的人比较会产生嫉妒、敌意、挫折等消极的情感体验，而与比自己差的人比较则会产生优越、满足、幸福的积极的情感体验。其实不然，无论是与比自己强的人比较，还是与比自己差的人比较，都不必然导致积极的或消极的效果，究竟会产生哪种效果还取决于具体的情境。在与比自己强的人比较中，如果比较目标与自己密切，或同属一类，那么会产生积极效果。如有的人常常在众人面前说自己认识某位知名人物，或说某位名人与自己是同学或朋友，等等，以此来提高自尊。这种现象在心理学里我们通常称之为辐射效应，即比较目标的优良品质会辐射到自己身上，从而激发积极的情感体验。在与比自己差的人比较中，也同样存在这样两种情况，只是效果正好相反。

（三）树立自信

自信（confidence），即自己相信自己。英语的解释是：Blieve that one is right on something or that one is able to do something. 很容易在两者之间找到文化差异。“自己相信自己”是一个比较模糊的概念，相信什么呢？需要完全相信吗？英语的解释要明确一些，只是你在某件事情上认为自己是对的，或者认为自己能做某件事就可以拥有自信。自信是发自内心的自我肯定与相信。

培养自尊的同时往往也能够增强一个人的自信。因为拥有自尊，往往会全面改善对自己的感觉。我们还是提供其他一些可以帮助树立自信的方法，以供大家根据个人的人格特质和环境来选择。

第一，积极的看待自己，相信命运掌握在自己的手里。如果你相信命运掌握在自己手中，并且勇于承担责任，别人就会认为你很自信。要树立自信必须排除消极情绪，学会积极地看待自己，尤其重要的是在他人面前能够肯定自己。

第二，知识渊博，掌握新技能。如果你知识渊博，拥有新技能，能够为解决问题提供建设性的方案，就会变得自信起来。在解决问题中，我们的知识和技能帮助我们进行理性、科学的分析的过程，就是一个塑造和展示自信的过程。

第三，热爱自己的工作，勇于承担责任。对事业引以为豪不但可以激励我们，而且会使我们的举止都洋溢着自信的光芒。只有自信的人才勇于承担责任。

第四，做自己能做的事。做自己做得到的事时，个性会显现出来。要试着记下马上可以做的事，然后加以实践，这是伟大的、不平凡的事业的基础。

第五，注意一些具体且有利于树立自信的行为动作。具体如下：

（1）穿着得体，举止得当。

（2）挑前面的位子坐。

（3）练习正视别人。正视别人等于告诉自己：我很诚实，而且光明正大。我相信我告诉你的话是真的，毫不心虚。

（4）把你走路的速度加快25%。

（5）练习当众发言。

（6）咧嘴大笑。

（7）怯场时，不妨道出真情，即能平静下来。

（四）你的长处是什么

我们每个人由于先天因素和后天训练的不同，具有各自的特点。我们的目的是了解自身的长处，并且不断发挥这些长处来创造工作绩效，我们有一整套工具来分析组织的长短处（如SWOT分析法）。在《21世纪的管理挑战》一书中，彼得·德鲁克指出，虽然大多数人都认为他们了解自己的长处但他们通常都错了，更多的时候他们更了解自己的短处，可是，人们只能在工作中发挥自己的长处，而不能靠短处创造绩效。“我们只有一种办法了解我们的长处：既反馈分析法。无论做出什么样的关键决策，采取什么样的关键措施，我们都要写下我们希望看到的结果。9－12个月以后，我们就可以将实际的结果与预期的结果进行对比。到现在为止，我采用这个方法已经有15－20年了。每一次对比都使我大吃一惊，每一个采用这个方法的人也有同感。”在实施了反馈分析法后，我们总结出以下结论：

（1）集中精力发挥你的优势。你在哪里能发挥优势，创造出优异成绩和成果，你就属于哪里。

（2）努力增强你的优势。反馈分析法很快就能发现人们在技能或知识方面的短板。它可以指出哪些方面的知识和技能需要更新。

（3）反馈分析法很快就能发现人们在哪些方面存在“井底之蛙”的傲慢倾向。

（五）自我认知的误区及改善

坚持、和睦、严谨、积极是缺点还是优点？事情有其两面性。大学生由于还残留有“依赖性”“理想化”“盲目自信”等心理特征，在初入大学之际，他们面临学习生活的转折，必然会产生各种各样的矛盾与困扰，突出表现在以下几个方面：

（1）自傲。自傲是过高估计自己的一种自我认知。自傲者以自我为中心，表现出很强的优越感，处处表现自己，无限夸大自身的长处，对他人则挑三拣四，盛气凌人。

（2）自卑。自卑是由过多的自我否定而产生的自惭形秽的体验。有自卑感的人轻视自己，过分强调自身短处，否定自己的长处或对长处没有足够的认识，因而常表现出胆怯、畏惧、怀疑、担心失败，遇事常常采取逃避方式。

（3）虚荣。虚荣是指追求虚假荣誉的一种心理状态。这种心理往往把荣誉或引起人们的羡慕、赞赏，作为一种生活目标追求，因而常常不择手段地去猎取荣誉。这种人很注意别人对自己的评价，又嫉妒任何比自己强的人，把别人的荣誉视为对自己的挑战。

根据对自我认知的误区的认识改善自我：

（1）首先认识到自己是世界上独一无二的。世界上没有两片相同的树叶，更不可能有两个相同的人，我们都是世界上独一无二的自己。

（2）学会调节自己的情绪。人们在生存和发展中，情绪总是伴随并影响着人们的思维和行为。因此，如何控制和把握自己的情绪，是每个人都关心的重要问题。

（3）自我激励。自我激励是努力排除干扰去实现既定目标的积极心理暗示。人性有弱点，伟人也有缺点和错误，但是不同的是，他们善于战胜这种人性的软弱。人性软弱的一面是永远存在的，你要生存和发展，就必须每天都要进行自我激励，战胜人性的软弱。

（4）建立自信。自信心是走向成功的重要因素。

【训练实施】

一、训练一：猜猜他（她）是谁？

（一）训练过程

请大家拿出一张纸，独自完成，小组内也不要交流。用不超过 50 个字描述一下自己的理想、身高、体重、性格、兴趣爱好、优点、缺点、喜欢的名人、自我简单的评价。原则上不出现提示姓名的信息。最后在右下角写下自己的姓名。随机请同学来猜他（她）是谁？或有同学自告奋勇来猜，连对两人者获课程奖励。被猜中的同学也计参加活动一次。

（二）训练分享

同学对自己的描述是否符合实际？什么是影响其他同学猜测的重要因素。

二、训练二：问题树与生命树

（一）训练过程

拿出彩笔和图画纸，先用灰暗的颜色画出一棵大树，树上结了很多有问题的果子，在每一个果子上写上你觉得现在困扰自己的问题和自身的缺点与毛病，比如学习困难、情绪不好、沉迷网络等。再认真想一想这些问题产生的原因，包括主观的原因和客观的原因，把这些原因写在大树的根部。我们会看到，这棵问题树由于根部的各种问题，导致结的果子都是有问题的坏果子。

然后我们一一分析形成这些问题的原因，有哪些可以通过我们的努力去改变和消除，怎样做才能使树上的果子变成鲜美的生命之果呢？

再画一棵彩色的树，树上结满了理想的果子，比如好成绩、有很多朋友、获得财富等，每一个果子上面写上自己的理想和愿望。然后我们去思考，怎么才能实现这些理想呢？把你要做的事情写在树根的部位，尽可能把要做的事情写得具体并且符合实际。

问题树能够帮助你们找到目前最大的困难和问题，督促大家去想解决问题的办法。当你解决了一个问题，或者改掉了一个坏习惯，就把相应的问题之果划掉。当你发现了自己新的问题的时候，再添上相应的问题之果。如果你坚持去改正自己的缺点和毛病，我相信问题之果一定会越来越少的。如果你能消除所有的问题之果，绝对是一件值得庆祝的事情！

生命树代表着你的理性和追求，我们不仅要去规划，更重要的是脚踏实地地去实现它们。你已经在生命树的树根上写下了实现理想要做的事情，那么就一一去实践吧，努力看看，是不是认真按照你想到的方法做，最终能够实现你的理想呢？当你实现了一个理想，就把相应的理想之果涂上你最喜欢的颜色吧！当你的生命树上结满五颜六色的漂亮的果子时，你一定实现了自己很多的愿望！

（二）训练分享

你可以把你画好的生命树跟你的小伙伴、老师和爸爸妈妈分享，可以让他们帮你分析找出解决问题和实现理想的方法，并帮助你付诸实践。同时也可以让他们帮忙督促和鼓励你改正缺点和解决问题，通过你的努力来实现理想。

三、训练三：价值拍卖

你见过拍卖会吗？你看过电视里关于拍卖的场景吗？想不想也参与一下拍卖活动呢？那就约上几个小伙伴一起来玩这个价值拍卖的游戏吧。

（一）训练要求

选出一个人做拍卖师，负责组织拍卖活动，需要准备的东西有：拍卖锤、写有每一件拍卖品的大卡片。

要拍卖的东西并不是实物，既不是古董饰物，也不是名车和房产，而是一些价值观念。比如我们可以拍卖如下这些：

（1）为大众谋福利

（2）有良好的艺术审美氛围

（3）创新，发现新事物

（4）自己思考，独立行事

（5）有成就感

（6）独立自主，依己力办事

（7）得到别人的尊敬和崇拜

（8）发挥领导、管理和影响他人的能力

（9）收入丰厚

（10）生活安定

（11）有良好的工作环境

（12）人际关系和谐、融洽

（13）与志同道合的人一起工作

（14）选择自己所喜爱的生活方式

（15）工作富有变化不单调

（二）训练过程

每一样东西的底价为1000元，每次加价1000元，每样东西最高价格5000元。依次拍卖每一样“商品”，出价最高的人将获得写有相应拍卖品的大卡片，并且可以多人同时以最高价格获得相应卡片。

每个参加拍卖的人有10000元，请用手里的钱去竞拍心仪的东西。

（三）训练分享

拍卖结束后，请整理一下自己拍到的“商品”，看看你获得了什么，这些东西是不是你最想要的。同时跟其他竞拍者一起讨论下列问题：

（1）有没有人什么都没有买，为什么他什么都没有买？

（2）你是否后悔你所买的东西，为什么？

（3）还有什么是你想买却没有买到的，为什么没有买到？

（4）拍卖过程中你的感受如何？

（5）假如你现在已经走到人生的尽头，请看看你手上所有的东西，它们对你来说是否还有意义？

（6）现在把你最想要的东西写下来，想一想在现实生活中如何得到它？

怎么样？拍卖的结果你还满意吗？如果喜欢，你还可以换别的东西来拍卖，比如亲情、友情、爱情、健康、美貌、知识、财富、威望……

四、训练四：我最重要的五样

（一）训练过程

第一步，请在白纸上端中间郑重地写下你的名字，比如“林立的五样”。它代表着你的身体、你的记忆、你的爱好和你的希望。总之，它就是你的一切。此刻，天地万物都暂时不存在了，只剩下你的名字和你的心在一起。当我们孤零零地来到这个世界时，你只有你自己。当你有一天离开这个世界时，也是你一个人飘然而去。

第二步，请写下你生命中最重要的五样东西。这五样东西，可以是实在的物体，比如食物、水或财富；也可以是人，比如父母、孩子、妻子、朋友；也可以是动物，比如宠物；也可以是精神的东西，比如信仰；也可以是你的爱好，比如旅游、音乐等；也可以是抽象的事物，比如哲学；总之，你尽可以天马行空地想象，只要把你内心最珍贵的五样东西写出来就是了。请屏住呼吸，认真地审视一下这五样东西，——这些可是你一生中最重要的五样东西啊！

第三步，请你拿起笔，在你的人生五样中去掉一个。好了，经历了失去的痛楚，你现在只剩下四样最重要的东西。

第四步，命运是残酷的，现在，它又在向你发起挑战。你必须在剩下的四样中再划掉一样。

第五步，现在，你要在仅有的三样中再去掉一样。现在，你的人生中最重要和珍贵的东西就剩下两样了。你在哭泣吗？但请你千万要挺住并坚持下去。

第六步，你还要从仅剩的两个挚爱中再涂掉一个！

好好记住这个顺序吧，他们就是你的人生优先排序。如果在生活中遇到无所适从的时候，不妨用头脑中的打印机，把这张纸无形地打印出来。它会告诉你，什么才是你的最爱，什么才是你最为重要的东西，什么才是你恋恋不舍的东西。

（二）训练分享

1. 你最后剩下的是什么？你是怎么考虑的？

2. 你删减的步骤是怎样的？

3. 目前的你拥有五样中的几样，幸福吗？

【训练评估】

我对本训练感触最深的是：	
我将在自己的沟通实践中做如下改变：	
实践计划	预计期限

【拓展训练与思考】

一、测试

菲尔测试是美国的菲尔博士在著名主持人奥普拉的节目里提供的一项测试，国际上称为“菲尔人格测试”，时下被很多大公司人事部门用来测试员工的性格，很受欢迎，是了解自己性格的一个重要渠道。

现在，请凭你的直觉如实地回答下列的问题，各题为单选，选择一个最符合你情况的选项。

菲尔测试

1. 你什么时候感觉最好（　　）

A. 早晨

B. 下午及傍晚

C. 夜里

2. 你怎样走路（　　）

A. 大步地快走

B. 小步地快走

C. 不快，仰着头面对这世界

D. 不快，低着头

E. 很慢

3. 与人交流时，你一般会（　　）

A. 手臂交叠地站着

B. 双手紧握着

C. 一只手或两手放在臂部

D. 碰着或推着与你说话的人

E. 捧着你的耳朵、摸着你的下巴或用手整理头发

4. 坐下来时，你习惯于（　　）

A. 两膝盖并拢

B. 两腿交叉

C. 两腿伸直

D. 一腿蜷在身下

5. 你一般怎样笑（　　）

A. 开怀大笑

B. 笑，但不大声

C. 轻声地、咯咯地笑

D. 羞怯地微笑

6. 当你参加一个活动时，你会（　　）

A. 很大声地入场引起他人的注意

B. 安静地入场，找你认识的人
C. 非常安静地入场，尽量保持不被他人注意
7. 当你正在非常专心地工作时，有人打断你，你会（　　）
A. 欢迎他
B. 感到非常恼怒
C. 在（1）（2）两大极端之间
8. 下列颜色中，你最喜欢哪一种颜色（　　）
A. 红或橘色
B. 黑色
C. 黄或浅蓝色
D. 绿色
E. 深蓝或紫色
F. 白色
B. 棕或灰色
9. 临睡前的几分钟，你在床上的姿势（　　）
A. 仰躺，伸直
B. 俯躺，伸直
C. 侧躺，微蜷
D. 头睡在一只手臂上
E. 被子盖过头
10. 你经常会做的梦是（　　）
A. 从高处出落下
B. 与别人打架或挣扎
C. 找东西或找人
D. 在天上飞或在水里漂浮
E. 平常不做梦
F. 梦都是愉快的

以上各题的分数分配如下：
1. （1）2（2）4（3）6
2. （1）6（2）4（3）7（4）2（5）1
3. （1）4（2）2（3）5（4）7（5）6
4. （1）4（2）6（3）2（4）1
5. （1）6（2）4（3）3（4）5
6. （1）6（2）4（3）2
7. （1）6（2）2（3）4
8. （1）6（2）7（3）5（4）4（5）3（6）2（7）1
9. （1）7（2）6（3）4（4）2（5）1

10. （1）4 （2）2 （3）3 （4）5 （5）6 （6）1

将你每小题的得分进行相加，最后得出一个总分数。测试结果分析如下：

（1）低于21分——内向的悲观者

你是一个害羞的、神经质的、优柔寡断的人，你对别人有依赖感，需要别人的照顾；面对事情你永远没有自己的主见，总期待别人为你做决定；你是一个杞人忧天者，一个永远为不存在的问题自寻烦恼的人；也许有些人认为你令人乏味，但那些深知你的人知道你不是这样的人。

（2）21～30分——缺乏信心的挑剔者

你是一个小心谨慎、勤勉刻苦、很挑剔的人，一个缓慢而辛勤工作的人。一般而言，你的言行都在大家的意料之中，也就是说，你的性格是一个相对稳定的性格。

（3）31～40分——以牙还牙的自我保护者

你是一个明智、谨慎、注意实效、伶俐、有天赋、有才干且谦虚的人。

你在交友方面很谨慎，但你对朋友非常忠诚，同时也这样要求别人。如果一旦这种信任被破坏，你将会很难过。

（4）41～50分——平衡的中庸者

你是一个有活力的、有魅力的、讲究实际的而永远有趣的人；你亲切、和蔼、体贴、能谅解人；你是一个永远会给人带来快乐并会帮助别人的人；你经常是群众注意力的焦点，但是你还不至于因此而昏了头。

（5）51～60分——吸引人的冒险家

你具有令人兴奋的、活泼的、易冲动的个性；你是一个天生的领袖，能在很短的时间内做出决定，虽然你的决定不总是对的。你是一个愿意尝试机会而欣赏冒险的人。因为你能带来刺激，周围的人都喜欢跟你在一起。

（6）60分以上——傲慢的孤独者

在别人的眼中，你是自负的、以自我为中心的，是个极端有支配欲、统治欲的人。别人可能钦佩你，但同时也会从骨子里讨厌你的自负和高傲。

二、阅读下面材料并思考

（一）性格色彩理论

心理学研究指出，性格是一个人“典型性的行为方式”，也就是说，一个比较成熟的人在各种行为中，总贯穿着某一种典型的方式，具有稳定性，这就是性格。

1. 红色性格

红色性格的人是四种性格中最有魅力的一种性格，他们总是以一种活泼外向的面貌示人，并且开朗、乐观、热情，喜欢成为公众的中心。他们往往有很多新奇的设想和主意，热衷于与别人交谈，特别是谈他们自己。其特点是好奇心重、天真、风趣滑稽、喜欢开玩笑甚至是搞恶作剧、不拘小节、丢三落四、“务虚”长于“务实”。

红色类型的人能说会道且乐此不疲，但通常就是纯粹聊天。他们是自然流露的乐天派，开朗豪爽、喋喋不休，但很少直截了当。他们是一些讲故事的行家，在4种类型中，他们的声音是花样最多的，而且在他们表白个人感情时，音调会有相当复杂的变化。他们说话可能总有一点在演话剧的味道，语速快，而且常常声音很大。“看看我！

我是多么与众不同”，这是你经常能从他们的话里听到的潜台词。这种性格的人很讨人喜欢，他们总是能给人带来快乐，只要有他们在的地方，就会有欢声笑语。

红色性格的人就是这样：让你欢喜让你忧，让你爱也让你恨。用佛罗伦斯·妮蒂雅的一段话来形容红色性格的人是再恰当不过了：遇到麻烦时带来欢笑，身心疲惫时让你轻松。聪明的主意令你卸下重负，幽默的话语使你心情舒畅。希望之星驱散愁云，热情和精力无穷无尽。创意和魅力为平凡涂上色彩，童真帮你摆脱困境。

2. 蓝色性格

蓝色性格的人总是给人以矜持和沉稳的感觉，他们说话的时候措辞谨慎、语言平缓，似乎不带感情色彩，通常他们只有在自己认为必要的时候才发言。他们的声音也不会告诉你他们在想什么，你有时可能会感觉他们比较冷淡。

蓝色类型的人最突出的特征就是他们绝对是个不折不扣的完美主义者和理想主义者，他们追究完美，为人小心谨慎、擅长思考、酷爱理性分析、在乎细节、敏感但喜怒不形于色。他们做事有条不紊、讲求章法、遇事总循规则，但有时也会显得过于呆板。但也正是由于蓝色类型的人追求完美，有完美主义倾向，因此，他们也是 4 种性格类型中最接近艺术本质的性格，完美而细腻、深邃而独特。因此，蓝色性格往往是最容易造就艺术家的一个性格，世界著名的艺术家中有不少人都是蓝色性格。像导演过《大白鲨》《E. T. 外星人》《霍克船长》《侏罗纪公园》《辛德勒名单》《拯救大兵瑞恩》及《廊桥遗梦》等影片的著名导演斯皮尔伯格就是典型的蓝色性格。

蓝色性格的人似乎天生有一种高雅而脱俗的艺术家气质，他们总是在沉默中爆发出令人惊叹的力量。那么，就让我们用下面这一段话来概括所有蓝色性格的人，这是对他们最好的评价：洞悉人类心灵世界的敏锐目光，欣赏世界之美善的艺术品位。所有的天才都具有优势，创作前无古人之惊世作品的才华。工作忙乱时入微的观察，缜密的思维，始终如一的处事目标。任何事都做得有条不紊，具有圆满成功的理想与决心。

3. 黄色性格

黄色性格的人个性固执而刚毅，自我感觉良好，充满自信，敢于挑战，遇事善做决断，果敢而不畏风险，然而他们缺乏耐心，心有所动则溢于言表。那些常常喜欢坐在桌子上发号施令的人，很可能就是黄色类型的人。

“她的衣着充满着强烈的色彩……言语中流露出不可阻挡的说服力，出类拔萃、坚定、果断、强硬、挑战、强烈抗议……”这是美国《时代周刊》的一篇文章，描写的是美国前国务卿奥尔布赖特。也许我们没有亲眼见过这位女国务卿，可是从这篇文章的描述看，我们已经可以基本确定，奥尔布赖特在公众面前的大部分表现可能属于黄色特征。不仅奥尔布赖特是黄色的性格，世界上很多成功人士，他们的性格大部分都是黄色性格，阿诺德·施瓦辛格也是典型的黄色性格。

总之，黄色性格在四种性格中是最容易成功的一种性格，这与他们坚定执着、刚毅强硬等性格特征相关。总体来说，黄色性格也可以用以下一段话加以概括：当别人失去控制正在迷惘时，他会有坚强的控制力和决断力。在充满疑虑的前景下，他仍然愿意去把握每一个机会。面对嘲笑，他会满怀信心地坚持真理；面对批评，他仍会坚守自己的立场。当我们误入迷途时，他会指明生活的航向。面对困难，他必定顽强对抗，不胜不休。

4. 绿色性格

绿色性格的人就像绿色一样，给人一种和平而又宁静的印象，就像是平静的湖面，很难激起波澜。他们一般都平和低调、无异议、少主见；慢性子，不慌不忙，极有耐心，擅长聆听而非表达；诙谐幽默；喜欢平稳的生活而不是冒险，最看中的是与他人关系的亲疏远近，他们很有人缘，注重合作，不喜欢冲突，总希望面面俱到，有时过于保守，对变革从来都不积极，乐于担当旁观者。

他们是那种与人为善、敏感细腻的人，可能有一点缺乏主见甚至是温良恭顺。他们喜欢询问别人的观点，很少会把自己的观念强加于别人，他们喜欢稳定和被人接受。与表达相比，他们更擅长聆听，说话的时候，他们通常会用比较沉稳和平和的语调。他们的声音中不乏温情和真诚。

我们似乎总能在社会公益活动中见到绿色性格的人，他们似乎永远都是那样的平和与耐心，也许他们没有红色性格的人那样有那么多的梦想，也没有黄色性格的人那样有那么多的目标，但是，他们是最踏实的人，他们总能在平凡的岗位和事情中做出不平凡的成绩。特蕾莎修女便是这样一位绿色性格的女性，一位伟大的“绿色天使”。

可以说，将绿色性格的人称为和平主义者是绝对的名副其实，他们的一言一行也正体现了他们的性格，正如一段话所言：稳定的保持原则，忍受惹是生非的耐心。当别人说话时你会聆听，天赋的协调能力会把相反的力量融合。富有安慰受伤者的同情心，为达到和平而不惜任何代价。头脑冷静，有时连你的敌人也找不到你的把柄。

（二）案例分析

1. 有一个10岁的日本小男孩，在一次车祸中失去了左臂，但是他很想学柔道。最终，小男孩拜了一位柔道大师为师，开始学习柔道。他学得不错，可是练了三个月，师父只教了他一招，小男孩有点弄不懂了。他终于忍不住问师父：“我是不是应该再学学其他招数？”师父回答说：“不错，你的确只会一招，但你只需要会这一招就够了。”小男孩并不是很明白，但他很相信师父，于是就继续照着练了下去。几个月后，师父第一次带小男孩去参加比赛。小男孩自己都没有想到居然轻轻松松的赢了前两轮。第三轮稍微有点艰难，但对手很快就变得有些急躁，连连进攻，小男孩敏捷地施展出自己的那一招，又赢了。就这样，小男孩迷迷糊糊地进入了决赛。

决赛的对手比小男孩高大、强壮许多，也似乎更有经验。开始，小男孩显得有点招架不住，裁判担心小男孩会受伤，就叫了暂停，还打算就此终止比赛。然而师父不答应，坚持说：“继续比赛!”比赛重新开始后，对手放松了戒备，小男孩立刻使出他的那招，制服了对手，由此赢得了比赛，得了冠军。回家的路上，小男孩和师父一起回顾每场比赛的每一个细节，小男孩鼓起勇气提出了心里的疑问：“师父，我怎么凭一招就赢得了冠军?”师父答道：“有两个原因：第一，你几乎完全掌握了柔道中最难的一招；第二，据我所知，对付这一招唯一的办法是对方抓住你的左臂。这样，你左臂的缺失反而成了你最大的优势。”

案例点评：有的时候，人在某方面的缺陷未必就永远是劣势，只要善加利用，扬长避短，劣势也有可能转化成优势。我们也许无法选择自己的家庭出身，无法选择自己的外形，但我们始终有一样别人无法剥夺的东西，那是上天赐予每个人公平的礼物——你可以选择用怎样的心情来对待生活中的一切。坦然接受那个不太完美的自己吧，寻找自己的优势然后加以利用，寻找自己的劣势然后加以克服，相信你最终将成为让自己最满意的人。

2. 一位弹奏三弦琴的盲人渴望在有生之年看看世界，但是访遍名医，都没有办法医好他的眼睛。一日，这位民间艺人碰见一个道士，道士对他说："我给你一个保证治疗好眼睛的药方，不过，你得弹断 1000 根弦，方可打开这药方。在这之前，不能生效的。"于是这位琴师带着一个也是双目失明的小徒弟游走四方，尽心尽意地弹唱，以此为生。一年又一年过去了，在他弹断第 1000 根弦的时候，这位民间艺人迫不及待地将那张一直藏在怀里的药方拿了出来，请明眼的人代他看看上面写着是什么药材，好医治他的眼睛。明眼人接过药方来一看，说："这是一张白纸嘛，并没有写一个字。"那位琴师听了，潸然泪下，突然明白了道士那"1000 根弦"背后的意义。就是这一个"希望"，支持他尽情地弹下去，几十年他就如此活了下来。

这位老了的盲眼艺人，没有把这个故事的真相告诉他的徒儿。他将这张白纸郑重地交给了他那同样渴望能够重见光明的弟子，对他说："我这里有一张保证治好你眼睛的药方，不过，你得弹断 1000 根弦才能打开这张纸。现在你可以去收徒弟了，去吧，去游走四方，尽情地弹唱，直到那 1000 根琴弦断光，就有了答案。"

案例点评：希望就是具有如此大的力量，给人生活下去的信念与信心。一个毫无希望的人，他的生活会十分惨淡，失去光明。然而一个时刻充满希望的人，则是上天最宠爱、最愿意施恩的人。

3. 小鹰和小鸡。有一个喜欢冒险的男孩爬到父亲养鸡场附近的一座山上，发现了一个鹰巢。他从巢里拿出一个鹰蛋，带回养鸡场，把鹰蛋和鸡蛋混在了一起，让一只母鸡来孵。孵出来的小鸡群里有了一只小鹰。小鹰和小鸡一起长大，因而以为自己就是小鸡。起初小鹰很满足，过着和鸡一样的生活。但是，当它逐渐长大后，它内心里就有一种奇特不安的感觉。它不时地想："我一定不是一只鸡！"只是它一直没有采取什么行动，直到有一天一只了不起的老鹰翱翔在鸡场的上空，小鹰感觉到自己的双翼有一股奇特的新力量，感觉在胸腔里正猛烈的跳动着。它抬头看着老鹰的时候，一种想法出现在心中："我和老鹰一样。养鸡场不是我待的地方。我要飞上青天，栖息在山崖上。"它从来没有飞过，但是它的内心里有着力量和天性。它展开了双翅，飞升到一座矮山的顶上。极为兴奋之下，它又飞到更高的山顶上，最后冲上青天，到了高山的顶峰。他发现了伟大的自己。

任务二 阳光心态

【训练导入】

有三只青蛙不小心掉进了一只牛奶桶里，它们拼命挣扎，奋力自救。第一只青蛙在跳跃一段时间后绝望了，认为这是上帝的安排，自己是无法改变命运的，于是放弃了自救，结果它被淹死了。第二只青蛙虽然还在继续挣扎，但在筋疲力尽时，它也放弃了，它相信自己是跳不出牛奶桶的，结果它也被淹死了。第三只青蛙始终没有放弃希望，它相信没有谁能救它，只有靠自己才能获救。它不停地跳，不停地搅动，结果把牛奶搅拌成了奶油。在感到脚底的接触面很结实时，它奋力一跃，终于跳出了牛奶桶。这是一个有关信仰的案例，说明一个人做任何事情都必须确立积极的态度和目标。

【训练目标】

1. 掌握提高情商的途径；
2. 培养阳光心态；
3. 了解你的情商。

【知识链接】

一、情商的具体内涵

1990 年，一个心理学概念的提出在世界范围内掀起了一场人类智能的革命，并引起了人们旷日持久的讨论，这就是美国心理学家彼得·萨洛维和约翰·梅耶提出的情商概念。1995 年 10 月，美国《纽约时报》的专栏作家丹尼尔·戈尔曼出版了《情感智商》一书，把情感智商这一研究成果介绍给大众，该书也迅速成为世界范围内的畅销书。随着人类对自己自身能力认识的深入，越来越多的人认识到在激烈的现代竞争中，情商的高低已经成为人生成败的关键之一。最为情商知识受益者，美国总统布什说："你能调动情商，就能调动一切！"

情商（EQ）是 Emotional Quotient 的缩写，是指人对自己的情感、情绪的控制管理能力和社会人际关系中的交往、调节能力。戈尔曼在《情感智商》一书中说："情商高者，能清醒了解自己并把握自己的情感，敏锐感受并有效反馈他人情绪变化，在生活各个层面都占尽优势。情商决定了我们怎样才能充分而又完善地发挥我们所拥有的各种能力，包括我们的天赋能力。"他所偏重的是日常生活中所强调的自知、自控、热情、坚持、社交技巧等心理品质。为此，他认为情商由下列 5 种能力组成。

（一）自我情绪的察觉能力

自我情绪的察觉能力是情商的基础。了解自己的内在情绪对了解自己非常重要，不了解自身真实情感的人势必沦为情绪的奴隶；反之，控制自身情绪的人才能成为生活的主宰，才能以主动的姿态应对生活中的各种难题，在生命的海洋中自由遨游。

（二）自我情绪的管理能力

自我情绪的管理必须建立在自我认知的基础之上。如何自我调整、自我安慰，摆脱焦虑、不安的心情是自我情绪管理能力的内涵所在。而这方面能力匮乏的人常常与低落的情绪交战。对自我情绪调控自如的人，则能很快地走出命运的低谷，重新振作起来。

（三）自我激励能力

适时进行自我激励，时刻保持高度的热忱是成就一切的动力。能够自我激励的人做任何事情都具有较高的效率。内心充满激情，方能坚定不移并高效地成就自己的事业。

（四）识别他人情绪的能力

对他人的感受熟视无睹，必然会付出代价。具有同情心的人能从细微的信息察觉他人的需要，进而根据他人的需要行事，这样的话就很容易得到别人的理解和欢迎。尤其在与他人交往中，识别他人的情绪并引导他人的情绪至关重要。

（五）人际关系的管理能力

管理人际关系是一门艺术。它要求人们能在识别他人情绪的基础上，采取相应的措施，与人建立良好关系。一个人的人缘、领导力、人际关系的和谐度等都与这项能力有关，一个人只有具备较高的人际关系管理能力，才能在人际关系网中畅通无阻。

情商为人们开辟了一条事业成功的崭新途径，它使人们摆脱了过去对智商的单一评价体系。因为智商的后天可塑造空间相对有限，而情商的后天可塑造性很高，个人完全可以通过自身的努力成为一个情商高手，攀至成功的顶峰。

二、情商提高：培养高情商的六种途径

我们无法快速提升自己的智商，却可以通过情商来提升自己。一个杰出的人未必有较高的智商，却一定有着高情商。其实，提高情商并非难事，你只需坚持做到以下几个方面，相信一定会有较大的收获。

（一）树立明确的人生目标

我们的人生目标体系不能太单一，也不应该单一。我们不能成为世俗成功标准的奴隶。我们不能一辈子活着只为工作、事业、金钱、权力、名誉，还有比这些更重要的东西，比如健康、家庭、孩子、兴趣、学习、朋友、服务他人、精神愉悦等。只有树立明确的人生目标，你的人生才有方向。

（二）保持一颗快乐的心

快乐的人身边总是不乏朋友，他们不关心自己是否能跟得上富有的邻居的脚步。最重要的是，他们有一颗快乐的心。正如《真正的快乐》的作者塞利格曼所说，快乐的人很少感到孤单。他们追求个人成长和与别人建立亲密关系；他们以自己的标准来衡量自己，从来不管别人做什么或拥有什么。快乐的人以家人、朋友为中心，而那些不快乐的人在生活中，时不时地冷落了这些东西，这个时候他们就会倍感孤单。

（三）扫除一切浪费精力的事物

什么是不利于我们提高情商的力量呢？答案就是一切浪费精力的事物。

你的生活中有哪些正在缓慢地消耗着你的精力的事物呢？就是说我们该如何界定分散精力的事物——每次接触之后都会感到精力被分散了。有时和朋友相处也是如此，你与好的朋友相互吸取和给予精力，但有些朋友只会吸取你的精力。这时有两个选择：一是正视这个问题，建立心理界限，继续与他们谨慎交往；另一个是减少与这种人交往。的确，我们需要去除缓慢地浪费精力的事物，以集中精力提高我们的情商。请试试以下方法：

（1）列出经常消耗你精力的事情。

（2）系统地分析一下名单，并分成两部分。A 单是可以改变的。B 单是不可以改变的。

（3）逐一解决 A 单中的问题。比如对你来说，把汽车钥匙挂在一个固定的钩子上，这样就不用到处找了。

（4）再看一下 B 单中的问题，你是否可以把其中一些移到 A 单并加以解决。

（5）放弃 B 单中的问题。

（四）及时给自己充电

王灵在学校学的是会计专业，毕业后去深圳一家五星级酒店做了 3 年前台财务主管，之后回到老家郑州，在一家同级别酒店做财务主管。一年后他跳槽到某休闲娱乐集团任人力资源经理，现在任该集团主管市场运营的副总经理。如今，经常被猎头“打扰”的王灵说，自己 3 次较大职场转变，都与不断充电有关：“可以说正是充电让我汲取了营养，最终促进了我的职业发展。”现代社会千变万化，节奏加快，要求我们将心态归零，坚定“活到老，学到老”的信念。

（五）给自己找个榜样

你或许不会成为大英雄，但你可以成为一个快乐的平凡人。在周围给自己找个榜样吧！他（她）比你聪明，所受教育更好、层次更高，比你更有毅力，你会在追赶他（她）的过程中提高自己的情商。

（六）从难以相处的人身上学到东西

我们周围有许多牢骚满腹、横行霸道、装腔作势的人，我们希望这些人从生活中消失，因为他们会让人生气和绝望，甚至发狂。也许你会希望把这些人圈起来，买张飞机票，送到一个小岛上，在那里他们再也不会打扰到别人。可是，最好别这样，因为这些难以相处的人是我们提高情商的帮手。你可以从多嘴多舌的人身上学到沉默，从脾气暴躁的人身上学到忍耐，而且你不用对这些老师感激涕零。

三、情感提高：坦然接受不完美的自己

“金无足赤，人无完人”，每个生命个体都不是完美无瑕的，如果我们抱着寻找完美的自己的态度，那生活将会一团糟，到处充斥着不满的抱怨声。

一些人总感到自己不如别人，其实是他们没有看到自己的长处，总爱拿自己之短较别人之长。要知道事实是：你的一些缺陷却有可能成就你。

（一）做控制情绪的大师

能够控制自己的情绪是人成就大事的基本素质之一。一个无法控制自己情绪的人，他的强项就会顿时消失。人是一种具有思维和感情的动物，所以每个人都有情绪的波动。不过，现实生活中，有人控制情绪的功夫一流，喜怒不形于色；有人则说哭就哭，说笑就笑，当然，说生气就生气。

随意哭笑的情绪表现到底是好还是坏呢？有人认为，这是一种“率直”的性格，是一种很可爱的人格特征。这么说也不无道理，因为喜怒哀乐都表现在脸上的人，容易被别人了解，也不会对他持有戒心，而且，有情绪就发泄，而不积压在心里，也有利于心理健康。但从另一方面来说，这种所谓的“率直”并不适应现实社会。之所以这么说，至少有以下两个理由。

（1）不能控制情绪的人，往往给人一种不成熟或还没长大的印象。请你仔细想想，只有小孩子才会说哭就哭，说笑就笑，说生气就生气，这种行为发生在小孩身上，大人会认为这是天真烂漫，但如果发生在一个成年人身上，人们就不免会对这个人的心理发展感到怀疑了，既然这个人客观上还不成熟，又何谈对他产生信任感呢？

（2）一个人容易哭，被人认为是一种“软弱”的表现。容易生气则会伤害别人。哭其实也是心理压力的一种缓解方式，可是人们始终把哭和软弱联系在一起，不过大部分人都能忍住不哭，或是回家再哭，但却不能忍住不生气。其实生气有很多坏处：

① 会在无意中伤害无辜的人，有谁愿意无缘无故挨你的骂呢？而被骂的人有时是会反弹的。

② 大家看你常常生气，为了怕无端挨骂，所以会和你保持距离，你和别人的关系，就在无形中拉远了。

③ 偶尔生一下气，别人会在意，常常生气，别人就不会在乎了，这对你的形象也是不利的。

④ 生气也会影响一个人的理性思维，往往会做出错误的判断和决定，而这也是别人最不放心的一点。

⑤ 生气对身体不好，不过别人对这点是不在乎的，他们会认为即使你气死了也只是你自己的事！所以，控制情绪是很重要的一件事，你应该努力做到。

（二）每天给自己一个希望

希望是人生的方向，是心中永远不灭的灯塔，是我们前进的动力源泉。面临恐惧时，希望使人从容淡定，面临挫折、危险时，希望让人获得巨大的能量。

（三）走进他人的心灵

一把坚实的大锁挂在大门上，一根铁杆费了九牛二虎之力，还是无法将它撬开。钥匙来了，瘦小的身子钻进锁孔，只轻轻一转，大锁就“啪”的一声打开了。铁杆奇怪地问：“为什么我费了那么大力气也打不开，而你却轻而易举地就把它打开了呢？”钥匙说：“因为我最了解它的心。”每个人的心都像上了锁的大门，任你再粗的铁棒也撬不开。唯有走进他人的心灵，才能把自己变成一把钥匙，轻轻开启他的心。

哲斯顿被公认为是人类有史以来最著名的魔术师之一。在长达 40 年的演出生涯里，他走遍世界各地。总共有超过 6000 万人买票去看过他的表演，而他赚了将近 200 万美元的钞票。这个数字，在当时绝对是一笔巨款。不过，哲斯顿的成功，靠的并不仅仅是渊博的知识和高超的演技，而是善于走进观众的心。实际上，他的成就几乎和学校教育一点关系都没有。因为他很小的时候就离家出走，变成了一名流浪者，搭货车，睡在谷堆里，沿街乞讨，坐在车里向外看着铁道沿线上的标志，这样他才学会了识字。有人曾经向他请教成功的秘诀：“请问哲斯顿先生，您的成功是否与您拥有特别丰富、卓越的魔术知识有关呢?”“不!”哲斯顿断然回答，“关于魔术手法的书已经有好几百本，而且在这个世界上有几十个人与我懂得一样多。但我能在舞台上把我的个性充分显现出来。作为一个表演大师，必须了解人类的天性。我的所作所为，每一个手势，每一句话语，每一个眉毛上扬的动作，我都在事先很仔细地预演过，所以表演时动作就能配合得分毫不差。”

除了这种高超的技术之外，哲斯顿向来都表现出对观众的强烈兴趣，这一点非常重要。其他许多魔术师都会一边看着观众，一边在心里对自己说：“嗯，坐在底下的那些人是一群傻子，一群笨蛋，我绝对可以把他们骗得团团转!”

然而，哲斯顿的方式与他们完全不同。每次一上台，他就对自己说：“我很感激，因为这些人来看我表演。他们使我能够过着一种很舒适的生活。我要把最高明的手法，表演给他们看。”他宣称，每当走上舞台时，他没有一次不是一再对自己说这样的话：“我爱我的观众，我爱我的观众。”这句话，或许有些人会感到可笑，但正是凭着这一点，哲斯顿成了魔术师中的魔术师。走进别人心灵的最佳方式就是让他们意识到你对他有着浓厚的兴趣，当你这么做时，不但会受到欢迎，也会使生命得到扩展。

（四）不要把自己孤立起来

一个富翁和一个书生打赌，让这位书生单独在一间小房子里读书。每天有人从高高的窗外往里面递一回饭。假如能坚持 10 年的话，这位富翁将满足书生的所有要求。于是，这位书生开始了一个人在小房子里读书的生涯。他与世隔绝，终日只有伸伸懒腰，沉思默想一会儿。他听不到大自然的天籁之声，见不到朋友，也没有敌人，他的朋友和敌人就是他自己。很快，这位书生就自动放弃了。因为书生在苦读和静思中终于大彻大悟：10 年后，即便大富大贵又能怎样?

从这个故事中我们得到了很多启发；可以说自从世界上出现人类以来，相互交往就一直存在，即使是病人，聚在一起也比独处要轻松，尤其是现代社会，与世隔绝，独处一室是非常不切实际的做法。人际关系就像是一盏灯，在人生的山穷水尽处，指引给你柳暗花明又一村的繁华。玛雅基维利曾论证过，在严格的军事主义下，建筑堡垒是一项错误。堡垒会变成力量孤立的象征，成为敌人攻击的目标。原设计用以防卫的堡垒，事实上截断了支援，也失去了回旋的余地。

四、阳光心态的培养

（一）心态的能量

心态好，能力增强；心态不好，能力减弱。心态由内而外地影响着你。相信现在一些人有这样的困惑：自己的财富在增加，但是幸福感在下降；拥有的越来越多，但是快乐越来越少；沟通的工具越来越多，但是深入的交流越来越少；认识的人越来越多，但是真诚的朋友越来越少。哪里出了问题？心态出了问题。心态出了问题，那就要调整好心态，好心情才能欣赏好风光。塑造健康的心态，塑造知足、感恩、达观的阳光心态，就是要让朋友们建立积极的价值观，获得健康的人生，释放强劲的影响力。你内心如果是一团火，就能释放出光和热；你内心如果是一块冰，就是融化了也还是零度。要想温暖别人，你内心要有热；要想照亮别人，请先照亮自己；要想照亮自己，首先要照亮自己的内心。怎样照亮内心？点亮一盏心灯，塑造阳光心态。良好的心态能够很好地影响个人、家庭、团队、组织，最后影响社会。

心态到底具有多大的力量呢？有一个教授找了九个人进行实验。他把他们带到一间黑屋子里，说："你们九个人听我的指挥，走过脚下这座曲曲弯弯的小桥，千万别掉下去。不过掉下去也没关系，底下就是一点水。"九个人听明白了，摸索着都走过去了。然后，教授打开了一盏黄灯。透过黄灯九个人看到，桥底下不仅仅是一点水，还有几条在蠕动的鳄鱼。他们吓了一跳，庆幸刚才没掉下去。教授在桥那端又问："现在谁敢走回来?"没人敢走了。教授接着说："你们要用心理暗示，想象自己走在坚固的铁桥上。"他诱导了半天，终于有三个人站起来，愿意尝试一下。第一个人颤颤巍巍，过桥的时间多花了一倍；第二个人哆哆嗦嗦，走了一半再也坚持不住了，吓得趴在桥上；第三个人才走了三步，就再也不敢向前了。教授于是打开了所有的灯，大家这才发现，在桥和鳄鱼之间还有一层网，网是黄色的，刚才在黄灯下看不清楚。于是，绝大多数人都不怕了，几个人都快速地走过来了。最后只有一个人不敢走，教授问他："你怎么回事?"这个人说："我担心网不结实。"这个实验揭示的就是心态影响能力。

（二）塑造阳光心态的七种方法

改变态度，享受过程，活在当下，情感独立，学会感恩，"天堂""地狱"由心造，压力太大的时候学会弯一弯。

那么，怎样塑造阳光心态呢？这里介绍七种方法和大家共享。

1．第一种方法：改变态度。

改变不了事情，就改变对事情的态度。一个人因为发生的事情所受到的伤害，不如他对事情的看法更严重。事情本身不重要，重要的是人对事情的看法。

有一个成语叫"塞翁失马，焉知非福"：有一个智者，他的一匹马丢了，邻居说："你真倒霉。"智者回答："是好是坏还不知道呢。"不久，丢失的马带着一匹野马回来了，邻居说："你太幸运了，多了一匹马。"智者回答："是好是坏还不知道呢。"不久，智者的儿子骑野马，从马上摔下来，腿摔断了，邻居说："你真倒霉，就这么一个儿子，腿还断了。"智者回答："是好是坏还不知道呢。"过了一段时间，皇帝征兵，许多年轻人都在战场上牺牲了，智者的儿子由于腿断了不能打仗，未被征兵而侥幸存活。所以从长时间来看，任何事情是好是坏还不知道呢。任何事情都一分为二地看待，人就会变得理智、洒脱一些。

改变了态度往往就能产生激情，有了激情就有了奋发向上的斗志，结果往往就会变化。古时候有甲、乙两个秀才去赶考，路上看到了一口棺材。甲说："真倒霉，碰上了棺材，这次考试死定了。"乙说："棺材，升官发财，看来我的运气来了，这次一定能考上。"当他们答题的时候，两人的努力程度就不一样了，结果乙考上了。回家以后他们都跟自己的夫人说："那口棺材可真灵啊。"这个案例说明，心态可以影响人的能力，能力可以改变人的命运。保证眼下心情好是保证一天心情好的基础。如果你能保证每天心情好，你就会获得很好的生命质量，体验别人体验不到的精彩生活。

2．第二种方法：享受过程。

享受过程，精彩每一天。生命是一个过程，不是一个结果，如果你不会享受过程，结果到了是什么大家都知道。生命是一个括号，左边括号是出生，右边括号是死亡，我们要做的事情就是填括号，要争取用精彩的生活、良好的心情把括号填满。

有一个年轻人看破红尘了，每天什么都不干，懒洋洋地坐在树底下晒太阳。有一个智者问他："年轻人，这么大好的时光，你怎么不去赚钱?"年轻人说："没意思，赚了钱还得花。"智者又问："你怎么不结婚?"年轻人说："没意思，弄不好还得离婚。"智者说："你怎么不交朋友?"年轻人说："没意思，交了朋友弄不好会反目成仇。"智者给年轻人一根绳子说："干脆你上吊吧，反正也得死，还不如现在死了算了。"年轻人说："我不想死。"智者于是说："生命是一个过程，不是一个结果。"年轻人幡然醒悟，这就叫"一句话点醒梦中人"。

怎么享受生命这个过程呢？把注意力放在积极的事情上。生命如同旅游，记忆如同摄像，注意决定选择，选择决定内容。有甲、乙两个人看风景，开始的时候你看我也看，两人都很开心。后来甲要了一个小聪明，走得快一点，比乙早看一眼风景。乙一看，怎么能让你比我早看一眼，就走得更快一点超过甲。于是两人越走越快，最后跑起来了。原来两人是来看风景的，现在变成赛跑了，后面一段路程的沿途风景两人一眼也没看到，到了终点两人都很后悔。这就是不会享受生命这个过程。

3．第三种方法：活在当下。

活在当下的真正含义来自禅。有人问一个禅师，什么是活在当下？禅师回答，吃饭就是吃饭，睡觉就是睡觉，这就叫活在当下。

活在当下，是让大家当下快乐，现在快乐。如果现在你不开心，就不是活在当下。当然，活在当下不等于"今朝有酒今朝醉"，而是"今朝有酒不喝醉，不使明朝有忧愁"，以未来为导向活在过程当中。

活在当下，就要学会发现每一件发生在你身上的好事情，要相信自己的生命正以最好的方式展开。如果你不会活在当下，就会失去当下。

有一个乡下姑娘挤了一罐牛奶，把它顶在头上，然后就开始胡思乱想了：这罐牛奶可以卖几块钱，这几块钱可以买几只小鸡，小鸡长大了可以下很多的鸡蛋，鸡蛋又可以孵出很多小鸡，小鸡长大又可以下很多鸡蛋，这些鸡蛋卖的钱就够我买一条漂亮的裙子了，我穿上裙子到王宫跳舞，我的舞姿吸引了王子，王子邀请我跳舞，我要显得矜持一些……想到这里，她一歪脑袋，牛奶罐掉在地上摔碎了。这就是"不会活在当下，就会失去当下"。

4．第四种方法：情感独立。

情感独立，就是不要把自己幸福的来源建立在别人的行为上面，我们能把握的只有自己。

一次，苏东坡和禅师佛印逛庙，发现庙里的观音菩萨手里也拿着念珠。苏东坡问："人持念珠念观音，观音持念珠念谁?"佛印回答："还念观音。"苏东坡又问："为什么观音还念观音，念自己呢?"佛印回答："求人不如求己。"因此，要想让自己内心状态良好，就要学会情感独立。

有人总是为未来担心，忧心忡忡。不要庸人自扰，如果你担心的事情不能被你左右，就随他去吧。我们只能考虑力所能及的事情，力所能及则尽力，力不能及则由他去。

5．第五种方法：学会感恩。

某企业在招聘大学生时首先看他们孝不孝敬父母。企业高层认为，如果他们连父母都不孝敬，也不会忠诚于企业。招聘时，他会问："放寒暑假你们都干什么?"应聘者回答："玩、旅游、休息。"他又问："经常回家乡吗?"他们说："经常回啊。"老总接着问："都干什么呀?"他们说："找同学吃饭、聊天、一块儿玩。"老总最后问："在家里都干什么?"他们说："睡觉、看电视。"老总对这样的应聘者是不满意的：你怎么就不提孝敬父母，你可以帮父母干点活，讲一些大学的见闻啊。学会感恩，首先是要对父母感恩，这很重要。

西方有感恩节，大家在那天都会感谢别人对自己的帮助。许多人会给所有曾经帮助、支持、爱护过自己的人发一条短信，感谢他们对自己的关照。你发一条短信，别人就会回复，并给自己需要感恩的人发短信，这样就会产生连锁反应，感恩节大家就会过得相当愉快，人际关系就会变得更加和谐。感恩能够使人获得好心情。西方有一条格言是：怀着爱心吃蔬菜，比怀着恨意吃牛肉要香。

6. 第六种方法："天堂""地狱"由心造。

一个人幸福不幸福，在本质上与财富、地位、权力没关系。幸福由思想、心态决定，心可以造"天堂"，也可以造"地狱"。一个武士问老禅师："师父，请问什么是'天堂'？什么是'地狱'?"老禅师轻蔑地看了他一眼，说："你这种人根本不配和我谈'天堂'。"武士被激怒了，嗖地拔出刀，把刀架在老禅师的脖子上，说："糟老头，我要杀了你!"老禅师平静地说："这就是'地狱'。"武士明白了，愤怒的情绪就是"地狱"。于是把刀收了回去。老禅师又平静地说："这就是'天堂'。"武士明白了，心情好就是"天堂"。

还有一个有趣的故事：上帝领着一个人到地狱，这个人发现地狱里的人都瘦骨嶙峋。他们都用一把特制的勺子喝粥，勺子的把特别长，勺子的头很小，不仅自己一点也喝不上，而且舀出的粥都洒在了地上。最后桶里没粥了，大家就互相埋怨、互相憎恨。上帝又把这个人领到了天堂，他发现天堂里的人一个个都长得胖乎乎的，笑逐颜开。他们用的是同样的勺子，吃的是同样的粥，但他们是把粥舀出来喂别人，你喂我，我喂你，结果大家都吃到了粥。

这就说明要学会善待身边的人。有人说："我有很多铁哥们，但都在新疆，远水不解近渴啊。"有人把办公室的同事当成对手，他们都错了！关键时刻能及时给予你帮助的，还是你的同事、身边的人。如果你把别人看成是魔鬼，你就生活在"地狱"里；如果你把别人看成是天使，你就生活在"天堂"里。如果你能把别人变成魔鬼，你就在制造"地狱"；如果你能把别人变成天使，你就在制造"天堂"。怎么才能把别人变成天使呢？要学会感恩、欣赏、给予、宽容。

7. 第七种方法：压力太大的时候学会"低头"。

有这样一个案例：加拿大有一对夫妻总吵架，处在离婚的边缘。于是，他们决定出去旅游，试图挽救自己的婚姻。两人来到魁北克的一条南北向的山谷，他们惊奇地发现山谷的东坡长满了各种树，西坡却只有雪松，为什么东、西坡差别这么大呢？为什么西坡只有雪松能生存呢？后来两人发现西坡雪大，东坡雪小，雪松枝条柔软，积雪多了，枝条会被压弯，雪掉下去后，枝条就又复原了。而别的树硬挺，最后树枝会被雪压断，树也就死了。两人明白了，人在压力大的时候，也要学会弯一弯。丈夫赶快向妻子检讨：“都是我不好，我做得不对。”妻子一听丈夫检讨了，马上说：“我做得也不够。”于是，两人和好如初。

刀再锋利，如果一碰就断，也没有什么用。我们不妨向中国传统文化中的太极学习，以柔克刚；向古币学习，外圆内方。当然这样很难，但是我们要努力。

（三）阳光心态的主要内涵

不能改变环境就适应环境，不能改变别人就改变自己，不能改变事情就改变对事情的态度，不能向上比较就向下比较。

那么，阳光心态的主要内涵到底是什么？有四个方面：

（1）不能改变环境就适应环境。有一个人练习搬山术，苦练了若干年后，发功搬山，结果发了半天功发现山没动。他向师父抱怨：“我搬不动山。”师父对他说：“山搬不过来，你过到山那边去不就行了吗?”

（2）不能改变别人就改变自己。有人甚至想改变80岁老人的习惯，80岁的老人已经养成了固定的习惯，不太可能被改变。家里如果有老人，你应当尽量去理解他们。

（3）不能改变事情就改变对事情的态度。在现实中，有人常常会感到被别人的语言伤害了。其实在许多时候，并不是别人的语言伤害了你，而是你自己的思考伤害了你自己。如果有人说：“你这人真不是东西!”你不必跟他生气，可以这样说：“你说得太对了，你揭示了人类的本质，人类绝对不是一个东西！你我都一样。”

（4）不能向上比较就向下比较。不想当元帅的士兵不是一个好士兵，不想当船长的水手不是一个好水手。但是，只有一个人能当船长，更多的人和你一样，甚至位置比你更低。如果你这样想，你的心胸就会变得开阔起来。适度竞争产生活力，过度竞争让人身心疲惫。当生存基础不成问题之后，我们就应保持好心情，努力向上，如果达不到最好就力争达到次最好。天地之大，你只需要一张床；山珍海味很多，你只有一个肚子。何不每天快乐地工作，享受生活呢!

（四）用阳光心态享受生活

用阳光心态来享受生活的每一天，有四个步骤：

（1）第一步：善于发现美。

生活中并不缺少美，缺少的是发现。要学会欣赏每个瞬间，要热爱生命，相信未来一定会更美好。我们要相信通过努力，自己的未来没有问题。

（2）第二步：学会放下。

该放下的放下，学会谅解、宽容。不原谅别人，等于给了别人持续伤害你的机会。有这样一个故事，两个和尚下山化斋，回来的路上遇到了一条河，河边有一个靓丽女子，女子不敢过河。老和尚有心想去帮她，又怕别人说闲话，小和尚毫不犹豫地把女子背过河去。到庙里，老和尚说：“出家人不近女色，你为什么要背那个女子?”小和尚说：“我已经把她放在了河边，你怎么还‘背’着她啊?”要学会放下，忘记该忘记的，记住该记住的。

（3）第三步：学会利用现有资源把事情做成，而不是消极等待。

如果有柠檬，就做柠檬水，你别抱怨没有苹果、香蕉。利用现有的资源把事情做成，而不是好高骛远、消极等待。每一步都连接着未来，要把握现在，充分利用现在的条件做点事情，比如，留下一点声音，留下一点思想，或是留下一点财富，充分利用现有的资源使你的价值最大化，而且努力提升自我价值。敞开心扉拥抱这个世界吧！为你的选择全力以赴，这样你才不会后悔。身在曹营不投入，你将失去另一个机会。你现在努力走的每一步，都是通向未来的进步的阶梯。

（4）第四步：服务他人。

一个人没多大本事的时候，养自己；本事大了，养家人；本事再大了，造福社区；然后就是造福社会，这个人的生命就很有价值。所以金钱的价值在于使用，人的生命价值在于被需要，成功的企业家最终应成为慈善家，多为社会福利事业做贡献，领导者应该为官一任、造福一方。

生活因为热爱而丰富多彩，生命因为信心而瑰丽明快，激情创造未来，心态营造今天。如果你心情好，你会发现沙漠为你唱歌，小草为你起舞；如果你心情糟糕，你会发现开放的玫瑰在流泪，奔腾的小溪在哭泣，这叫境由心造、相由心生。如果你觉得你是倒霉蛋，你会找到无数事实证明你就是个倒霉蛋；如果你说自己真的很幸运，你会找到无数事实证明你就是个幸运儿。所以，祝大家带着阳光心态，缔造阳光生活，走向阳光未来。

【训练评估】

<table>
<tr><td colspan="2">我对本训练感触最深的是：</td></tr>
<tr><td colspan="2">

</td></tr>
<tr><td colspan="2">我将在自己的沟通实践中做如下改变：</td></tr>
<tr><td colspan="2">

</td></tr>
<tr><td>实践计划</td><td>预计期限</td></tr>
<tr><td></td><td></td></tr>
<tr><td></td><td></td></tr>
<tr><td></td><td></td></tr>
<tr><td></td><td></td></tr>
</table>

【拓展训练与思考】

一、测试

心理学家霍华·嘉纳说：“一个人最后在社会中占据什么位置，绝大部分取决于他的非智力因素。”你是不是一个高情商者呢？你的情商指数又有多高呢？下面的这些有关情感控制能力的测试题将有助于你了解自己情商指数。该测试共有30个是非题，请根据自己的真实想法回答。

1. 如果你在公共场合哭了，会觉得不好意思吗？
2. 你认为哭泣是脆弱的标志吗？
3. 你认为男人应该隐藏眼泪吗？
4. 当你发现自己在看电影或者读书的时候哭了，你会觉得尴尬吗？
5. 在参加一个葬礼的时候，你会试图控制眼泪不要让它流出来吗？
6. 当一个政治家在公共场合流眼泪时，你会对他失去信任感吗？
7. 你是否认为没有必要用眼泪来表达感情？
8. 当你哭泣的时候，你不允许别人来安慰你吗？
9. 当看见成年人在哭的时候，你会觉得尴尬吗？
10. 如果别人发现了你在流泪，你会装作是眼睛里进了东西吗？
11. 你总是试图隐藏愤怒吗？
12. 你总是试图隐藏失望感吗？
13. 你的脾气曾经失控过吗？
14. 你的脾气曾经给你带来过麻烦吗？
15. 去除你的愤怒会给你带来好处吗？
16. 你会总是在想一些让你生气的事情吗？
17. 你很容易变得暴躁吗？
18. 你很少抚摸你的爱人吗？
19. 你不喜欢表示喜爱的肢体动作吗？
20. 当你看见小孩子的时候你常常无动于衷吗？
21. 你不敢在公共场合跟你的爱人手拉手吗？
22. 你不喜欢按摩吗？
23. 你很少告诉你的爱人你的感受吗？
24. 你没有你非常喜爱的宠物吗？
25. 你不喜欢你的爱人拥抱和亲吻吗？
26. 看电影的时候，你很少开怀大笑过吗？
27. 听音乐的时候，你的脚不会随着音乐轻打拍子吗？
28. 在音乐会、运动会或类似场合中你很少会热烈地鼓掌吗？
29. 你很难对着运动或电视明星大喊以表示你对他们的鼓励吗？
30. 你已记不起你上一次开怀大笑是什么时候吗？

测试结果：

1. 有10个以下的答案“否”，你的情感控制能力为0%～40%。

你非常保守。你确实需要适当地表达你的情感，毕竟让别人了解你的感受并没有什么错。你越努力抑制心里的原始冲动，那种原始冲动就越可能损害你对健康。

2. 有10—18个题的答案是“否”，你的情感控制能力为40%～70%。

你知道怎样表达情感，但是你仍然觉得要经常表达这种情感比较困难。你应该做好让情感外露的准备。当你感到难受时就哭吧，觉得愤怒的时候就说出来吧，高兴的时候就让微笑爬上你的脸庞吧。这样无疑对你的身体健康和精神健康都是有好处的。

3．有18—27个题的答案是“否”，你的情感控制能力为70%～90%。

你对于情感的态度还是比较健康的，比较能容易地表达出自己的真实情感。

4．有27以上的题的答案是“否”，你的情感控制能力为90%～100%。

你的情感态度非常健康。你不会因为偶尔的情绪外露而感到羞愧，毫无疑问这将使你变得更加健康。你很可能是一个交际高手。

三、阅读并思考下面材料

秀才赶考的小故事

有位秀才第三次进京赶考，住在一个经常住的店里。考试前两天他做了三个梦，第一个梦是梦到自己在墙上种白菜，第二个梦是下雨天，他戴了斗笠还打伞，第三个梦是梦到跟心爱的表妹躺在一起，但是背靠着背。这三个梦似乎有些深意，秀才第二天就赶紧去找算命的解答，算命的一听，连拍大腿说：“你还是回家吧。你想想，高墙上种菜不是白费劲吗？戴斗笠打雨伞不是多此一举吗？跟表妹躺在一张床上了，却背靠背，不是没戏吗？”秀才一听，心灰意冷，回店收拾包袱准备回家。店老板非常奇怪，问：“不是明天才考试吗，今天你怎么就回乡了？”秀才如此这般说了一番，店老板乐了：“哟，我也会解梦的。我倒觉得，你这次一定要留下来。你想想，墙上种菜不是高种吗？戴斗笠打伞不是说明你这次有备无患吗？跟你表妹背靠背躺在床上，不是说明你翻身的时候就要到了吗？”秀才一听，更有道理，于是精神振奋地参加考试，居然中了个探花。

启示：积极的人，像太阳，照到哪里哪里亮；消极的人，像月亮，初一十五不一样。想法决定我们的生活，有什么样的想法，就有什么样的未来。

马修·埃蒙斯的故事

马修·埃蒙斯（Matthew Emmons）是一位美国射击运动员。2004年雅典奥运会男子步枪决赛，前九枪领先对手3环之多的埃蒙斯最后一枪鬼使神差地把子弹打到了别人的靶子上，把近在咫尺的金牌拱手让给了中国老将贾占波。给捷克电视台做解说的卡捷琳娜目睹了马修的“悲惨”遭遇。“我替他遗憾，我要告诉他我的感觉……这没什么大不了的。”于是，心地善良的卡捷琳娜和那个对她来说高高在上的“倒霉蛋”世界冠军，有了第一次真正的对话。两个多月后的世界杯总决赛，卡捷琳娜和年长她2岁的美国大男孩埃蒙斯再次相遇，两人越聊越投机。2007年6月30日，在卡捷琳娜的故乡，他们走进了幸福的婚姻殿堂。

2008年8月17日，北京奥运会男子50米步枪3×40决赛举行。美国选手埃蒙斯在倒数第二轮领先将近4环，金牌几乎唾手可得的情况下，重演了雅典的严重失误，最后一轮仅打出了4.4环，邱健凭借最后一枪稳定的发挥以总成绩1272.5环获得了金牌。埃蒙斯仅获第四。

德国《图片报》也评论道：“这就是一场悲剧，美国选手埃蒙斯成为奥运会中最不走运的人。”在上届雅典奥运会上，埃蒙斯也是在领先的情况下，最后一枪不可思议的打出脱靶，拱手让出了最后的金牌，在这次的北京，埃蒙斯在最后一枪前领先了3.3环，“这仅仅需要平常的一枪就可以拿走冠军，但是埃蒙斯的心理上再次崩溃，他不可思议的打出了4.4环，而他的竞争对手打出的都是10环左右的成绩。”

2012年伦敦奥运会射击项目的最后一个比赛日，男子50米步枪三姿决赛，美国射击选手马修·埃蒙斯再次折在“最后一枪”——在决赛第9枪还领先对手1环多的情况下，埃蒙斯的最后一枪只打出7.6环，将几乎到手的银牌拱手“送给”韩国选手金钟铉，只获得了一枚铜牌。

思考：是什么屡屡使一位世界级的顶尖运动员与金牌失之交臂？

项目二　自我管理训练

【项目概述】

自我沟通又称为内向沟通，是指个人接受外部信息并在人体内部进行信息处理的活动，是在主我与客我之间进行的信息交流。自我沟通是一个生理过程，是由信息接收（感觉器官）、信息传输（神经系统）、信息处理（大脑）、信息输出（发声与表达器官）等环节构成的。

通过学习本项目，学生能够了解自我沟通在沟通中的作用，掌握进行学习管理、时间管理、情绪管理和压力管理的内容和技巧，逐渐完善自我沟通的效果。本项目通过"学习管理训练""时间管理训练""情绪管理训练""压力管理训练"等任务，帮助学生提高自我沟通的能力。

任务一　学习管理训练

【训练导入】

有个老子的学生，为了炫耀自己有好口才，有一天对老子滔滔不绝的大谈身处乱世的安适之道。

老子静默不语，等他告一段落时才说："人是先有牙齿，还是先有舌头？"

学生一时满头雾水，回答说："人一出生就有舌头，牙齿后来才慢慢长出来，当然是先有舌头了。"

这时老子张开嘴巴，问他说："你看我的舌头在吗？"

学生不解的回答："在。"

老子再问说："那么，我的牙齿呢？"

学生回答说："老师的牙齿因为年纪大，所以掉光了。"

老子说："牙齿晚生而先落，原因在于太过于炫耀；舌头仍在，是因为它的深藏不露，才得以长存。"

这个小故事告诫我们，人不能太过于显露自己的才能，不能自满而放弃持续的努力。生命是一段不断学习的美好历程，只有坚持学习，才能获取成功。

“没有远见的地方，人们就会灭亡。”而获得远见卓识的能力就要靠持续不断的学习。可见，学习管理对一个人的成功至关重要。

【训练目标】

1. 了解学习的重要性；
2. 掌握学习管理的流程。

【知识链接】

知识改变命运，能力引导成功。知识和能力是怎样获取的呢？是靠不断学习累积的。学习的重要性我们每个人都知道，只有不断地学习，我们才能适应这个社会的变化，才能获得最终的成功和幸福。世界上有三种类型的人：第一种是不肯学习的人，很快就会被淘汰；第二种是肯学习而不善于学习的人，也一样会被淘汰；第三种是既肯学习又会学习的人，最后取得了成功。学习管理的最终目的就是让你成为第三种类型的人，即愿意学习又善于学习。

一、学习管理的重要性

（一）只有学习才能适应变化的需要

在知识经济时代，资讯瞬息万变，知识总量迅速扩张，知识更新速度也越来越快。一个大学生在校所学的知识可能仅占其一生所需知识的 10% 左右，而其中 90% 的知识需要在工作中通过学习来获取。可见，要想在瞬息万变的时代取得一定的成功，就必须不断地学习，以开放的心态树立与时俱进的终身学习观，只有这样才能适应外界变化的需要，取得比竞争对手更多的优势和机会。

国外有家电视台曾举行了这样一次民意测试，“你是愿意在过去生活 100 年呢，还是在未来生活 100 年？”令人惊讶的是，居然有 2/3 的观众选择了过去！而这个电视栏目的目标顾客主要是 20 岁左右的时尚青年。可见，面对信息及竞争日趋激烈和瞬息万变，每个人内心深处都有一种危机感。如果不能持续的学习和终身学习，是很难适应不断变化的外部环境的。

IBM 公司的总部大楼上写着“学无止境”四个字，公司每年都要花费十多亿美元进行 130 万人次的职业化技能培训。在培训过程中，每天长达十多个小时的紧张学习压得学员们喘不过气来，但是却很少有学员抱怨，几乎每个学员都能按时完成作业。因为他们知道在这个时代，如果不学习、不会学习、不终身学习，是无法跟上变化的需求的，其结果肯定会遭到淘汰。

可见，只有学习才能适应变化的需要！

（二）只有学习才能取得可持续性的成功

在现代社会，职业的半衰期越来越短，今天具有优势的职业，明天就可能会被淘汰，只有不断地学习，提升自己的能力，增加自己的竞争优势，才有可能在职业生涯中取得持续性的成功。

二、学习管理的流程

我们每个人从小就开始学习，但是，并不是每个人都会学习，有的是态度积极、认识正确，但缺乏有效的学习方法，结果事倍功半；有的是态度不端正，学习方法也欠缺，得到的收获微乎其微。如何才能学会学习，提升自己的学习管理能力呢？这就需要我们按照学习管理的流程，努力提高学习能力，做一个善于学习的人。按照职业活动可以把学习管理的流程分为三个要素，分别是制定合理的学习目标及计划、积极实施学习计划、对学习效果进行正确的反馈与评估，具体如下图所示：

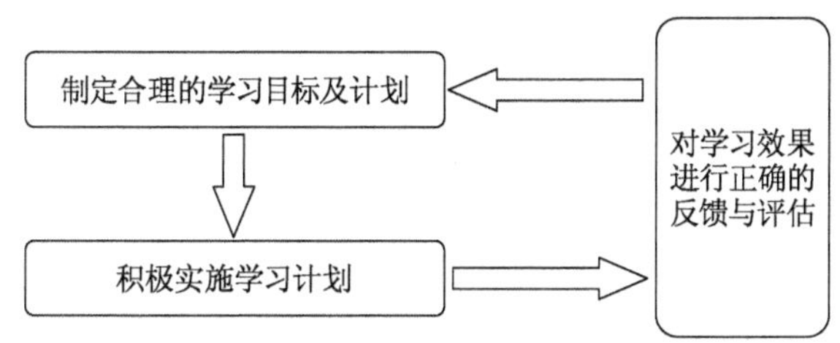

（一）制定合理的学习目标及计划

1. 学习目标的确定

学习目标是学习中学习者预期达到的学习效果和标准。有了明确的学习目标，你就会精力集中，始终处于一种主动进取的竞争状态。学习目标的确定必须来自于“需要”，即你当前的工作生活和自我发展中遇到的实际需要。

2. 学习计划的确定

“凡事预则立，不预则废。”学习的计划性是人的主体性、意识性的体现。构建高楼大厦需要蓝图，学习计划就是实现学习目标的蓝图，它对学习效率的提高起着至关重要的作用。一个好的学习计划，必须能够明确回答出三个问题，即做什么？怎么做？何时做？这就形成了与计划相应的三个基本内容：任务、措施和步骤。学习计划的确定首先需要根据内外部环境的分析确定学习的具体任务，具体任务也就是学习的具体内容；其次必须选择切实可行的措施和方法，以保证任务的具体落实；最后还需充分考虑时间的因素，科学合埋地利用和分配时间，使学习活动有条不紊地进行。

3. 合理安排学习时间

你可以通过回答以下问题来评估一下你是否已被时间所主导而不能合理地安排自己要做的事情。

问题类型	你的回答	
	是	否
问题1：你是否想在同一时间段内完成几件事情，但却总是完不成？		
问题2：你是否因顾虑其他的杂事而无法集中精力做目前该做的事或学习你认为该学的内容？		
问题3：如果学习计划被突发事件打断，你是否觉得可原谅而不必找时间弥补？		
问题4：你是否常常一天下来总觉得很累，却又好像没有做什么事儿？		
备注：如果回答都是“是”，这表明你已经被时间所左右，不能合理有效地规划有限的时间。		

合理安排学习时间，需要从以下几个方面做起：

（1）根据学习任务的轻重缓急，确定完成任务的先后顺序。

（2）对每一项任务进行细分，明确行动的步骤和具体的时间安排。

（3）对不重要的事情说“不”，改变拖延的习惯。

（4）做好“时间日志”。

（二）积极实施学习计划

要积极有效地实施学习计划，提升学习管理能力，必须做好以下几项工作。

1. 按时落实学习任务

按时落实学习任务，需要学会专注和排除外界的各种干扰。学会专注，就是学会把意识集中在某个特定的目标上，积极寻找实现这项目标的方法，并成功地将之付诸实践。在实现目标的道路上，良好的习惯能够帮助你专注于自己的工作。卡耐基提出，我们做好工作，按时落实任务必须要具备四种工作习惯：

第一，清理掉你桌上所有的纸张，只留下与你正在处理的事务有关的纸张。

第二，按事情的重要程度来决定做事的顺序。

第三，当你碰到问题时，如果必须做出决定，当场解决，不要迟疑不决。

第四，学会如何组织、分层负责和监督，不必事必躬亲。

当然，能否排除外界的干扰，也是按时落实任务，实现目标的关键，如何排除外界干扰呢?

第一，尽量避免浪费时间的会议、约会及社交活动。

第二，不要随便接手别人想给你的问题或责任。

第三，懂得向别人说“不”。

在学习计划的执行过程中，我们经常会遇到一些典型的学习障碍，具体如下：

（1）缺少时间或太忙。工作太忙，缺少时间，往往成为我们不按时落实任务的借口。

（2）消极的情绪。外界环境的影响从而导致焦虑,、悲哀、气馁、绝望或担忧等消极情绪，从而严重影响学习的效率，导致任务无法按时完成。

（3）缺乏自信心。自信心的缺乏会导致自卑心理，从而导致对自己学习能力的怀疑，甚至觉得自己根本没有能力实现学习目标，最终导致学习半途而废。

（4）不良的学习经历。如果曾经参加过或经历过类似的学习过程，而且学习效果又不好，就很可能对本次的学习产生疑虑，导致无法按时落实学习任务。

（5）好奇心减退，对或失去学习兴趣。随着年龄的增长，人们的好奇心可能会逐渐减退，或对学习失去兴趣，学习能力也可能随之下降，很多学习计划往往成为摆设而缺乏动力去执行。

（6）环境干扰。噪声、寒冷、湿热及其他环境干扰将严重影响学习的效率和质量，使你难以集中精力完成学习任务。

2. 了解学习风格，选择学习方法

一个人要想提高学习的效率，就必须了解自己的学习风格，选择适合自己的学习方法。所罗门从信息加工、感知、输入、理解四个方面将学习风格分为 4 个组、8 种类型，如下表所示：

组名	类型名称	类型特点
活跃型与沉思型	活跃型	倾向于通过积极地做一些事——谈论或应用、解释给别人听，以此来掌握信息。
	沉思型	更喜欢安静地思考问题。
感悟型与直觉型	感悟型	喜欢学习事物；不喜欢复杂情况和突发情况；反感测试一些在课堂里没有明确讲解过的内容；对细节很有耐心，很擅长记忆事实和做一些现成的工作，更能理解抽象的数学公式；更实际和仔细；不喜欢与现实生活没有明显联系的课程。
	直觉型	倾向于发现某种可能性与事物间的关系；喜欢革新，不喜欢重复；擅长于掌握新概念；工作得更快更具创新性；不喜欢那些包括许多需要记忆和进行常规计算的课程。
视觉型与言语型	视觉型	擅长记住他们所看到的东西，如图片、图表、图像、影片和演示的内容。
	言语型	擅长从文字的和口头的解释中获取信息。
序列型与综合性	序列型	习惯按现行步骤理解问题，每一步都合乎逻辑的紧跟前一步。
	综合型	习惯大步学习，吸收没有任何联系的随意的材料，用新奇的方式组合它们，从而解决复杂问题。

按照所罗门的学习风格分类，自我对照一下，思考你属于什么类型的学习风格。认识你的学习风格，可以帮助你充分利用自己的优势和潜质，主动选择适合自己的学习方法，提高学习效率。学习的方法包括：（1）重复记忆的方法；（2）摘要的学习方法；（3）阅读的方法；（4）记笔记的方法；（5）做小结的方法；（6）自我提问的方法；（7）勇于质疑的方法；（8）类比模拟的方法；（9）实践的学习方法；（10）系统思考的方法。

3．利用各种资源，提升学习效率

积极实施学习计划，还需要借助各种资源来提升学习效率。可以利用的资源包括老师、同学、同事、朋友、文字、信息、图像、音频、视频、软件、互联网、图书馆等，总之，尽可能的主动寻求并充分利用各种有助于学习的资源，学习效果势必会事半功倍。请思考你身边可以利用的学习资源有哪些？并按重要性的大小把这些资源排列一下。

4．灵活调整学习计划

计划在执行过程中，随时会遇到意想不到的环境变化，如果这些变化对目标的实现会产生重大影响，就必须及时调整学习计划，采取新的措施推动任务的具体落实，甚至必要的时候要适当调整学习目标。环境的变化可能来自于内部，也可能来自于外部，但无论是哪种变化，只要影响到学习目标的实现，就需要及时修订计划，调整行为，以保证目标最终落实。

（三）对学习效果进行正确的反馈与评估

学习如果没有评估和反馈，那么学习效率肯定会大大降低。评估和反馈，目的是为了更好地学习，更好的执行学习任务。正确对学习效果进行反馈与评估，需要做到以下几点。

1．正确进行自我评估

在学习过程中，需要我们每天、每周、每月来检测学习目标的实现程度，了解达到目标的途径是否合理正确，方法是否科学有效。只有不断地进行正确的自我评估，查找问题，改掉缺点，才能取得真正的进步。

正确的自我评估需要对学习的过程和学习的结果进行科学合理的评价。

学习过程的评价主要包括：	学习结果的评估主要侧重于：
（1）学习内容的评估； （2）学习进度的评估； （3）学习方法的评估； （4）目标实现途径的评估； （5）学习行为的评估等。	（1）目标的实现程度； （2）学习的效率。

当然，自我评估不能仅停留在评估本身上，还需要根据评估的结果提出改进和补救的措施，只有这样，评估的效果才能真正得到实现。

2．查找原因，改进学习

爱因斯坦在研究广义相对论时，连续研究几年都进展不大，成果甚微，经过仔细评估和分析，原来是数学基础薄弱所致，为此，他只有放下手头的研究工作，重新补习数学课程。“书到用时方恨少”，针对工作、生活及个人发展的需要，我们每个人都可能会遇到类似的问题。学习过程中，肯定会遇到各种各样的因素阻碍我们目标的实现，这就需要根据评估学习的结果进行准确归因，查找问题的症结，并对症下药，才能改进学习，提高学习的效果。问题产生的原因可能来自于内因，也可能来自于外因，或者内因和外因的双重影响，这就需要我们准确界定，查找问题根源。

3．运用学习成果，主动迁移

古人讲举一反三、触类旁通，意思是掌握某种知识后，对相类似的东西可以联系已学的知识，融会贯通，这就是学习的迁移现象。聪明的学习者能够有效地运用学习成果，主动迁移，达到事半功倍的效果，最大限度地激发潜能，培养自己发现问题、分析问题和创造性地解决问题的能力。个人能力的形成和发展，是通过知识的广泛获得及广泛的迁移实现的。在运用学习成果主动迁移的过程中，要积极发现一种学习对另一种学习产生的积极促进作用，避免干扰，推进知识的正向迁移。学习中有正迁移，也有负迁移，请思考下面情境哪些属于正迁移，哪些属于负迁移？

（1）学习英语的人学习法语；

（2）会骑自行车的人学开摩托车；

（3）学汉语拼音的人学习英语；

（4）习惯右脚起跳的人学习左脚撑竿跳高；

（5）会拉二胡的人学习拉小提琴。

【训练实施】

一、训练一：帮老张做一份学习计划

老张是一个汽车维修公司的高级修理工。由于工作出色，为人又好，总经理决定提升他为主管。老张甚是开心，但转念一想，自己从未做过管理工作，再加上负责的这个维修车间有20多个员工，个个和自己熟悉，又都是元老级人物，如果没有一定的管理能力肯定是无法胜任该工作的。但无论如何，他还是欣然接受了任命并走马上任了。现在老张为做好这份工作，决定学习与车间管理相关的知识，虽然他具备了一定的现场管理经验，但现代化的管理知识仍然比较欠缺，为提高管理理论水平，增强管理能力，提升工作绩效，请帮助老张做一份目标明确且安排合理的学习计划。

二、训练二：帮助小李摆脱困境

小李刚刚大学毕业，供职于某家软件开发公司，负责软件的市场销售。公司规定，小李每个月必须完成20万元的销售额。为此，小李必须每天要拜访5个客户，打20个销售电话。最近，他越来越觉得工作有点力不从心，主要的原因有四：一是与客户沟通的能力还存在许多不足；二是朋友之间的应酬特别多；三是父母身体不好，需要有人照顾；四是每天除了销售还需要完成领导交代的其他事项。

请根据本节所学知识，帮助小李摆脱困境，以提升小李充分利用时间的能力、沟通能力和学习能力。

【训练评估】

<table>
<tr><td colspan="2">我对本训练感触最深的是：</td></tr>
<tr><td colspan="2"></td></tr>
<tr><td colspan="2">我将在自己的沟通实践中做如下改变：</td></tr>
<tr><td colspan="2"></td></tr>
<tr><td>实践计划</td><td>预计期限</td></tr>
<tr><td></td><td></td></tr>
<tr><td></td><td></td></tr>
<tr><td></td><td></td></tr>
<tr><td></td><td></td></tr>
</table>

【拓展训练与思考】

一、拓展训练

小王的暑期英语学习计划

（一）制定原因

已进入大三，英语学习能力仍然不足，四级考试成绩不理想。

（二）优劣势分析

1. 英语学习上的不足。

2. 英语学习上的优势。

（三）目标确定

1. 切实掌握十种常用的语法规范。

2. 在原有基础上再熟记800个单词。

3. 努力提高听说会话能力。

4. 经过40天的强化学习，英语成绩争取提10－15分，并能顺利通过年底英语四级考试。

（四）任务确定

1. 熟练掌握十种常用语法的使用规范，平均每四天一种。

2. 熟记800个单词，平均每天20个。这些单词全部来源于英语六级词汇手册。

3. 听读，跟读20篇文章，平均每2天一篇，这些文章从教材中选取。

4. 每天练习口语1个小时。

5. 每4天写一篇英语作文，共10篇。

（五）时间安排

7月15日到8月20日暑假期间，抽出共40天时间学习，到8月30日全部完成学习任务。具体时间安排如下：

上午8：30－11：30，读、记单词，口语练习；

下午3：00－6：00，学习语法知识；

晚上8：30－10：30，写作文、听跟读课文。

（六）采取措施

根据学习内容和自己的学习风格采用相应的学习方法。记单词采用通读记忆、书写记忆与联想记忆相结合，边读边写边联想记忆；语法学习采用例句分析与规则记忆相结合的方法；口语练习可以对着镜子也可找朋友练习，听力采取听读、跟读同步录音带的方法，作文采用范文模仿法练习。坚决执行学习计划。如果没有特殊原因，必须完成每天规定的学习任务。为保证计划的落实，可以让父母或同学严格监督。合理安排休息，加强身体锻炼，保证充沛的精力来学习。

×年×月×日

在制订学习计划时，有些必须注意的事项，如下表所示：

制订学习计划需注意的事项表

序号	制订学习计划需注意的事项
1	学习计划要符合自身的实际情况
2	目标任务的确定要从实际出发，切实可行
3	学习内容的确定要具体，尽可能量化
4	学习任务的安排，既要考虑全面周到，又要保证重点

续表

序号	制订学习计划需注意的事项
5	时间的安排要合理科学
6	长计划与短期化相结合，灵活多变
7	积极寻求支持，请人指导，听取别人的意见
8	着重行动

二、测试

养成终身学习的习惯是一个人成功的保证，你可以通过下面的测试来评估一下你自己是否有终身学习的习惯。

（一）情景描述

下列陈述中每一个问题都有四个相同的答案选项，A—总是；B—经常；C—很少；D—从不。请实事求是的选择最符合你情况的答案：

1. 寻找并接受新的挑战（　　）
2. 阅读，阅读，再阅读。（　　）
3. 用百度的搜索网站搜索资料。（　　）
4. 浏览新闻和信息。（　　）
5. 探索新科技，特别是学习互联网知识。（　　）
6. 与不同的人交谈，特别是与你意见相左的人。（　　）
7. 改变你的日常生活方式。（　　）
8. 常去图书馆或博物馆看看。（　　）
9. 当有人问你“想不想试一试”时，回答“想”（在理智的判断下）。（　　）
10. 学习新的词汇。（　　）
11. 尝试新的业余爱好。（　　）
12. 不看已经看过的节目。（　　）
13. 到没有去过的风景胜地旅游。（　　）
14. 经常查阅你不懂或不确定的词汇。（　　）
15. 听课或参加培训。（　　）
16. 常翻字典或百科全书，随意读其中的一些词条。（　　）
17. 勇于质疑现有的知识。（　　）

（二）评估标准及结果分析

选项 A＝4 分，B＝3 分，C＝2 分，D＝1 分，以上各题得分之和，为本次测评得分。其中，58 分以上者表明已养成良好的终身学习习惯；35－57 分者表明还需要进一步努力才能养成良好的终身学习习惯；34 分以下，这表明基本没有终身学习的习惯，要想取得成功，必须从现在抓起逐渐培养。

三、阅读并思考下面材料

（一）学习的重要性

> 纽约一家公司因为经营不善被法国一家公司兼并了。公司新任总裁称不会因为兼并而随意裁员，但如果法语太差，肯定会被淘汰。为考核员工法语水平，公司新总裁特意安排一次法语考试，只有考试合格才能留任。于是，几乎所有员工都涌向图书馆，拼命学习法语，但却有一名员工还像平时一样直接回家，其他人都认为他肯定不想要这份待遇丰厚的工作了。结果却出人意料，该名员工考了最高分。
>
> 原来，这位员工大学毕业到公司后，就已认识到自身存在的不足。为此，他无论多么忙，都会抽时间熟悉公司所有部门的业务，并向同仁请教，更难能可贵的是，作为销售部的普通员工，他还时常向技术部和产品开发部的同事学习相关技术知识。而且，为和来自法国的众多客户处理好关系，他还刻苦学习了法语，当同事都在请公司的翻译帮忙翻译与客户的往来邮件与合同文本时，他已经能够熟练地自行解决这些问题了。
>
> 不到半年，该名员工又很快升任为销售经理。

从这名员工的经历可以看出，无论何时何地，只要保持清醒的头脑，对自己和环境有全面深入的认识，并不断地通过学习提升自己，就一定能保持自己的知识和技能不落在时代的后边，取得持续的成功。可见，“学习管理”是让我们实现可持续成功的保障，当通过不断的学习超越了以往的表现，我们才能算得上是真正意义上的成功人士。

当然，如果我们沉浸在自满、骄傲当中，不思进取，学习的动力就会消失，自己的职业生涯最终也会面临停滞不前甚至倒退的境地，更别提持续的成功。

（二）制定合理目标

> 一个男人邀请三个小男孩在雪地上玩一个游戏：“我待会儿站在雪地的那一边，等我发出信号后，你们就开始跑。谁留在雪地上的脚印最直，谁就是这场比赛的胜利者，可以拿到奖品。”
>
> 比赛开始了。第一个小男孩从迈出第一步开始，眼光就紧紧地盯着自己的双脚，以确保自己的脚印更直，第二个小男孩一直左顾右盼，观察着同伴是如何做的。第三个小男孩最终赢得了这场比赛，他的眼睛一直盯着站在对面的那个男人。

这个故事主要说明了目标是行动的向导，有了正确的目标才能确保正确的行动。同样，在学习管理的过程中，有了目标，学习就有明确的方向；有了计划，学习就有了具体的措施。

> 小张是房地产专业的应届大学毕业生，经过努力，他终于进入了梦寐以求的某知名房地产企业集团做销售顾问。上班第一天，领导要求他必须在两天内掌握房间内所有装修材料的品牌、产地、性能等，以便能更好地为客户提供服务，小张看着这些国际上知名的各个品牌，陷入了思索之中，“我该如何下手才能尽快掌握这些

信息呢？”小张之所以要学习这些信息正是因为工作上产生了实际的需要。

我们经常会遇到类似的问题，这些问题，就是我们确定学习目标的依据，每个人在特定的时间内，都可能因为工作或生活的原因产生实际需要，或者个人发展产生需要，这些需要的满足必须接触学习才能达到。

当然，学习目标如果偏离了实际的需要，就算目标达到了也不会产生多大的效益。

（三）了解学习风格

“天下兴亡，匹夫有责。”这句家喻户晓的名言，出自明末清初的思想家、著名学者顾炎武之手。

顾炎武自幼勤学。他六岁启蒙，十岁开始读文史名著。11 岁那年，他的祖父蠡源公要求他读完《资治通鉴》，并告诫说：“现在有的人图省事，只浏览一下《纲目》之类的书，便以为万事皆了，我认为这是不足取的。”这番话使顾炎武领悟到，读书做学问是件老老实实的事儿，必须认真地对待它。

顾炎武勤奋治学，他根据自己的特长，采取了“自督读书”的措施：首先，他给自己规定每天必须读完的卷数。其次，他限定自己每天读完后把所读的书都抄一遍，他读完《资治通鉴》后，一部书就变成了两部书。再次，要求自己每读一本书都要做笔记，写下心得体会。他的一部分读书笔记，后来汇成了著名的《日知录》一书。最后，他在每年春秋两季，都要温习前半年读过的书籍，边默诵，边请人朗读，发现差异立即查对。他规定每天这样温课 200 页，温习不完，绝不休息。

顾炎武根据自己的特点，采用认真阅读、做笔记、进行总结、温习记忆的学习方法，进行了有效的学习，极大地提升了学习效果，为他今后的成功打下了坚实的基础。

（四）李嘉诚的学习管理

曾经有位记者这样问亚洲首富李嘉诚：“今天你拥有如此巨大的商业王国，靠的是什么？”李嘉诚回答说：“知识。”有位外商也曾经问过李嘉诚：“李先生，您成功靠什么？”李嘉诚毫不犹豫地回答：“靠学习，不断地学习。”的确，不断地学习知识，是李嘉诚成功的奥秘！

李嘉诚勤于自学，在任何情况下都不忘记读书，青年时打工期间，他坚持“抢学”；在经营自己的“商业王国”期间，他仍孜孜不倦地学习。一位熟悉李嘉诚的人说，晚睡前是他雷打不动的看书时间，他喜欢看人物传记，无论在医疗、政治、教育、福利哪一方面，对全人类有所帮助的人他都很佩服，都心存景仰！早在办塑料厂时他就订阅了英文塑料杂志，既学英文，又了解世界塑料行业最新的动态。也正是因为懂英文，使得李嘉诚可以直接飞往英美参加各种展销会，谈生意可直接与外籍投资顾问、银行高层打交道。如今，尽管李嘉诚已事业有成，但仍爱书如命，仍坚持学习。

李嘉诚说：“在知识经济的时代里，如果你有资金，但缺乏知识，没有最新的资讯，无论何种行业，你越拼搏，失败的可能性越大；但是你有知识，没有资金的话，小小的付出就能够有回报，并且很有可能达成到成功。现在跟数十年前相比，知识和资金在通往成功的道路上所起的作用完全不同。”

李嘉诚的故事告诉我们，人的一生就是一个不断学习的过程，只有主动激发自己的潜能，不断地学习，才能拥有强大的竞争力并取得相应的成功。

任务二　时间管理训练

【训练导入】

有两个人到非洲去考察。他们突然迷路了，正当他们在想怎么办时，突然看到一只非常凶猛的狮子朝着他们跑过来，其中一人马上从自己的旅行袋里拿出运动鞋穿上。另外一人看到同伴在穿运动鞋就摇摇头说：“没用啊，你怎么跑也没有狮子跑得快。”同伴说：“嗨，你当然不知道，在这紧要关头最重要的是我要跑得比你快。”

这个故事让人联想到：处在一个竞争激烈的世界中，我们必须参与各种人生的竞赛，而这场竞赛的对手可能是你的同学，可能是你的同事，也可能是你生意场上的对手。然而，不管怎样竞争，最让你感到束手无策的一样东西就是时间。时间就好比故事里的狮子一样，怎么跑也不能跑得比它快。但只要比你竞争对手跑得快，你就会赢得时间，最终赢得胜利。

对时间管理能力的培养需要从认识时间管理开始。

【训练目标】

1. 认识时间管理；
2. 了解时间管理的误区；
3. 掌握时间管理的法则和改进方法。

【知识链接】

时间就是生命，它不可逆转，也无法取代。浪费时间就是浪费生命，而一旦把握好时间，也就可以说你掌握了自己的生命，并能够更好地发挥其价值。这个世界上根本不存在“没时间”这回事。如果你跟很多人一样，也是因为“太忙”而没时间做一些事情的话，那请你一定记住，在这个世界上还有很多人，他们比你更忙，结果却完成了更多的工作。这些人并没有比你拥有更多的时间。他们只是学会了更好地利用自己的时间而已。

时间管理并不是要把所有事情做完，而是更有效地运用时间。时间管理的目的除了要决定你该做些什么事情之外，另一个很重要的目的是决定什么事情不应该做。时间管理不是完全的掌控，而是降低变动性。时间管理最重要的功能是透过事先的规划，为今后的工作和生活做指引。

一、认识时间管理

时间是人生最宝贵的财富和资本，无论我们做什么事情，即使不花费任何精力，但都必须花费时间。因此，时间管理能力的高低决定着我们事业和生活的成败。在时间面前，我们应该做一个善于管理时间的高手。你平时工作时是否会感到心力交瘁？有时忙得不可开交，甚至废寝忘食，但仍然感觉到时间不够用？

（一）认识时间

1．时间的特征

时间是一种特殊的资源，我们的生命是由分分秒秒的时间构筑而成的，因此，时间的重要性不言而喻。时间具有一些最基本的特征，如下所示：

（1）供给毫无弹性

时间的供给量是固定的，在任何情况下不会增加、也不会减少，每天都是 24 小时，所以我们无法开源。

（2）无法蓄积

时间不像人力、财力、物力和技术那样可以被积蓄储藏。不论你愿不愿意，我们都必须消费时间，所以我们无法节流。

（3）无法取代

任何一项活动都有赖于时间的堆砌，也就是说，时间是任何活动所不可缺少的基本资源。因此，时间是无法取代的。

（4）无法失而复得

时间一旦丧失，永远无法寻回。花费了金钱，尚可赚回，但倘若挥霍了时间，任何人都无力挽回。

2．时间的划分

按照运用和消费对象的不同，可以把时间划分为：工作或学习时间、休闲时间、家庭时间、个人时间等。其中，个人时间是用来修身养性、充实自我，是完全属于个人独自享受和自省的时间。

按照自身特点的不同可以把时间划分为：大块时间、零碎时间、固定时间、弹性时间、交通时间等。

（二）认识时间管理

1．什么是时间管理

时间管理专家杰克·弗纳对时间管理的定义是：有效地应用时间这种资源，以便我们有效地达成个人的重要目标。卡内基认为：竞争的实质就是在最短的间内做最好的东西。简单地讲，时间管理就是如何以最少的时间投入来获取最佳的结果。

美国有一个著名的时间管理大师，曾经向数百人提出这样一个问题：如果今天是你生命中的最后一天，你会做什么？结果很多人的回答是后悔没有多读点书，没有好好地约束自己，没有尝试新的事物，没有多花点时间与家人相处，等等。这些结果都说明一点：受访者均后悔没有好好利用时间、争取时间，并利用这些时间做应该做的事情。如果仔细分析一下，就会发现，问题不在于有没有时间，而是在分配和使用时间上出了问题。成功人士的秘诀之一就是善于利用时间。成功人士懂得运用时间这个最有价值的资产；成功人士有一种共同的特质，他们懂得有意识、系统地利用时间，有意识地规划时间。

2．时间管理的关键与核心

时间管理的关键就是对事件的控制，即把每一件事情都能控制得很好。简单地讲，就是能合理有效地利用可以支配的时间完成各种事务。时间管理的核心就是要分清事情的轻重缓急，排列出优先顺序。

我们每个人终其一生都要到一家银行去上班，这家银行就是“时间银行”。每天早上，“时间银行”总会为你的账户里自动存入86400秒，一到晚上，它又会自动地把给你的时间货币全额注销，你一分一秒都不能结转到明天，也不能提前预支片刻。所以，我们唯一可以做的就是科学、合理、有效、充分地利用好眼前的一分一秒，按优先顺序来完成各种事务。

3．时间管理的意义

时间管理是一种习惯，这种习惯的好坏决定了你生命的价值。如果你的时间管理非常好，那么你的生命也就会越来越丰富。

良好的时间管理能力可以使你取得各方面的平衡。使你能主导自己的生命，使你能实现自己的理想，使你能兼顾自己和别人的追求，使你很忙但又不盲目。如果你想要达到自己的人生目标，如果你想要不断实现自我超越，就请你妥善管理好自己的时间吧！

二、时间管理的误区

提高时间利用的效率，需要在实际工作中尽可能避免时间管理的误区。时间管理误区是指导致时间浪费的各种因素。一般而言，这些浪费时间的因素有可能来自他人，也有可能来自自己，但归根结底主要源于自身。下面为大家介绍几种常见的时间管理误区：

（一）工作缺乏计划

计划是对未来行动方案的一种说明，也是未来行动纲领的先期决策。如果缺乏计划，常常会导致工作徒劳无功，不仅浪费时间，而且会导致你一事无成。计划的制订一般包括六个步骤：确定目标、寻找完成目标的各种途径、选择最佳途径、将最佳途径转化为每周或每日的工作事项、编排每周或每日的行事次序并加以执行、定期检查目标的现实性及完成目标的最佳途径的可行性。这六个步骤所指出的是“你要往哪里去?”及“你要怎么去?”倘若没有计划，势必会沦为一个随波逐流、迷失自我的人。

可见，工作缺乏计划往往会导致时间的浪费。

（二）组织工作不当

明确工作目的、工作任务之后，能不能很好地实现，就在于能否进行合理的组织工作。组织工作首先要明确职责，然后要做好选择和区分，剔出那些完全没有价值或只有很小意义的工作；接着要做好授权，最后再剔出那些你认为以后再干也不要紧的工作。

组织工作不当在现实生活中的表现主要体现在职责权限不清，工作内容反复；没有授权，事必躬亲，亲力亲为；眉毛胡子一把抓，没有重点。这三种不当不仅导致时间的严重浪费，而且也无法保证顺利实现工作目标。解决组织工作不当的关键措施在于设置科学合理的组织结构，明确每个部门、每个人的职责权限；学会合理授权；能分清工作的重要性大小，并合理安排工作的顺序。

减少组织工作不当的误区，尝试从以下几个方面做起：

(1) 事先做好安排，以避免职责权限不清和重复性工作。

(2) 回顾你的工作，思考哪些工作可以由别人来完成。

(3) 把更多的事务性工作分派出去，这样你就有更多的时间进行策划。

(4) 相信你的团队成员，并给他们分派任务。

(5) 如果你接受了一些新的任务或职责，设法只取其一。把不重要的任务或职责委派给他人，或者花一定时间培训他人来完成。

(6) 把工作按重要性进行排序，并优先完成最重要的事情。

(三) 不能拒绝请托

拒绝请托是保障自己的工作、学习时间的有效手段。倘若勉强接纳他人的请托无疑会干扰你自己的工作。在现实生活中，很多人都会走入“不能拒绝请托”的时间管理误区中。在诸多请托中，有一类是职务所系而责无旁贷的；另一类虽然也是职务所系，但请托本身却是不合时宜或是不合情理的；尚有一类请托则属无义务履行的请托。后两类请托经常会引起我们的困扰。为什么很多人不好意思拒绝请托而去干那些浪费时间的事情呢？其原因可能有以下几点：

(1) 接纳请托比拒绝更为容易；

(2) 担心拒绝之后导致请托者的远离；

(3) 想做一个广受欢迎的人；

(4) 不了解拒绝他人请托的重要性；

(5) 不知道如何拒绝他人的请托。

消除以上几种原因，必须从改变自我观念入手，理解拒绝请托的益处所在，要有自己行事的原则，耐心地向请托者道出你拒绝的原因。在接受请托之前不妨先问自己几个问题：

(1) 这种请托在我的职责范围内吗？

(2) 对实现我的目标有帮助吗？

(3) 如果接受它，将付出什么代价？

(4) 如果不接受它，则需承担什么后果？

经过这一番“成本—效益”分析后，你就可以决定取舍了。

(四) 拖延时间

很多人都有拖延的习惯，特别是当自己要付出劳动或要做出抉择的时候；当自己对某项工作产生畏难情绪的时候；当想逃避某项我们不愿意去面对的事情的时候。拖延可以无情地带走时间，可以使你失去很多宝贵的机会，甚至可以使你一生都无法取得成功。造成拖延恶习的原因有很多，其中最主要的原因是缺乏信心，缺乏责任感、安全感，害怕失败，或无法面对一些艰难的事情。当然，潜意识也是导致拖延的一种因素。

（五）整理整顿不足

办公桌的杂乱无章与办公桌的大小无关，因为杂乱是人为的。“杂乱的办公桌显示杂乱的心思”是有道理的。即使让一个没有条理的人使用一个大型的办公桌，不出几日，这个办公桌也会杂乱无章。套用“帕金森定律”——“工作将被扩展，以便填满可供完成工作的时间”，我们也可以导出“文件堆积定律”——文件的堆积将被扩展，以便填满可供堆积的空间。

当你的上司向你索取一份技术资料，你是否能在第一时间从容不迫地递给他？当你需要一份信息时，是否会将文件夹翻个底朝天？如果你的回答是肯定的，无疑，你会在寻找文件的过程中浪费大量本不必浪费的时间。所以减少时间的浪费，你可以从整理整顿桌面开设，并逐渐养成一种习惯。

（六）进取意识不强

人们经常说：“人最大的敌人就是自己。”有些人之所以能够让时间白白流逝而毫无悔痛之意，最根本的原因就是缺乏进取意识，缺乏对工作和生活的责任感和认真态度。

缺乏进取意识，经常会导致浑浑噩噩，不愿面对工作中的具体事务，沉溺于“天上掉馅饼”的美梦之中，到头来虚度光阴，一事无成。培养自己的进取意识一定要有紧迫感，能认准自己的目标，并能克服惰性，坚持不懈的追求。

三、时间管理的法则

（一）明确目标

在制订计划及行动之前，一定要明确自己希望达到的目标，要对目标做到心中有数，绝不能得过且过、随波逐流。在确立目标时，必须要明确哪些目标是短期目标，哪些目标是长期目标。如果缺乏对目标的正确把握，很可能你会在没有方向的轨道上左右摇摆却总是到达不了终点。

多年前在美国进行了一项成就动机的试验，15 个人被邀请参加一项套圈的游戏，站得太近的人很容易就把绳圈套在木棒上，结果很快就觉得没有意思了；站的太远的人老是套不进去，于是也很快觉得没有意思了；而距离恰到好处的那些人，不但觉得游戏具有挑战性，而且他们还有成就感。实验得出的结果是：距离恰到好处的这些人有高度的成就动机，他们通常不断地设定具有挑战性且能实现的目标。

（二）做好计划

制订一个具体完善的计划对工作来说是至关重要的，它可以帮助你控制工作的进度。没有计划就会使你陷入混乱，不仅浪费时间，而且很难实现目标。在制订计划的过程中确定工作的优先级是关键的一步。缺乏这种判断力，就不能有效规划时间。如果你在无关紧要的事情上花的时间与在重要的事情上花的一样多，你的时间肯定不够用。所以，你最好能把每天要做的事请记录下来，并且能按照类别和重要性对其进行排序，这样的话，你做起事情来才会有条不紊，才会具有高效率。

（三）时间管理矩阵

一个好的计划需要分清事物的轻重缓急。确定轻重缓急是时间管理者的基本技能，你不但对每天或每周要做的事情做到心中有数，而且应分清主次，清楚知道哪些事情必须优先处理。在实际工作中，有些事情特别紧急，需要马上处理，而有些事情不太紧急或不紧急，可以往后放一放；有些事情非常重要，需要花费较多的时间和精力去完成，而有些事情不太重要或者不重要，只需花费较少的时间就可。

（四）80/20 法则

在时间管理中，必须要学会运用 80/20 法则，要让 20% 的投入产生 80% 的效益。从个人角度来看，要把握一天中的 20% 的精华时间用于关键的思考和准备，这个可以根据你的生活状态、生物钟来确定 20% 的精华时间是在哪个时候。

80% 最佳效果的工作来自 20% 的时间；20% 较为次要的工作花去 80% 的时间。我们需要寻找 20% 的努力就可以获得 80% 效果的领域，这就要求我们必须遵循这样的原则：集中精力解决少数重要问题，而不是解决所有问题；在每天思维最活跃的时间内做最有挑战和最有创意的工作；把精力用在最见效的地方。

当然，你还需要用 80% 的时间来做 20% 最重要的事情。

善用 80/20 法则要求你必须对所要处理的事务在优先顺序上有明确清醒的认识。

四、时间管理的改进方法

我们的一举一动都在和时间打交道，因此在日常生活和工作中，掌握一些时间管理的改进方法可能会为我们的时间管理带来意想不到的效果。

【训练实施】

一、训练一：游戏——剪时间尺

（一）训练要求

1. 训练目的：认识时间及时间管理的意义。

2. 训练工具：6 尺长的软尺。

3. 训练对象：所有学员。

4. 训练说明：假设你的寿命是 80 岁，0－20 岁的成长期不计算在内，软尺的长度表示你 20－80 岁的时间，每 1 寸是 1 年。

（二）训练过程

1. 你 60－80 岁这 20 年是老年期，处于退休或半退休状态，所以可以用剪刀把软尺上的 20 寸剪去。现在你的软尺只剩下 40 寸。

2. 人每天平均睡眠 8 小时，一年 365 天，一年平均睡眠为 2920 小时，40 年就是 11.68 万小时，约为 13 年。现在，请你再继续把软尺剪去 13 寸，剩下 27 寸。

3. 一般每人每天早中晚三餐，包括周末喝茶时间，平均需要 2.5 个小时，一年大约 912 小时，40 年就是 36480 小时，相当于 4 年时间。故请你把软尺再剪去 4 寸，剩下 23 寸。

4. 你每天用于交通的时间平均为 1.5 小时，40 年便是 2.19 万小时，相当于 2.5 年。请你在软尺上剪下 2.5 寸，剩下的是 20.5 寸。

5. 你每天用于与亲友、同事闲聊、打电话的时间，大概为 1 小时，40 年就要用 1.46 万小时，约等于 1.5 年。现在你软尺只剩下 19 寸了。

6．假设你每天看电视的时间平均为3小时，40年就要用到4.38万小时，即5年时间。请再剪去5寸，现在软尺只剩下14寸。

7．各种娱乐活动，如看电影、上网、锻炼、听音乐等平均每天3小时，40年就用到5年的时间。你可以再剪去5寸，软尺现在是9寸。

8．洗脸、刷牙、大小便、洗澡及化妆等，平均每天1小时，40年就是1.46万小时，即1.5年。现在你手上的软尺只有7.5寸了。

9．如果你一年当中有7天休假：如果你每天做白日梦或浑浑噩噩1小时：如果你每天闹情绪、无法集中精力工作1小时等，把这些虚度的时间加起来40年也有3.59万小时，等于4.1年。

现在你的软尺只剩下3.4寸，即3年4个月的时间！

备注：

该游戏的计算方法虽然对有些人有点夸张，但对某些人而言并没有夸大其词。试问，以这3年又4个月的时间养活80年的人生，可能吗？

但这3年又4个月的数字足以让我们明白时间管理的价值与意义。

二、训练二：制订活动跟踪表

减少时间管理的误区，提高时间的利用率，必须首先了解你自己的工作习惯。为此，你可以借助活动跟踪表来记录你工作中的所有活动，在此基础上结合本节所讲的6个时间管理误区，总结和分析出你自己浪费时间的因素有哪些，并采取措施来提高你时间利用的效率。

（一）绘制表格

活动跟踪表

序号	时间	活动	有效或无效	无效的原因	采取措施
1					
2					
3					
4					
5					
6					
7					
8					
9					

（二）制订活动跟踪表的步骤

1．把一天的工作活动详细地记录下来，包括具体的工作内容、聊天、喝茶、打电话、上网、发呆、整理资料、睡觉等，填写的时候必须细致。

2．把每一个活动的起止时间记录下来，整个过程的时间是连续的、不间断的（如8：30－9：15），最好不要有任何遗漏。

3. 对自己的工作进行有效性分析，标出有效或无效。

4. 针对无效的活动分析其产生的原因是什么，并找出有哪些属于本节介绍的时间管理误区。

5. 针对浪费时间的因素找出改进的措施，以提高时间的利用率。

备注：可以连续做出一周的活动跟踪表，这样的话你会对自己利用时间的状况了解得更加清楚。

【训练评估】

<table>
<tr><td colspan="2">我对本训练感触最深的是：</td></tr>
<tr><td colspan="2"></td></tr>
<tr><td colspan="2">我将在自己的沟通实践中做如下改变：</td></tr>
<tr><td colspan="2"></td></tr>
<tr><td>实践计划</td><td>预计期限</td></tr>
<tr><td></td><td></td></tr>
<tr><td></td><td></td></tr>
<tr><td></td><td></td></tr>
<tr><td></td><td></td></tr>
</table>

【拓展训练与思考】

一、测试评估：时间管理能力

（一）时间管理能力评估

请根据你的实际情况，回答下列问题，如果回答“是”，那就在后面的括号内打“√”，否则打“×”。

1. 你约会经常迟到吗？（　　）
2. 你是否经常对工作所需要的时间做出错误判断　（　　）
3. 你是否总因为动手太晚而不能在规定的期限内完成工作？　（　　）
4. 你是否需要设定最后期限来促使你做某事？　（　　）
5. 你是否把每件事都拖到最后才做，但通常还是能按时完成任务？（　　）
6. 你喜欢挑战危机吗？（　　）
7. 你是否经常因为感到信息不足而推迟决策？（　　）
8. 在开始一项工作之前，你是否需要时间思考、调研和规划你的工作？（　　）

9．对于令你生气的事，你总推迟处理并且希望它们会自行消失？（　　）

10．你是否在事情开始时立即着手，然后逐渐泄气，最后发现难以完成？（　　）

11．你是否喜欢一气呵成地将一件事做完？如果不能是否就会丧失兴趣？（　　）

12．你是否在一件工作与另一件工作之间跳来跳去，结果毫无进展？（　　）

13．你的精力是否容易被分散，虽然嘴上埋怨，但实际上喜欢被打断？（　　）

14．你是否在打电话、给同事发电子邮件或聊天上用的时间太多？（　　）

15．你是否愿意计划好每一天，但如果没能恪守计划就会感到有压力？（　　）

16．你是否愿意在某一段时间内持续工作？（　　）

17．你是否有时因为在某个环节投入太多时间而不能按时完成工作？（　　）

18．你是否有时被卷进不属于你分内的事情？（　　）

19．你是否眉毛胡子一把抓，结果忙不过来？（　　）

20．你是否从来没有时间从事案头工作？（　　）

（二）评估标准和结果分析

1．如果你对问题1－3画“√”，表示你是一个时间观念差，不善于利用时间的人。

2．如果你对问题4－6画“√”，表示你是一个需要压力才能行动的人。

3．如果你对问题7－9画“√”，表示你是一个拖拉推延的人。

4．如果你对问题10－14画“√”，表示你是一个虎头蛇尾的人。

5．如果你对问题15－17画“√”，表示你是一个缺乏灵活性的人。

6．如果你对问题18－20画“√”，表示你是一个过于忙碌的人。

二、阅读并思考下面材料

不断旋转的陀螺

和身边很多朋友的感受一样，今年33岁的销售主管王凡感觉自己越来越忙。“像个陀螺似的停不下来。”他感叹道。比起过去，生活无疑更加忙碌了，但王凡却并没有感觉到更多的成就感。相反，他抱怨道：“工作的时间不够用，家里的时间也不够用。”他觉得很多事情都没有安排过来，自己就像一个不断旋转的陀螺，根本无暇充电和学习，想多陪陪父母、妻子和孩子，也没能做到，更是难以抽出和朋友相聚的时间。时间都到哪儿去了？他自问，但无解。“没有思考的时间，就算想，也想不出个名堂。”他无奈地说。结婚前，王凡喜欢花大量的时间投入工作和学习，婚后，尤其是有了孩子后，他常常感到陷入时间短缺的困境，时间管理的问题显露无遗。经过自我分析，他承认自己做事容易纠缠于细节，追求完美，对目标的定位较高，这些都是造成他时间管理不良的原因，但他最困惑的是，自己毕竟只是公司的普通员工，不能左右工作的安排及工作中经常面临的突发事件，因此无力管理自己的时间。

很多和王凡一样困惑于时间管理上无奈，作为公司的员工，他们感到自己没办法按自己的意志和选择将事情分类，从而进行时间管理。所以，要进行有效的时间管理，首先要通过结果导向形成工作层面的影响力，让你的上司、同事或下属尊重你的时间安排。同时，无论是提高企业高层的管理能力、普通员工的培训还是对销售团队的管理，时间管理的技巧和能力都是非常重要的。

时间管理的误区

查尔斯·史瓦在半世纪前担任伯利恒钢铁公司总裁期间，曾经向管理顾问艾伊贝·李提出这样一个不寻常的挑战："请告诉我如何能在办公时间内做妥更多的事，我将支付给你任意的顾问费。"

艾伊贝·李于是递了一张纸给他，并对他说："写下你明天必须做的最重要的各项工作，先从最重要的那一项工作做起，并持续地做下去，直到完成该项工作为止。重新检查你的办事次序，然后着手进行第二项重要的工作。倘若任何一项着手进行的工作花掉你整天的时间，也不用担心。只要手中的工作是最重要的，则坚持做下去。假如按这种方法你无法完成全部的重要工作，那么即使运用任何其他方法，你也同样无法完成它们，而且倘若不借助某一件事的优先次序，你可能甚至连哪一种工作最为重要都不清楚。将上述的一切变成你每一个工作日里的习惯。当这个建议对你生效时，把它提供给你的部属采用。"

几个星期后，史瓦寄了一张面额25000美元的支票给艾伊贝·李，并附言说她确实已为他上了十分珍贵的一课。史瓦坦言："这个建议非常不简单，它可以让你明白工作中计划的价值所在。"

思考：思考一下你平时在工作中是否经常有计划？如果没有，是否会有漫无目的、浪费时间的现象？

小张和小王是大学室友，两人关系非常好。他们约定，一定要一起攻读到博士研究生。

大学毕业时，两人都找到一份待遇相对不错的单位。其中小张坚持自己的理想，一直把考上研究生作为目标，他在工作之余刻苦学习，终于考上了国内某著名大学的硕士研究生。小张劝说小王也要努力，小王说他会尽力，只不过小王刚刚当上科长，常常交际应酬，日子过得轻松惬意。小王想，反正还年轻，先享受几年再考也不迟。

这样又过了3年，小张考上了美国某著名常青藤大学的博士，出国读书前，小张特意嘱咐小王不要拖延，抓紧提升自己，否则很可能会在竞争日益激烈的职场中被淘汰。小王不以为然，读书那么辛苦，我不是也挺好的，日子过得舒舒服服，何必急于这几年？过几年再说吧！

又过了几年，小张在海外学成归来，受聘于一所知名大学，并成为这所大学的学科带头人。

而反观小王，在拖延当中一事无成，刚刚被企业解聘。

思考：小王和小张的差距在哪儿？

谁偷走了阿明的时间

阿明在公司人力资源部上班，由于刚进入公司不久，很多人事制度并不熟悉，所以他打算利用周末的时间认真学习一下。至于学习什么、怎么学他并没有明确的计划，反正只要学习人力资源管理的有关知识就可以了。

周六九点钟，他准时坐在书桌前，但看到自己的书桌非常零乱，他心想不如先整理一下，为自己创造一个干净舒适的学习环境。30分钟后书桌变得非常干净整洁了。他寻思着应该先学习一下人力资源的招聘知识，因为相关的学习资料前几天他已经整理好存放在电脑里了。于是他打开电脑，但却忘记放在那个文档中了，搜寻了20分钟也没有找到。阿明非常烦躁，于是起身到客厅喝水，顺便拿起爸爸刚买的《足球报》进行翻阅，反正是边喝水边看，不会影响的。但不知不觉间，等他看完报纸时，他突然发现时间已经到了10：30，天啊，我还没有看一点相关资料呢？阿明内疚极了，赶紧上网重新查找相关的招聘信息，这么一查就到了中午12：00，妈妈已经在吆喝吃饭了。

吃过午饭，阿明不打算午休，但他又突然不想学习招聘的知识了，因为他在公司主要从事绩效考核的工作，还是先把绩效管理的知识学好才是最重要的。阿明于是找了一本绩效考核的书看了起来，但刚刚看了一会儿，一个好朋友打来电话和他聊了半个小时。带着愉快的心情他挂了电话，又看到昨天来的表弟正在玩游戏，这个游戏以前他可是霸王，没有人能玩过他，于是他很自豪地为表弟演示了一下，就这样半个小时又过去了。当他开始继续学习的时候，妈妈让他帮忙把客厅清扫一遍，他并没有拒绝。这样半个小时又过去了，等到继续学习时，他的眼皮开始打架，他想反正是周末，不如好好休息下吧，等精神饱满了再学。睡梦中，他被电话吵醒，原来几个朋友约好今天下午踢球，就等他了……

思考：阿明走进了哪些时间管理的误区？阿明的经历你曾经有过吗？阿明该如何避免时间的浪费？

任务三　情绪管理训练

【训练导入】

有个小男孩动不动就发脾气，令家里人很伤脑筋。有一天，父亲给了他一大包钉子和一只铁锤，要求他每发一次脾气都必须用铁锤在家里后院的栅栏上钉一颗钉子。

第一天，小男孩就在栅栏上钉了三十多颗钉子。但随着时间的推移，小男孩在栅栏上钉的钉子越来越少。他发现自己控制脾气要比往栅栏上钉钉子更容易些。

一段时间之后，小男孩变得不爱发脾气了。于是父亲建议他："如果你能坚持一整天不发脾气，就从栅栏上拔下一颗钉子。"没多久，小男孩终于把栅栏上所有的钉子都拔掉了。

这时候，父亲拉着儿子的手来到栅栏边，对他说："儿子，你做得很好。可是，你看看那些钉子在栅栏上留下的那些小孔，栅栏再也不会是原来的样子了。当你向别人发过脾气之后，你的言语就像这些钉子孔一样，会在人们的心中留下疤痕。你这样做就好比用刀子刺向别人的身体，然后再拔出来。无论你说多少次对不起，那伤口都会永远存在。"

小男孩的故事告诉我们，如果对情绪没有足够的认识，就会犯很多情绪错误，不仅伤害到自己，也会伤害到别人。但如果我们能够正确认识情绪，并学会如何管理好情绪，那么我们的个人力量就会增加很多。

【训练目标】

1. 认识情绪管理；
2. 自我情绪识别与管理；
3. 掌握情绪控制与激励的方法。

【知识链接】

情绪管理（Emotion Management）就是善于自我体察、调节和控制情绪，对生活中冲突和事件引起的反应能适当地进行排解，能以乐观的态度、幽默的心态及时地缓解紧张的心理的能力。对于即将走入职场的新人而言，了解自己的情绪，及时调节自己的精神状态，是适应自己职业身份、有效工作的第一步。

一、认识情绪

你曾经时而冷静，时而冲动吗？你有时会理智地思考，但有时会暴跳如雷吗？你有时会觉得生活充满了甜蜜和幸福，但有时又会感觉到生活无味而沉闷、抑郁和痛苦吗？有时你精神焕发，但有时你又萎靡不振吗？这些都是情绪的表现。情绪是人类天性中的重要组成部分，它存在于每一个人的心中。没有情绪，我们犹如植物人一样毫无知觉，无法体会这世界带给我们的痛苦和快乐。因此，认识情绪，有效地管理情绪，是自我管理能力提升的重要途径之一。

人类在认识外界事物时，会产生喜与悲、苦与乐、爱与恨等各种主观体验，我们把这种对客观事物的态度体验及相应的行为反应称为情绪情感。一般而言，人类具有四种基本的情绪：快乐、愤怒、恐惧和悲哀。在这四种基本情绪之上，可以派生众多的复杂情感，如厌恶、羞耻、悔恨、嫉妒、内疚、喜欢、同情等。

（一）情绪的分类

按照情绪发生的强度、速度、紧张度、持续性等指标，可将情绪分为心境、激情和应激三种类型。

心境是一种微弱的、平静的、具有感染性的、持续时间很长的情绪状态。当心境舒畅时，我们会觉得身边的一切都是那么美好，而当心境烦躁时，我们又会觉得诸事不顺，对什么都觉得反感。不同的人对同一事物会有不同的心境，就是同一个人在不同的环境中也会有不同的心境。

激情是一种爆发性的、强烈的、短暂的情绪活动。我们经常说的暴跳如雷、捶胸顿足、大惊失色、勃然大怒、欣喜若狂等都是这种情绪的外在表现。在激情的状态下，要避免过分冲动，要能够调控自己的情绪，不要走向极端。

应激是一种在意外或突如其来的紧急情况下所引起的急速而又高度紧张的情绪状态。如当人们遇到抢劫、事故等危险或突发事件时，身心会处于高度紧张的状态，并由此引发一系列生理反应，如心跳加快、面色苍白、血压上升等。应激是人的正常的生理与情绪反应，这种反应不能过长，否则会导致疾病的发生。

（二）情绪商数（Emotional Quotient）

情绪商数简称EQ，也叫情商，它代表的是一个人的情绪智力。简单地说，情绪商数（EQ）是一个人自我情绪管理及管理他人情绪的能力指数。

情绪商数（情商）主要包括五个方面的能力：识别自我情绪的能力、控制自我情绪的能力、情绪自我激励的能力、认知他人情绪的能力及人际关系的管理能力。围绕这五个方面的能力训练是情绪管理能力提升的重要内容。

二、加强情绪管理能力

现今社会，无论你从事何种职业，身居何种职位，情绪的管理能力对你事业的发展都是至关重要的。据一项调查显示，妨碍中国青年走向成功的最大心理障碍就是较低的情绪管理能力。因此，加强情绪管理能力的训练，提高情商指数，对个人取得成功非常重要。加强情绪管理能力的训练应该紧紧围绕情绪管理的三方面内容展开，这三方面内容如下所示：

（一）识别自我情绪

了解自身情绪的变化，判断情绪的影响。主动调整自己的心理，做出合适的行为反应，可以帮助我们迅速化解不良的感觉，这是进行情绪化管理的第一步。较高的情绪识别能力不仅可以让我们觉察到自己的情绪变化，也可以让我们了解到其他人的情绪变化。

小李最近不知道怎么得罪小杨了，每次碰面，小杨都冷嘲热讽、指责谩骂。终于有一次，小李被激怒了，心里充满怨气，准备挥拳过去时，小李马上觉察到自己的这种情绪变化，于是他提醒自己要保持理性和镇定，否则于事无补。于是，小李迅速化解了不良感觉，他决定要采取一个合适的措施来解决他和小杨之间的问题。小李良好的自我情绪识别能力帮助他化解了一场暴力冲突。请思考你是否能及时觉察到自己情绪的变化？你是否也能及时辨别出别人情绪的变化？

从情商指数的高低来看，高情商的人和低情商的人对情绪变化的自我觉察与认识是大不相同的。

1．低情商的情绪反应模式

低情商的人在受到外界刺激之后，通常对自己的情绪毫无觉察，无论环境条件是否合适，直接会采取反应行为。如有人骂他一句，他立即很生气就马上回敬一句甚至更多；别人给他提出一些意见他马上就黑脸；遇到不顺心的事，就无精打采甚至暴跳如雷等。

2．高情商的情绪反应模式

高情商的人在受到外界刺激之后，马上就觉察到自己情绪的变化，但他并不立刻回应，而是借助于价值观、想象力、良知和独立意志等，对情绪的变化做出理性判断和思考。他会有意识地或在潜意识中问自己："我该采取什么反应才能有效地处理这种情绪的变化呢？"如听到下属报告不好的消息，他会冷静理智、处变不惊、沉着应对。可见，提高情商指数，可以增强认知自我情绪的能力。

思考：在受到外界刺激时，你经常采用的是低情商的情绪反应模式还是高情商的情绪反应模式？你身边的朋友呢？

（二）识别自我情绪的方法

提高识别自我情绪的能力需要借助一定的方法，下面是四种常见的方法：

1．情绪记录法

有意识留意自己的情绪变化过程，并把它详细记录下来，然后，回过头来看看记录，并仔细分析思考一下，这对提高你的情绪识别能力大有裨益。借助情绪记录表，把你3天内的情绪变化过程详细记录下来，并进行比较分析，以此来了解你的情绪变化规律。

2．情绪反思法

每一次情绪变化之后，都要判断下自己当时的情绪反应是否得当。思考一下：为什么会有这样的情绪？这种情绪反应带来了什么消极的影响？今后应该如何消除类似情绪的发生？如何才能控制类似不良情绪的蔓延等？经过这样反复的思考，你会发现你情绪识别的能力越来越强。

3．情绪恳谈法

如果对自己的情绪觉察能力不自信，你可以求助其他与你相熟的人，如你的家人、上司、下属、朋友、同学等，采取恳谈的方法征求他们对你情绪变化的看法和意见，从他人的眼光中客观真实地了解自己的情绪变化过程。

4．情绪测试法

借助专业的情绪测试工具或咨询专业人士来获取有关自我情绪认知与管理的方法建议。你可以到各大网站上去搜索情绪测试的工具软件或去专业的心理咨询机构咨询。

（三）情绪管理中的态度

态度决定行动，为提高情绪识别能力，还需要你在情绪管理中提高以下五种态度，简称“五个愿意”：

（1）愿意观察自己的情绪

不要拒绝这样的行为，虽然观察自己的情绪会花费很多时间，但要相信，这绝对是非常有价值的事情，毕竟，了解自己的情绪，觉察自己的情绪变化，是情绪管理能力的核心内容。

（2）愿意诚实面对自己的情绪

情绪是每个人天性中的重要组成部分。每个人都有情绪，在某种环境下，合理发泄不良的情绪。诚实地面对自己的情绪变化，才能了解内心真正的感受，才能更适当地处理正在发生的状况。

（3）愿意问自己四个问题

在面对情绪变化时，你可以问自己四个问题：我现在是什么情绪状态？假如是不良的情绪，产生的原因是什么？这种情绪有什么消极后果？应该如何控制？

（4）愿意给自己和别人应有的情绪空间

容许自己和旁人都有停下来观察自己情绪的时间和空间，才不至于在冲动下做出不适当的决定。

（5）愿意替自己找一个静心的方式

每个人都有不一样的途径使自己心情平静。你可以寻找到一个最适合自己的静心方式，使自己在平静的心态下识别或反思自己情绪的变化。

小训练：根据自己的实际状况，结合本部分内容，回答下列问题：

（1）最近使我感到困惑的事情是什么？

（2）最近我忧愁的事情是什么？

（3）我为什么悲观？

三、情绪控制与激励

（一）控制自我情绪

控制自我情绪是情绪管理的重要内容，也是一种难能可贵的艺术。一个不懂得控制自我情绪的人，往往会被情绪所主导，具体表现为口无遮拦、行无规矩、随心所欲、没有规划、暴跳如雷等，更别提目标及目标实现了。

人的情绪有两种状态：一是消极的情绪，二是积极的情绪。消极的情绪使人感到难受，会抑制人的活动能力，减弱人的体力与精力，降低人的自控力，不仅影响人的学习、工作、生活，而且还会给人的健康带来危害。因此，学会控制自我情绪不仅是你事业的需要，也是你生活中的一件大事。

1．情绪及行为过程

如果把情绪及其相应行为的产生看成是一个过程的话，我们可以把这个过程划分为五个阶段：情景选择阶段、情景修补阶段、注意分配阶段、认知改变阶段及行为调控阶段。每个阶段我们都可以发挥主观能动性不让情绪肆虐，理智地控制自我的情绪。

（1）情境选择阶段

情景选择阶段就是通过选择有利的情景，如休闲聊天、娱乐、旅游、锻炼等，来控制自己的情绪，使自己保持轻松、乐观、积极的状态。

（2）情境修补阶段

情境修补阶段就是指当你所选择的情境并不理想，无法使你保持积极乐观的情绪状态时，你可以在这个阶段进行调整，换一个让自己更加轻松的情境。如聊天无法让自己放松就干脆改成看电影或逛街等。

（3）注意分配阶段

注意分配阶段就是指要善于把注意力进行转移，在选择或修补的有利情境下，不要总是关注于让自己感到恐惧、不安、担心、悲伤等事件上。

（4）认知改变阶段

认知改变阶段就是指情境基本稳定，改变不太可能，这时你不妨换一个角度思考，把压力看成是动力，把悲伤看成是成长，把恐惧看成是挑战等，将情境赋予更加有积极意义的内涵，从而有效控制自己的情绪。

（5）行为调控阶段

行为调控阶段不同于前四个阶段，前四个阶段都是在行为产生之前对情绪进行调节，而此阶段则是行为冲动产生后对这种冲动的调节。此阶段行为调节的重点应该是把紧张的情绪舒展开来，你可以通过找熟人进行倾诉或者寻找更有效的方法来化解冲突，调节情绪。

2. 情绪控制方法

情绪控制能力的培养需要借助一定的方法和技巧，下面为大家介绍几个掌控自我情绪的妙法：

（1）换个角度看问题

在现实生活中，情绪失控有很多原因，其中最常见的就是认为生活不如意，大事小事都与自己过不去。其实，这种情况下，大可不必钻牛角尖，不妨换个角度看问题，或许会有意料不到的收获。此外，换个角度看人，说不定很多缺点恰恰是优点呢。总之，把人生的是非和荣辱看得淡一点，你就能很好地控制自己的情绪了。

小李在公交车上被一位急匆匆跑上车的乘客狠狠地踩了一脚，怒不可遏，刚想发作，对方说了一声“对不起”。这时，小李忽然想起前几天自己也急匆匆窜上一辆拥挤不堪的公交车，不小心踩了一位时髦姑娘的脚，被她狠狠地骂了一顿，当时自己好尴尬，无地自容。小李想，如果我也像那位姑娘一样骂这位乘客，岂不是也让人家难堪，说不准这位乘客真的遇到什么急事呢。想到这里，小李的情绪一下子舒展了，忙对这位乘客说声“没关系”。

（2）转移注意力

一般情况下，对情绪产生强烈刺激的事情，通常都与自身的利益密切相关，要很快将它遗忘是很困难的，特别是糟糕的事情。这时，任由不良情绪的侵蚀，还不如采用转移注意力的方法，让自己心有所系，忘却痛苦。如主动帮助别人，找知心朋友谈心，阅读有益的图书，进行娱乐等。凡是在不愉快的情绪产生时能很快将注意力转移的人，不良情绪就会很快从他身上消失。

思考：小张最近因为失恋而非常痛苦，无心任何事情。请为小张提供几种转移注意力的途径。让其尽快回复快乐、积极的情绪。

（3）退一步海阔天空

我们生活在大千世界，各种冲突、摩擦时有发生，如果心胸狭窄，遇到问题想不开，则心中的阴霾会越来越大，最终只能是消极落寞、郁郁无为。倘若能宽容看待世事，不过分执着，抛开眼前的琐碎细节，跳上更为宽阔的舞台，则迎接我们的便是那海阔天空。请记住：任何人都不能伤害你，除了你自己！

（4）学会能屈能伸

弯曲不是软弱，而是坚韧，富有弹性。能屈能伸是高情商者的过人之处。在面对强手或有敌意的人群时，要主动避其锋芒；在面临失败时要能够学会容忍，放下面子，接受现实，化阻力为动力，化悲痛为力量，化消极为积极；在得志时要雄心壮志，干一番有意义的大事。柔中带刚，能屈能伸，才能把情绪控制得游刃有余。

（5）从另外一个角度看坏事

一些外界的刺激和干扰可能会使我们产生不良的情绪，但如果我们能够从这些不好的事情中发掘有价值的信息，则这些坏的事情对我们来说可能就变成了有价值的事情。当然，不良的情绪也会逐渐得到缓和，并向积极的一面发展。

（6）适当的释放情绪

不良情绪越积越多，如果你又一直压制你自己，很可能会造成更大的心理负担，甚至是疾病的产生。所以，采取适当的形式把情绪宣泄出去，会使心情得到平静，情绪得到恢复。如过度痛苦时，不妨大哭一场，而笑也是释放能量、调整机体平衡的一种方式。

有一次，美国前陆军部长斯坦顿怒气冲冲地来到林肯的办公室，说一位少将指责他护短，并且对他进行了人格侮辱。林肯平静地说：“是吗？这个家伙的确很可恶。你应该写一封尖酸刻薄的信回敬他，把他臭骂一顿才对。”

斯坦顿也真的很听话，他当即就写了一封措辞激烈，而且充满火药味的信。林肯看了这封信后，连声叫好：“太好了，斯坦顿！就是这样，骂得他狗血喷头才叫过瘾，这样才能狠狠地教训他。”斯坦顿随即把信叠好装进了信封，这时林肯却叫住了他：“你准备干什么？”“当然是寄给他呀！”斯坦顿急不可耐地说。“不能胡来，斯坦顿！”林肯大声说：“这封信你不能发，快把它扔到炉子里去。当别人激怒我或侮辱我的时候，我都是这么做的。你写了这封信不是已经解气了吗？如果还有气儿，那么就把这封信烧掉，再写一封！”

（7）用语言来调节

语言是一个人情绪体验强有力的表现工具。通过语言可以引发或抑制情绪的反应，即使不说出口也能起到调节情绪的作用。林则徐在墙上挂着“制怒”二字的条幅，就是用来调节自己紧张发怒的情绪。在工作生活中，我们可以用“忍”“不要发怒”“发怒会把事情搞砸”“发愁没用，还是面对现实想办法解决才好”等语句来提醒自己对情绪的控制。当然，用适当的语言也可以使别人的情绪得到舒缓，从而降低冲突的产生。

（8）用环境来调节

环境对人的情绪、情感同样起着重要的影响和制约作用。素雅整洁、光线明亮、颜色柔和的环境，使人产生恬静、舒畅的心情。相反，阴暗、狭窄、肮脏的环境，会给人带来憋闷和不快的情绪。因此，改变环境也能起到调节情绪的作用。当你受到不良情绪的压抑时，或非常痛苦时，不妨到外面走走，大自然的美景使人胸怀开阔、愉悦身心，这会产生良好的效果。

白玉是一位HR经理。一个月前，公司领导给她布置了调整公司薪酬与考核制度的任务，这对于刚刚接任HR经理的她来说无疑是一个很大的挑战。由于欠缺人力资源管理的经验，白玉感到无所适从。随着时间的流逝，白玉仍然没有头绪，此时她开始变得焦虑不安，甚至精神恍惚。

白玉决定换一个新的环境，让自己的情绪得到舒缓。周末的一天，她随意登上了一辆开往陌生城市的汽车。上了高速，她突然感到如释重负，什么忧虑，什么烦恼，都被她抛到脑后，取而代之的是灿烂的阳光、蔚蓝的天空、茂密的树林。白玉感到从未有过的清新与惬意，温和的风吹起她乌黑的秀发，更吹起她久违的快乐与激情。

到了陌生的城市，白玉紧缩的眉头渐渐舒展开来，步履也轻盈了许多。走累了，随便到一家小吃店；渴了，随便去一家茶馆。没有压抑，也没有烦琐的事务。当踏上回去的汽车时，白玉对工作突然有了头绪，这让她异常兴奋。回到公司，白玉就有条不紊地开展工作。咨询专家、借鉴同行、进行员工访谈调查，终于提出了一套完整可行的薪酬与考核方案，并且一次性顺利通过。白玉的故事告诉我们，当遇到烦恼、压力、挫折或痛苦时，换一下环境，放松下自己，或许会使原来的困境突然变得柳暗花明。

以上为大家介绍了8种情绪控制的方法，你可以单独使用其中的一种，也可以综合使用多种。但须记住，适合自己的才是最佳的情绪控制方法。此外，除了上述8种情绪控制方法之外，还有许多种其他的方式方法，你可以从你自己的工作和生活中去体会、感悟。当然，你也可以借鉴别人成功的控制情绪方法来提高自己的情绪控制能力。

（二）情绪自我激励

自我激励就是指通过激发动机，使人具有一股内在的动力，情绪处在一种兴奋状态。自我激励是指用生活中的哲理或某些明智的思想来安慰自己，鼓励自己同痛苦和逆境进行斗争。一个人在痛苦、打击和逆境面前，只要能够有效地进行自我激励，化悲痛为力量，就能在痛苦中振作起来。这种状态不仅使我们充满激情地面对工作、迎接挑战，而且还可以让我们在绝望中寻找希望，发展健康的自我。

请熟读下面的资料并好好思考其中的含义：

舜发于畎亩之中，傅说举于版筑之间，胶鬲举于鱼盐之中，管夷吾举于士，孙叔敖举于海，百里奚举于市。故天将降大任于斯人也，必先苦其心志，劳其筋骨，饿其体肤，空乏其身，行拂乱其所为，所以动心忍性，曾益其所不能。人恒过，然后能改；困于心，衡于虑，而后作；征于色，发于声，而后喻。入则无法家拂士，出则无敌国外患者，国恒亡。然后知生于忧患而死于安乐也。（摘自《孟子·告子下》）

越王勾践带着夫人和大臣范蠡去吴国服苦役。越王给阖闾看坟，给夫差喂马，还给夫差脱鞋，服侍夫差上厕所。夫差生病，勾践还当着夫差的面，用手指沾夫差的粪便放在嘴里辨味。夫差的几匹马被勾践喂得滚瓜溜圆，夫差每次出去游猎时，勾践都要跪伏在马下，让夫差踩着他的脊梁上马。勾践三人受尽嘲笑和羞辱，为图复国大计，勾践能屈能伸，顽强地忍耐着吴国对他的精神和肉体折磨，对吴王夫差表现得恭敬驯服。最后，越王勾践成功地光复了越国。

1991 年，一位名叫坎贝尔的女子徒步穿越非洲，不但战胜了森林和沙漠，更通过了 400 公里的旷地。当有人问她为什么能完成这令人难以想象的壮举时，她回答说："因为我说过我能。"问她对谁说过这句话，她的回答是："对自己说过。"

爱迪生在寻找适合做灯丝的材料的实验过程中，做了 1200 次实验，也失败了 1200 次，总是找不到一种能耐高温又经久耐用的好材料。这时别人对他说："你已经失败了 1200 次，还要实验下去吗?"不知道这话是一种关切，还是一种嘲笑。爱迪生回答道："不，我并没有失败，我已经成功地发现有 1200 种材料不适合做灯丝。"爱迪生在遇到一次又一次挫折时，用这种积极的自我激励，成就了他伟大的一生。

自我激励在情绪管理中占据着非常重要的位置，它对提高情绪管理能力发挥着重要的作用。

1. 情绪处于低谷时需要自我激励

当一个人陷入懊丧、消沉、灰心等情绪低谷时，他很可能萎靡不振，自暴自弃，丧失信心，放弃努力，甚至会自我诅咒、自我虐待，萌生厌世轻生的念头。如果任由这种消极的情绪发展下去，后果将不堪设想。事实上，人生在世不如意十有八九，当我们意识到自己陷入情绪低谷时，就该奋起，自我激励，让自己迅速走出不良情绪的泥沼。

小西的男朋友在一次车祸中意外丧生，小西悲痛不已，每想起和男朋友的点点滴滴，小西都泪流满面。尽管事情已经过去了大半年，但小西仍旧活在痛苦和消沉之中，对什么事都提不起兴趣，销售业绩一落千丈。某日，小西又不慎将男朋友送给她唯一的信物弄丢了，这使得小西的情绪雪上加霜。小西更加消沉，她无法走出这一阴影，最后，她选择了自杀。如果小西懂得自我激励，知道生活应该向前看，应该努力活出精彩的人生，那么小西的悲剧就不会发生。

2. 挫折失败时需要自我激励

人们对挫折的容忍力有很大的差异。有的人面对挫折，会坚韧不拔，进一步激发进取心；有的人则悲观失望、精神崩溃，从此一蹶不振。造成这种差异的原因在很大程度上取决于能否自我激励。如果你把挫折看成是生活中的正常现象，把挫折当成是一种锻炼，你就会在遇到挫折时保持健康、良好的情绪。经常激励自己，你就会比挫折更强大。

一头驴子掉进了一个陡峭的深坑里，它声嘶力竭的叫声唤来了它的主人。主人想尽了所有办法，但还是无法将驴子营救上来。眼看天要黑了，主人只好含泪将它埋葬。填了一阵土后，主人发现驴子离他越来越近了。他发现，只要他投一掀土，这头驴就会抖落身上的泥土，并将泥土迅速的踩在脚下。主人高兴极了，唤来邻居帮忙填土，没多久，驴子便升到接近地面的位置。最后它与主人愉快地回到了家中。其实，在现实生活中，我们不可避免地会掉进失败的深坑，而且各种挫折和打击会像泥土一样接二连三地落在我们头上，但只要我们能学会驴子的坚强和智慧，把这些困难和打击变成脚下的台阶和坦途，风雨过后就一定能见到彩虹。

3. 信心不足时需要自我激励

信心是一个人生活的基本信念，也是一个人不断进步和发展的动力之源。拥有信心，你就能承受各种考验、挫折和失败，敢于去争取最后的胜利。当信心不足时，一定要记住用自我激励和自我肯定的方法为自己加油、打气！要充分相信自己！每天你都可以对自己说："我是最棒的，我今天要做世界上最精彩的人！"信心不足时的自我激励可以使你的情绪处在一种激情、乐观、进取的状态之中，可以使你发挥出最大的才能。

4. 自卑失落时需要自我激励

自卑是人生的大敌，是一种自我设限和自我萎缩的心理状态。自卑的人整日生活在自我否定与自我打击的心灵自虐之中。自卑犹如一条阴险的毒蛇始终在缠绕着那些意志脆弱的人，直到他们在自我怀疑中，让自己仅有的一点勇敢丧失殆尽。自卑的对立面是自信，自信就是自己信得过自己，自己看得起自己。千万不要因为个子矮小而自卑，也千万不要因为口吃而自暴自弃。"尺有所短，寸有所长"，每个人都有自己的优势和长处，要相信自己，战胜自卑，不要被恶劣的情绪所打倒。

有一家人有五个儿子，五个儿子各有千秋：长子质朴，次子聪明，三子目盲，四子背驼，五子脚跛。按照常理看，这家人的日子真难过。可是这家对自己的儿子各有安排：老大质朴，正好让他务农；老二聪慧，正好让他经商；老三目盲，正好让他学按摩；老四背驼，正好让他搓绳；老五足跛，正好让他纺线。结果一家"不患于食焉"，过上了其乐融融的小康生活。可见，每个人都有长处也都有短处，不要因为自己的不足而妄自菲薄，要相信自己，无须自卑。

情绪自我激励的方法有很多，只要能保持对事业、生活的热情，在绝望中寻找希望，在困境中保持乐观，找到奋斗的目标，自信、坚强，能容忍挫折和苦难，就一定能适应各种挑战，战胜各种困难，取得事业的成功。

小训练：下面有一段话，大家在空闲的时候可以大声朗读，并体会其中的含义。

我不能改变事实，但可以改变态度；

我不能改变过去，但可以把握现在；

我不能左右天气，但可以改变心情；

我不能选择容貌，但可以展现笑容；

我不能预知明天，但可以把握今日；

我不能事事成功，但可以事事尽力。

【训练实施】

一、训练一：我最近的情绪表现

根据本节介绍的情绪定义及分类，反思你最近的情绪表现，并如实完成下表的填写。

最近的情绪类型	发生时间段	有何后果	产生原因	维持或改善措施
心境舒畅				
心境烦躁				
激情反应				
应激反应				
备注：发生的时间段即为哪天或哪几天发生的				

说明：本项目训练的主要目的是让大家正确认识到情绪的三种类型及不同的情绪对我们的影响。

二、训练二：控制情绪的角色扮演

（一）训练目的

1. 识别各种情绪类型。
2. 了解情绪产生的原因。
3. 知道各种情绪的影响后果。
4. 学会如何控制自我情绪。

（二）训练情景设定

1. 有人弄坏了你的车。
2. 有个同学告诉你，放学后他要找几个人一起来揍你。
3. 你正在看喜欢的电视节目时，有人把电视调到了别的节目。
4. 你把妈妈省吃俭用给你买书的钱弄丢了。
5. 你在公共汽车上被人踩了一脚，结果还被人骂了一顿。
6. 同学们给你起一个难听的绰号并经常当面喊你。
7. 在某次竞赛或考试中你获得了第一。

如果设定的情景题不够，教师可自行设定，但必须围绕情绪的各种表现形式展开。

（三）讨论与训练过程

1. 以小组为单位，每组以 5 - 7 人为宜。

2. 每个小组选择其中一个情景来讨论。讨论要围绕"遇到该情景，会产生何种情绪?""该情绪会产生何种后果?""如何控制该情绪发生?"等展开。

3. 各小组讨论完之后，就选派本组人员对该情景进行角色扮演和现场模拟表演。

4. 各小组表演完，选出最佳组员和最佳团队各一名。

5. 根据表演效果，大家进行"如何进行情绪管理"的主题讨论。

6. 教师最后进行总结陈述。

【训练评估】

<table>
<tr><td colspan="2">我对本训练感触最深的是：</td></tr>
<tr><td colspan="2"></td></tr>
<tr><td colspan="2">我将在自己的沟通实践中做如下改变：</td></tr>
<tr><td colspan="2"></td></tr>
<tr><td>实践计划</td><td>预计期限</td></tr>
<tr><td></td><td></td></tr>
<tr><td></td><td></td></tr>
<tr><td></td><td></td></tr>
<tr><td></td><td></td></tr>
</table>

【拓展训练与思考】

一、测试评估：你的情商

这是一组流行的测试题。可口可乐、麦当劳、诺基亚等世界 500 强企业，曾以此为员工 EQ 测试的模板，帮助员工了解自己的 EQ 状况。本测试有 5 组共 33 题，测试时间 25 分钟，最高的 EQ 为 174 分。你可以通过此测试，来了解一下自己的 EQ 状况。如果你已经准备就绪，请开始计时：

（一）情景描述

第 1 - 9 题：请从下面的问题中，选择一个最切合自己实际的答案：

1. 我有能力克服各种困难（　　）。

A. 是的　　B. 不一定　　C. 不是的

2. 如果我能换个新的环境。我要把生活安排得（　　）。

A. 和从前相仿　　B. 不一定　　C. 和从前不一样

3. 一生中，我觉得自己能达到预期的目标（　　）。

A. 是的　　B. 不一定　　C. 不是的

4. 不知为什么，有些人总是回避或冷淡我（　　）。

A. 不是的　　B. 不一定　　C. 是的

5. 在大街上，我常常避开我不愿打招呼的人（　　）。

A. 从未如此　　B. 偶尔如此　　C. 有时如此

6. 当我集中精力工作时，即使有人在旁边高谈阔论（　　）。

A. 我仍能专心工作　　B. 介于A、C之间　　C. 我不能专心且感到愤怒

7. 我不论到什么地方，都能清楚地辨别方向（　　）。

A. 是的　　B. 不一定　　C. 不是的

8. 我热爱所学的专业和所从事的工作（　　）。

A. 是的　　B. 不一定　　C. 不是的

9. 气候的变化不会影响我的情绪（　　）。

A. 是的　　B. 介于A、C之间　　C. 不是的

第10－16题：请如实选答下列问题，将答案填在后面的括号内：

10. 我从不因流言蜚语而生气（　　）。

A. 是的　　B. 介于A、C之间　　C. 不是的

11. 我善于控制自己的面部表情（　　）。

A. 是的　　B. 不太确定　　C. 不是的

12. 在就寝时，我常常（　　）。

A. 极易入睡　　B. 介于A、C之间　　C. 不易入睡

13. 有人侵扰我时，我（　　）。

A. 不露声色　　B. 介于A、C之间　　C. 大声抗议，以泄己愤

14. 在和人争辩或工作出现失误后，我常常感到震颤、精疲力竭，而不能继续安心工作（　　）。

A. 不是的　　B. 介于A、C之间　　C. 是的

15. 我常常被一些无谓的小事困扰（　　）。

A. 不是的　　B. 介于A、C之间　　C. 是的

16. 我宁愿住在僻静的郊区，也不愿住在嘈杂的市区（　　）。

A. 不是的　　B. 不太确定　　C. 是的

第17－25题：在下面的问题中，请选择一个最切合自己实际的。

17. 我被朋友同事起过绰号、挖苦过（　　）。

A. 从来没有　　B. 偶尔有过　　C 这是常有的事

18. 有一种食物使我吃后呕吐（　　）。
A. 没有　　B. 记不清　　C. 有
19. 除去看见的世界外，我的心中没有另外的世界（　　）。
A. 没有　　B. 记不清　　C. 有
20. 我会想到若干年后有什么使自己极为不安的事（　　）。
A. 从来没有想过　　B. 偶尔想到过　　C. 经常想到
21. 我常常觉得家里对自己不好，但是我又确切地知道他们为我好(　　)。
A. 否　　B. 说不清楚　　C. 是
22. 每天我一回家就立刻把门关上（　　）。
A. 否　　B. 不清楚　　C. 是
23. 我坐在小房间里把门关上，但我仍觉得心里不安（　　）。
A. 否　　B. 偶尔是　　C. 是
24. 当一件事需要我做决定时，我常觉得很难（　　）
A. 否　　B. 偶尔是　　C. 是
25. 我常常用抛硬币、翻纸、抽签之类的游戏来预测凶吉（　　）
A. 否　　B. 偶尔是　　C. 是

第 26－29 题：下面各题，请按照实际情况回答“是”或“否”，在你选择的答案后打“√”。

26. 为了工作我早出晚归，早晨起床我常常感到疲惫不堪。
A. 是（　　）　　B. 否（　　）
27. 在某种心境下，我会因为困惑陷入空想，将工作搁置下来。
A. 是（　　）　　B. 否（　　）
28. 我的神经脆弱，稍有刺激就会使我战栗。
A. 是（　　）　　B. 否（　　）
29. 睡梦中，我常常被噩梦惊醒。
A. 是（　　）　　B. 否（　　）

第 30－33 题，本组测试共 4 题，每题有 5 种答案，请选择与自己最切合实际的答案，在你选择的答案上打“√”。

1 代表“从不”；2 代表“几乎不”；3 代表“一半时间”；4 代表“大多数时间”5 代表“总是”。

30. 工作中我愿意挑战艰巨的任务
1　2　3　4　5
31. 我常发现别人好的意愿。
1　2　3　4　5

32. 能听取不同的意见，包括对自己的批评。

1　2　3　4　5

33. 我时常勉励自己，对未来充满希望。

1　2　3　4　5

（二）评估标准

计分时请按照记分标准，先算出各部分得分，最后将几部分得分相加，得到的那一分值即为你的最终得分。

1. 第1－9题：共（　　）分。

A得6分　　B得3分　　C得0分

2. 第10－16题：共（　　）分。

A得5分　　B得2分　　C得0分

3. 第17－25题：共（　　）分

A得5分　　B得2分　　C得0分

4. 第26－29题：共（　　）分。

“是”得0分　　“否”得5分

5. 第30－33题：共（　　）分。

从左至右分数分别为1分、2分、3分、4分、5分。

6. 上述五项的最终得分为（　　）。

（三）结果分析

1. 得分在150分以上的，表示你就是一个EQ高手。

你懂得尊重所有人的人权和人格尊严；不将自己的价值观强加于他人；对自己有清醒的认识，能承受压力；自信而不自满；人际关系良好，和朋友或同事能友好相处；善于处理生活中遇到的各方面的问题；能认真对待每一件事情。

2. 得分在130－149分，表示你的EQ较高。

你是一个负责的人；有独立人格，但在一些情况下易受别人焦虑情绪的感染；比较自信而不自满；有较好的人际关系；能应对大多数的问题，不会有太大的心理压力；有自尊。

3. 得分在90－129分，表示你的EQ一般。

你容易受他人影响，自己的目标不明确；你善于原谅，能控制大脑；你能应付较轻的焦虑情绪；你把自尊建立在他人认同的基础上；你缺乏坚定的自我意识。

4. 得分在90分以下，表示你的EQ较低。

你的自我意识很差；无确定的目标，也不打算付诸实践；严重地依赖他人；处理人际关系能力差；应对焦虑能力差；生活无序；无责任感，爱抱怨。

二、阅读并思考下面材料

认识情绪管理

一个针对全美500家大企业员工所做的调查发现，不论产业为何，一个人的智商和情商对他们在工作上成功的贡献比例为智商∶情商＝1∶2。也就是说，对于工作成就而言，情商的影响是智商的两倍，而且职位越高，情商对工作表现的影响就越大。特别是营销业务及客户服务等职业，情商的影响尤为明显。

此外，美国一家领导人才研究中心对一些智商很高的孩子进行跟踪调查后发现，那些幼年时期被视为有远大前程的神童，成年后并不像早先预料那样功绩显赫，其重要原因就是情商一直很低。可见，开发情商潜能，对情商进行有效管理已经成为个人管理和企业管理的重要内容。

请思考情商和智商有什么区别和联系？

小李的情绪管理

小李是某名牌大学的毕业生，在学校上学时就与一家公司签订了合同，毕业后即到该家公司上班，但他参加工作不久，就表现出非常浮躁的情绪，态度非常不认真，尤其是对学历、毕业学校不如他的人投去鄙视的目光，让其他同事难以忍受。可他自己却不以为然，因为他认为，他是名牌大学毕业的，自己能力又很强，应该有这种特殊的“身份”。

这些事被老板知道了，就把他叫到办公室，虽然严厉批评了他，但老板还是很诚恳地给他讲述了很多为人处世的道理。小李非常不服气，加上长这么大，从来没有人这么严厉地批评过自己，冲动之下，便和老板争执起来，不仅把名牌大学生一直挂在嘴边，还一直说老板眼光差，找到太多没有素质的员工。

老板一直没有作声，任由小李在哪里大声吼叫。等小李吵累了，老板平静地对他说：“既然你有这么高的水平，留在本公司实在大材小用了，从明天开始，你就另谋高就吧！”

小李呆住了……

反思一下，你有没有出现过类似小李这样的情绪失控现象？当情绪没有被有效控制时，代价其实还是相当大的。

不要用情绪来解决问题

沃尔玛商场招录一名收银员，几经筛选，最后只剩下三位女士参加复试。复试由老板亲自主持，第一位女士刚走进面试室，老板便丢了一张百元钞票给她，并命令她到楼下买包香烟。这位女士心想，自己还未被正式录用，老板就颐指气使地命令自己做事，因此感到相当不快，便怒气冲冲地掉头就走。一边走，一边气呼呼地咒骂：“哼，凭什么指派我，这份工作不要也罢！”第二位女士一进来，也遇到相同的情况。只见她笑眯眯地接了钱，准备去买烟时却发现钞票是假的。她无奈地掏出自己的一百元真钞，为老板买了一包烟，还把找回来的钱，全交给了老板。第三位女士接到钱，同样发现钱是假的。于是她微笑着把假钞还给老板，并请老板重新换一张。老板开心地接过假钞，立即与她签订了合约，放心地将收银工作交给了她。

三位面试者有三种截然不同的应对方式。第一个面试者，只会用情绪来处理事情，任谁也不敢将工作托付给她；第二位面试者，则是最不专业的表现，虽然委曲求全的人比较有敬业精神，但万一真的遇到重大问题，老板需要的不是员工的委屈与退缩，而是冷静与理性的处理能力；第三位面试者，充分表现出了敬业态度和专业能力，从“接过钱”与“发现假钱”的两个小动作中，便能看见她的“配合度”与“专业能力”，这才是老板期待的最佳人选。

可见，用不良的情绪来解决问题，很可能会让你失去更多的机会。

任务四　压力管理训练

【训练导入】

培训师在课堂上拿起一杯水，然后问台下的听众：“各位认为这杯水有多重?”有人说是半斤，有人说是一斤，回答各异。

培训师则说：“这杯水的重量并不重要，重要的是你能拿多久？拿一分钟，谁都能够；拿一个小时，可能觉得手酸；拿一天，可能就得进医院了。其实这杯水的重量是一样的，但是你拿得越久，就越觉得沉重。”

“这就像我们承担着的压力一样，倘若我们一直把压力放在身上，不管时间长短，早晚有一天我们会觉得压力越来越沉重而无法承担。正确的做法是，放下这杯水，休息一下后再拿起这杯水，如此才能拿得更久。”

“所以，各位应该将承担的压力适时地放下并好好地休息一下，然后再重新拿起来，如此才可承担更久。”

记住，休息、放松，是为了明天更美好！

【训练目标】

1. 认识压力管理；
2. 学习压力管理的内容。

【知识链接】

一、压力与压力管理

“Stress”压力一词来源于拉丁文“Stringere”，原意是困苦。现在所用的单词

"Stress" 是 "Distress"（悲痛、穷困）的缩写。心理学家汉斯·塞尔耶（Hans Selye）是第一个使用术语 "Stress"（压力）的人。

一般而言，压力是指一种认知反应，是个体认为某种刺激或境遇超出个人承受能力范围所表现出的一种激动、紧张、不安、威胁等心理体验的总和。它是一种主观的内部心理状态，是人体对需要和威胁的一种生理反应。人们通常对压力有以下一些误解。

二、压力产生的原因：压力源

压力产生的原因是复杂多样的，我们把那些具有威胁性或伤害性并因此带来压力感受的事件或环境称为压力源。生活中的压力源可能存在自身，可能存在于环境当中。但是，人类最主要的压力源是人本身，人际关系是造成压力的最主要来源。心理学家在研究中对造成压力的各种事件或环境进行分析，并提出四种类型的压力源：

（一）躯体性压力源

躯体性压力源是指通过对人的躯体直接发生刺激作用而造成身心紧张状态刺激的、化学的、生物的刺激物。过高或过低的温度、微生物、变质食物、酸碱刺激物等是引起生理压力和压力的生理反应的主要原因。

（二）心理性压力源

心理性压力源是指来自人们头脑中的紧张性信息。如心理冲突与挫折、不切实际的期望、不祥预感及工作责任有关的压力和紧张等。心理性压力源与其他类型压力源的显著不同在于它直接来自人们的头脑中，反映了人们心理方面的困难。生活中的压力事件处处可见，但有的人却耿耿于怀，这种区别就来自于人们内心对压力的认知。如果过分夸大压力的威胁，就会制造一种自我验证的预言：我会失败，应付不了。长此下去，会产生所谓的长期性压力感，畏惧压力。

（三）社会性压力源

社会性压力源主要指造成个人生活方式上的变化，并要求人们对其做出调整并适应情境与事件。社会性压力源包括个人生活中的变化，也包括社会生活中的重要事件。个人生活的改变常常会扰乱人们心理和生理状态，给人带来压力。同样，社会生活中的某些重大事件同样会带给我们压力。

（四）文化性压力源

文化性压力源最常见的是文化性迁移，即从一种语言环境或文化背景进入到另一种语言环境或文化背景中，使人面临全新的生活环境、陌生的风俗习惯和不同的生活方式，从而产生压力。若不改变原有习惯，适应新的变化，常常会出现不良的心理反应，甚至积郁成疾。例如出国留学，如果缺乏对环境改变所应有的心理准备，没有一定的外语水平，就难以适应陌生文化背景，甚至会中断学业或引发疾病。

三、压力的代价

有很多数字可以说明压力对个人和组织所造成的损失的代价。在美国，因压力过大导致员工经常性旷工、心不在焉、创造力下降而造成的损失每年就超过 1500 亿美元。而据医学专家估计，大约二分之一到四分之三的疾病和意外事故都与压力过度有关。

（一）经济损失

压力过大或压力管理的不及时和失效会导致巨额的经济损失。英国、荷兰等国每年因工作压力造成的损失占国民生产总值的10%。据世界卫生组织（WHO）统计，北美地区因压力所付出的代价每年超过2000亿美元。根据美国压力协会的估计，美国的工作组中由于压力问题造成的员工缺勤、离职、旷工、劳动生产率下降、高压、心脏病的医疗和经济索赔，以及人员替换等方面发生的费用2000亿~3000亿美元。在我国，虽然未有具体数字表明压力过大造成的具体经济损失，但不可否认的是，压力过大或压力管理不善同样会造成企业和个人难以承受的经济损失。

（二）危害身心健康

过度的压力严重危害人们的身心健康。据《财富》中文版对中国5000名高级经理人的调查发现，70%的高级经理人身心健康被压力困扰。过度的压力不仅会使我们产生诸如“异常疲劳或体力透支”“呼吸急促或头晕”“饮食量或吸烟比平时增加”“心跳加速”等身体的不适症状，而且还会使我们出现心理衰竭的征兆，即一种持续的身心疲惫、厌倦沮丧、悲观失望、失去创造力和生命活力的感觉。总之，压力过大不仅导致我们身体受到伤害，而且在心理、精神上同样也受到伤害。

压力的代价是沉重的，有的可以衡量，有的不可衡量，下表简单地列出了一些可衡量的和不可衡量的压力代价。

一份调查报告显示，三分之一的美国人计划在假期里使用手提电脑和手机工作。40%的美国人因为工作而取消或推迟自己的假期，这意味着有4.15亿小时的未被享用的假期又还给了老板。高科技带来的所谓“红利”“股息”看来只是假象，因为它们制造了充满压力的生活方式，继而生产了严重的健康赤字。这种情况，在中国更为严重。

可衡量与不可衡量的压力代价

可衡量的压力代价	不可衡量的压力代价
疾病 提前退休 工作中死亡 事故 受伤 旷工 保健理疗费 医疗花费 ……	缓慢/差劲的表现 差劲的时间管理 错误的决策制定 低效的管理 存在事故隐患 人际关系恶化 欠缺集中注意力的能力 创造力的降低 判断力的削弱 ……

四、压力的反应

当我们面临压力时会产生一系列生理、心理反应，并伴随相关的行为反应。这些反应在一定程度上是机体主动适应环境变化的需要，它能唤起和发挥机体的潜能，增强抵御和抗病能力。但如果反应过于强烈或持久，就可能导致生理、心理功能的紊乱，严重时会引起死亡。所以，了解压力的反应对我们有效进行压力管理非常重要。

（一）压力的生理反应

个体在压力状态下会出现一系列生理反应，主要表现在自主神经系统、内分泌系统和免疫系统等方面，如呼吸急促、心跳加快、肌肉紧张、小便频繁、血压增高、激素分泌增加、消化道蠕动和分泌减少出汗等。

加拿大著名心理学家汉斯·塞尔耶在20世纪三四十年代对压力的生理病理反映进行了开创性研究，认为压力是对任何形式的伤害性刺激所产生的生理反应，即“一般性适应综合征”，包括三个阶段：第一阶段是警觉反应。这一阶段中，由于刺激的突然出现而产生情绪的紧张，出现血压上升、肾上腺分泌增加、进入应激状态。如果压力继续存在，身体就进入第二个阶段，即抗拒阶段，个体不得不竭尽全力对身体上任何受损的部分加以维护复原，因而产生大量调节身体的激素。第三阶段是衰竭阶段，压力存在太久，应付压力的精力耗尽，荷尔蒙分泌减少，人们的免疫系统开始衰竭，疾病纷至沓来。可见，压力下的生理反应可以调动机体的潜在能量，提高机体对外界刺激的感受和适应能力，但过久的压力会使人适应能力下降，躯体疾病频繁发生。

（二）压力的心理反应

压力引起的心理反应有警觉、注意力集中、思维敏捷、精神振奋等，这是适度的心理反应，有助于个体应付环境。如学生在学习过程中、运动员在参赛过程中，一定压力下的竞争更容易出成绩。但是，过度的压力会带来负面反应，容易出现消极的情绪，如忧虑、焦躁、愤怒、生气、沮丧、悲观失望、抑郁等，会使人思维狭窄、自我评价降低、自信心减弱、注意力分散、记忆力下降等，表现出消极被动的状态。当然，不同的个体在压力状态下的心理反应会存在很大的差异，这主要取决于个体对压力的知觉和释放及管理压力的能力。

> 某著名企业家在带领企业发展的过程中，感受到众多的压力，如个人承担的重大责任压力、紧迫的工作时限压力、不堪忍受的工作负担压力、企业改革的磨难压力、时间的困顿压力、内心的苦闷压力，等等。这些压力几乎令他窒息，从而使得他寝食难安、精神恍惚、显得特别疲惫、不与人沟通，对什么都不感兴趣，而且心理上还越来越封闭，感情上越来越压抑。最终，他因隐匿性抑郁症而选择了自杀。如果企业家的心身症状被及早发现并得到有效的调节和外界的帮助，或许他就不会选择自杀了。

（三）压力的行为反应

个体面对压力时会有各种不同的行为反应，这些反应主要决定于压力的程度及个体所处的环境。一般情况下，轻度压力会促发或增强一些正向的行为反应，如寻求他人支持、学习管理压力的技巧等。

但压力过大过久，会引发一系列不良的行为反映，如吸毒、酗酒、过度饮食、攻击行为等。压力下的行为反应可分为直接反应与间接反应。直接反应指直接面对引起紧张的刺激时，为了消除刺激源而做出的反应，如路遇歹徒或与其搏斗或逃避。间接反应指借助某些物质暂时减轻与压力体验有关的苦恼，如借酒消愁、为逃避而暴饮暴食等。面对压力的这三种反应症状，其具体内容如下表所示：

生理反应症状	心理反应症状	行为反应症状
心率加快； 血压升高； 肾上腺激素分泌增加； 肠胃失调，如溃疡； 身体受伤； 心脏疾病；	焦虑、紧张； 迷惑和急躁； 疲劳感、生气和憎恶； 情绪过敏和反应过敏； 感情压抑； 交流的效果降低；	拖延和逃避工作； 表现和生产能力降低； 酗酒和吸毒； 完全无法工作； 去医院的次数增加； 缺勤、离职；
呼吸问题； 汗流量增加； 皮肤功能失调； 头疼； 癌症； 肌肉紧张； 睡眠不好； ……	退缩和忧郁； 孤独感和疏远感； 厌烦和工作不满； 精神疲劳和低效能工作； 注意力分散； 缺乏自发性和创造性； 自信心不足； ……	为了逃避而暴饮暴食； 由于胆怯而减少饮食； 冒险行为增加； 侵犯别人，破坏公共财产； 与家人或朋友关系恶化； 自杀或试图自杀； 没胃口，瘦得快； ……

根据世界卫生组织统计，全球抑郁症的发病率为11%。抑郁症目前已经成为世界第四大疾病，预计到2020年它可能成为仅次于心脏病的人类第二大疾患。在我国，抑郁症的发病率约为3%～5%，这些抑郁症患者中10%～15%的人最终可能死于自杀。目前，中国有超过3000万人患有抑郁症。很多人以为抑郁症是心理疾病，不能用药物解决。事实上，抑郁症是一种疾病，要像治疗其他疾病一样树立正确的用药意识。抑郁症和心脏病、胃病一样，都是疾病的一种，是由于大脑的内分泌出现问题造成的，因此需要治疗。生物学因素可以占到一个人发病原因的50%以上。抑郁症的产生也有心理因素的原因。当一个人遭遇的压力过大时，就会患有抑郁症。越是优秀的人，感受到的压力越大，因此有人也把抑郁症称为天才得的病。

五、压力的诊断与应对

（一）诊断压力

适度的压力可以增强生活与学习的动力，过度的压力会导致许多身心疾病。在压力管理中，个体首先要对压力进行诊断，以确定当前自己的压力状况。诊断压力，可以使你更有效地认识压力，从而洞悉个人压力的本质。

压力通常会通过身体上的一些征兆表现出来，如头疼、高血压、疲劳、呼吸困难等。在心理方面，压力也可以通过消极、厌倦、不满、易怒、生气、烦恼、抱怨、冷漠、拖延、抑郁、退缩、健忘、无望等表现出来。

诊断压力可以借助一定的测评工具来进行，下表就是一份很好的压力诊断问卷。你可以通过该问卷来了解自己的压力状况，当然，你也可以借助上一节的《压力程度测评表》或其他的压力测评工具来了解。

检查以下叙述，选择最贴近你最近一个月实际情况的压力征兆频数。

征兆类型	从不	很少	有时	经常	一直
持续疲劳					
精力低下					
持续头疼					
胃肠紊乱					
呼吸困难					
手脚出汗					
头昏眼花					
高血压					
心跳加快					
持续内心紧张					
失眠					
情绪失控					
换气过度					
闷闷不乐					
易怒					
注意力不集中					
对别人的攻击日益增加					
强制饮食					
长期抑郁					
焦虑					
不能放松					
感觉不正常					
日益增加的防范					
依赖镇静剂					
过度酗酒					
过度抽烟					

分数说明：“从不”为0分，“很少”为1分“有时”为2分，“经常”为3分，“一直”为4分
则你的总分合计为：

得分及解释：

26分以下，表明你的压力情况一般，你可以应付：

27－52分，表明你正在承受一定的压力；

53－72分，表明你承受的压力很大；

73分以上表明压力过大，你正在走向崩溃。

小提示：

对自我压力状况的诊断工具有很多，有些诊断工具信度、效度都很高，而有些可能会较低。在进行评估时，建议你选择较好的诊断工具。不同的人对测评工具的效果评价不尽相同，但不管怎样，测评的结果对你认知压力还是具有一定的参考价值。本章为大家提供的几个测评工具，是相对比较有效的工具，大家可以借鉴使用。

（二）确定压力来源

对压力诊断之后，就要确定出压力产生的原因，即压力源。简单地说，压力源就是人们千方百计要避开的一些事。举例来说，如果你是一只实验室里的白老鼠，实验时用的电击便是压力来源；如果你是一头猎物，目睹猎食者的来临便是压力来源；又如果你是位投资者，股市突然下挫也可以是一种压力源。可见，压力不仅来自于人们自身，也可能存在于环境当中。只有明确了压力到底来自于何处，我们才能采取针对性措施管理压力。一般而言，压力主要来自于以下四个方面。

1. 生活事件

生活事件就是指生活中遭遇的足可以扰乱人们心理和生理稳态的重大变故。这些变故会对个体健康产生重要影响，严重时导致疾病的发生。

心理学家霍曼和瑞希编制的《生活改变与压力感量表》，列出了43种大部分人都可能经历的生活事件，这些生活事件带给人们的压力感各不相同。通过大样本测试，每项生活事件的压力感得分都有一个均值，如配偶离世的平均值10分，怀孕为40分，生病为18分等。人们只要回忆去年曾经历过的生活事件，并写出每个生活事件的平均值，然后将43项得分相加，就可得这些事故的总分。当然，你可以通过得分判断出你是否会产生潜在的与压力有关的疾病。

霍曼和瑞希编制的《生活改变与压力感量表》如下表所示：

填写你在过去1年中曾经经历过的生活事件的平均值，然后加出你的个人得分。			
序号	生活事件	平均值	你个人的分数
1	配偶的死亡	100	
2	离婚	73	
3	夫妻分居	65	
4	坐牢	63	
5	家庭成员死亡	63	
6	个人受伤或生病	53	
7	结婚	50	
8	失业	47	
9	复婚	45	
10	退休	45	
11	家庭成员健康发生变化	44	
12	怀孕	40	
13	性生活不协调	39	
14	家庭增加新成员	39	
15	业务上的新调整	39	

续表

序号	生活事件	平均值	你个人的分数
16	经济状况的改变	38	
17	好友死亡	37	
18	工作性质发生变化	36	
19	家庭纠纷	35	
20	大宗消费的抵押或贷款	31	
21	抵押品赎回权被取消	30	
22	工作职责上的变化	29	
23	儿女离家	29	
24	与亲家的麻烦	29	
25	杰出的个人成就	28	
26	妻子/丈夫开始或停止工作	26	
27	开始或结束正式教育	26	
28	生活条件的改变	25	
29	个人习惯的改变	24	
30	与上司之间的矛盾	23	
31	工作时间或条件的改变	20	
32	迁居	20	
33	转学	20	
34	娱乐方式的改变	19	
35	宗教活动的改变	19	
36	社交活动的变化	18	
37	购买适中物品的抵押或贷款	17	
38	改变睡眠习惯	16	
39	家庭成员数目的变化	15	
40	饮食习惯的改变	15	
41	休假	13	
42	过重大节日	12	
43	轻度违法行为	11	
总分			
分数解释：如果个人的总分少于150分，他在明年会身体健康；分数在151～200分的人，有37%的机会将出现健康问题；分数在201～300分的人，有51%的概率将产生健康问题；高于300分的人，有80%的概率将患上重大疾病。			

小说明：

霍曼和瑞希编制的《生活改变与压力感量表》，可以让我们了解到生活中有哪些事件可能会导致我们产生压力，也可以让我们了解到这些变故是否会导致我们产生与压力有关的疾病。

2. 日常生活琐事

日常生活琐事的困扰也可以导致我们产生各种压力，甚至导致生理和心理的衰竭，如对体重的过分担忧、丢东西、物价上涨、家务事、交通堵塞、家人与邻里争吵、照顾孩子、环境干扰、水电煤气费上涨，等等。这些日常轻微而持久的麻烦事同样会带给我们苦恼，从而直接或间接地使我们产生压力，甚至引发疾病。

小丽是一名时尚达人，为了保持自己苗条的身材，对饮食非常讲究，严格控制体重，一旦发现自己的体重超了一点点，她就会非常紧张，甚至一两天不吃东西。由于过于担忧自己的体重，使小丽严重依赖上了电子秤，只要一天不称，她就感觉自己变胖了。久而久之，这种心理压力导致小丽出现了严重的健康问题。

3. 与工作相关的事件

与工作相关的事件除了上述生活事件中涉及的工作性质变化、工作职责变化、与上司的矛盾、工作条件变化之外，还有其他方面的压力事件来源。如指令不清常使得我们为那些不由我们负责，却出了差错的工作而受到责备；如同事之间竞争的压力使得我们无法敞开心扉，整天相互猜忌和争斗；如过大过重的工作任务使得我们没有喘息的机会；其他如晋升、发展、薪酬、培训等事件也会使得我们在工作中产生压力。

思考：请思考一下工作上还有哪些事件会对我们造成压力？

4. 环境事件

环境压力源同样会使个体的心理、生理稳态发生破坏，如地震、洪水、火山爆发、有毒化学物质的外泄、核辐射、噪声、空气污染等。这些环境事件有的是自然力所导致的灾害，有些是人为的灾难，也有的是背景性压力源。

（三）应对压力

诊断了压力，也明确了压力的来源，接下来就要采取措施应对压力。应对压力有两种控制方法：第一种是以改变压力事件本身为主，通过消除或改变压力来源来直接应对它们。第二种是当不能改变压力来源时，通过控制技巧来缓解压力所致的情绪变化，改变压力带来的消极反应，让我们更加乐观、放松和自信。下面介绍几种具体的应对压力的措施或方法，大家在压力管理时可以借鉴使用。

1. 寻求帮助

你可以从同事那里征求意见，从领导那里寻求建议，从朋友或家庭成员中寻求支持，或者接受培训、脱产学习、在职学习等，这些都可以为你提供知识和技能来有效地应对压力来源。只要你愿意，生活或工作中有很多人都可以帮助你，这些人都可以成为你的专业教练和医生。

2. 管理时间

如果我们失去对时间的控制，就会产生严重的焦虑、踌躇，甚至恐慌。如何才能有效科学合理地管理时间？本项目任务二“时间管理训练”已有详细的说明。

3. 改善工作模式

你可以重新组织你的工作，如确立明确的目标，减少过多的工作量和适度调节工作的质素。在工作中善用行事历（Work diary）、列表（Things to do list）、避免电话或外来干扰（可考虑早30分钟上班或假期时处理积压的工作）、学会授权，等等。

4. 提高耐力

耐力是那些认为自己能够控制自己的生活，有能力应付及扭转不利形势并且能够积极地寻求新奇和挑战的人的一种综合个性特征。耐力强的人欢迎变化并且对角色的模糊不清有很高的忍耐力。耐力强的人在高度的压力环境中遭受病痛的几率会低得多。

耐力强的人有一些重要的性格特征，如高度的自尊、受内部因素控制及外向性格。提高耐力可以从这三方面入手：首先，提升能力可以使你自我感觉良好并具备高度的自信能够有效地应对压力；其次，从受外部因素控制转向受内部因素控制，强调自己的命运主要掌握在自己的控制中；最后，改变性格，从内向型向外向型转变。三个方面的提升可以让你有效地抵抗压力。

小资料：

受内在因素控制的人，相信命运操控在自己手里、相信自己的际遇由内在的因素所决定，例如：努力、能力及所做的选择。当身处压力时，这些人认为自己可以对事情的结果做出决定性的影响，因此当他们处理事情时会显得较有自信，压力较少。

受外在因素控制的人，认为自己是命运的工具，主要取决于外在的力量，例如：运气、命运和其他人的决定。当身处只会保持压力时，他们会变得被动和保护自己。他们不会设法减压，沉默。这些人较易感到无助及经常感到压力。

5. 保持健康

适当的锻炼、合理的饮食及休息是保持健康思维和体魄来应对压力来源的三个要素。有规律的身体锻炼既提高了应对压力来源的自信又提高了体质；均衡的饮食可以帮助你保持正常的体重，避免耗尽抵抗压力的资源；充足的睡眠可以帮助你保持清醒的头脑来理智地应对压力来源。

6. 自我调整

自我调整实际上就是学会如何放松自己，做到内心平静，抛弃烦恼。你可以尝试当脑中出现负面思考时及时叫“停”；你可以学会冥想和沉思，把思想聚焦在一件件愉快的事情上。当然，你还可以学习画画、种花侍草、练习瑜伽等。此外，心理暗示疗法、肌肉放松疗法、按摩、呼吸调节法、娱乐等都可以使你紧张的情绪得到放松，压力得到舒缓。

小资料：

放松训练是指身体和精神由紧张状态转向松弛状态的过程。放松主要是消除肌肉的紧张。在所有生理系统中，只有肌肉系统是我们可以直接控制的。当压力事件出现时，紧张不断积累，压力体验逐渐增强。此刻，持续几分钟的完全放松比一小时的睡眠效果要好得多。

放松训练是一种自我调整方法，一般是在安静的环境中按一定要求完成特定的动作程序，通过反复的练习，使人学会有意识地控制自身的心理、生理活动，以达到降低机体唤醒水平，增强适应能力，调整因过度紧张而造成的生理、心理功能失调，起到预防及治疗的作用。放松训练的方法有很多种，如呼吸放松、想象放松、静坐放松、自律放松等。

除了上述6种常见的应付压力的方法或措施之外，还有很多其他的方法。如更换工作、接受专业的心理咨询、改变认知、A型性格人的性格调整，等等。在实际的压力管理中，适合你的方法或技巧就是最合适、最有效的压力管理工具。

【训练实施】

一、训练一：我的压力我做主

每个人都会有多多少少的压力感，结合你最近7天的实际情况，反思一下这7天中你有哪些压力事件？这些压力事件属于何种压力源？对你造成了何种反应？你觉得该如何处理这些压力？认真思考后完成下表的填写。

压力分析表

压力事件	压力源类别				应状况	解决措施
	躯体性	心理性	社会性	文化性		

【训练评估】

<table>
<tr><td colspan="2">我对本训练感触最深的是：</td></tr>
<tr><td colspan="2"></td></tr>
<tr><td colspan="2">我将在自己的沟通实践中做如下改变：</td></tr>
<tr><td colspan="2"></td></tr>
<tr><td>实践计划</td><td>预计期限</td></tr>
<tr><td></td><td></td></tr>
<tr><td></td><td></td></tr>
<tr><td></td><td></td></tr>
<tr><td></td><td></td></tr>
</table>

【拓展训练与思考】

一、测试

虽然仅凭20个题目很难判断你的压力水平，但它的确可以帮助你更了解自己现在的生活状况。请阅读以下每一个句子，在“同意”或“不同意”上画圈，然后计算同意的个数，并根据最后的解释判断当前的压力水平：

（一）情景描述

1. 晚上我入睡困难。（同意　不同意）
2. 我肌肉紧张，或有偏头痛。（同意　不同意）
3. 我担心自己的财务状况，怕收支失衡。（同意　不同意）
4. 我希望我每天拥有更多的笑容。（同意　不同意）
5. 我经常因为工作不吃早餐。（同意　不同意）
6. 如果我能够改变我的工作状况，我愿意去做。（同意　不同意）
7. 我希望拥有更多的个人时间来休闲娱乐。（同意　不同意）
8. 最近我失去了一位好朋友或家庭成员。（同意　不同意）
9. 最近我的婚姻状况不佳或刚离婚。（同意　不同意）
10. 我好长时间没有好好放假了。（同意　不同意）
11. 我希望自己的人生有清晰的意义和目标。（同意　不同意）
12. 我一周要在外面吃二顿以上。（同意　不同意）
13. 我有慢性疼痛。（同意　不同意）

14. 我没有很亲密的朋友圈子。（同意　不同意）
15. 我没有定期锻炼（每周三次以上）的习惯。（同意　不同意）
16. 我在吃抗抑郁药。（同意　不同意）
17. 我与异性交往时效果不太满意。（同意　不同意）
18. 我的家庭关系不尽人意。（同意　不同意）
19. 我的自尊水平较低。（同意　不同意）
20. 我没有时间冥想或内省。（同意　不同意）

（二）评估标准及结果分析

每个同意的个数得 1 分。

低于 5 分你的压力水平较低，保持良好的应对措施。

高于 5 分：你有中度的压力。

高于 10 分你的压力水平较高。

高于 15 分你的压力水平极高。

二、阅读下面材料并思考

（一）认识压力管理

张老师年逾三十，是某校初三两个班的语文老师，同时又是某班的班主任，其 5 岁的女儿正上幼儿园。

由于丈夫在外地工作，张老师一个人照顾家庭，她感受到了巨大的压力。每天 5 点半起床，准备早餐，而后叫醒女儿，哄她穿衣、梳洗、吃饭。之后，骑自行车把女儿送到幼儿园，再急匆匆地赶回学校上班。

学校里还有一大堆麻烦事等着张老师处理：堆积如山的学生作业需要批改；成绩不好的学生需要谈话并补课；公开课还需要做课件；带领学生参加竞赛，校长要求必须拿大奖……

下班回到家。张老师哄睡孩子，还得熬夜备课……

“五十岁不到，我准得累死”“我能提早退休多好啊”“生活，何时是盼头呀”，张老师面对着这么多压力不停地感叹。

张老师该如何对压力进行管理呢？你能帮助张老师想想办法吗？

（二）小训练

请结合压力源的四种类型，分析下面四个案例的压力源的类型，并说明理由。

案例 A，小李是高三班的班长，学习成绩非常优异，但在一次模拟考试中，成绩从班级第一落到了班级第十五。小李感觉很难受，觉得丢失了面子，更担心自己将来考不上理想的大学。回到家中，父母又一直追问他的成绩，听说他成绩退步，小李父母更加紧张。小李非常自责，深陷压力之中，最后出现了失眠、情绪低落、精神不振及注意力不集中等现象。

案例B：小明在原来的单位上班的时候，丝毫感受不到什么压力，工作清闲，收入也不错。由于个人原因，小明来到深圳，并费尽周折找到一份工作。但刚一上班，小明就有一种喘不过气的感觉。繁重的工作、同事间的竞争与摩擦、业绩的压力、快节奏的生活等都使得原本开朗的小明连笑也变得陌生了。

案例C：小强大学一毕业就进入了华南地区一家颇有名望的饲料集团。工作不久，小强就表现得非常出色，集团领导对他寄予厚望，并把他作为生产管理方面的储备干部来进行培养。领导先让小强进入车间，尽快熟悉生产流程，但令小强没有想到的是，一进入车间，刺鼻的气味、轰隆隆的机器声就使得他呼吸困难、头晕目眩。一连几天都是如此，小强感受到了巨大的心理压力，他想到了辞职。

案例D：小杨最近非常痛苦，更感觉到了前所未有的经济压力。究其缘由，就是小杨瞒着老婆把辛辛苦苦攒下来的10万元拿去买股票，本希望能够赚一把，但没有想到自己决策失误，10万元全打了水漂。小杨不知该如何向老婆解释，更糟糕的是，岳父生病住院急需用钱……小杨茶饭不思，不知所措，身体很快也出了问题。

（三）张朝阳压力管理经验

1996年张朝阳创建了爱特信公司，1998年爱特信正式推出“搜狐”产品，同时更名为搜狐公司，于2000年在美国纳斯达克成功上市。搜狐公司目前已经成为中国最领先的新媒体、电子商务、通信及移动增值服务公司，是中文世界最知名的互联网品牌之一。

在互联网竞争日益白热化的情况下，张朝阳认为：“应该懂得在极端压力下求生存，必须随时考虑下一个战役在哪里，安德鲁·葛鲁夫说，‘只有偏执狂才能生存。’而我的理解是——诚惶诚恐才能生存。”

尽管早期张朝阳近乎偏执狂地工作和管理公司，但随着事业的稳定和发展，他慢慢地选择了中庸和平和，并将这种性格贯彻在自己的管理之中。“工作不一定就非要不停地加班，休闲也不一定非要完全抛开工作。我们要赢得的不是一城一池，而是整个战争的胜利，必须懂得迂回前进，在平和务实、平和主动中追求卓越！”这是张朝阳给搜狐员工立下的核心理念之一。

作为企业家，张朝阳每天面临来自各方面的压力，但他并不惧怕压力，反而成功地应对了压力，他管理压力的经验给我们提供了很多有益的借鉴。

张朝阳非常关心自己的健康问题。“如果从现在开始要吃健康的食品，过健康的生活，也许活80岁还来得及。”他认为只有身体好，一切才有可能。当有记者问到他与10年前相比最大的改变是什么时，他答道：“10年前感觉很狼狈，因为中国文化要求男人要齐家治国平天下，都有很强的使命感、责任感，一辈子追求出人头地，压力从很年轻的时候就开始了。不过这两年我也悟出点道理，其实快活是人生最重要的标准，健康又是快活的重要标准，如果你不快乐，体内马上会产生很多毒素，所以我是尽量保持自己身心健康。”他还曾说过：“人不能太执着，一旦执着就会将执着无限放大，使它成为自己心中挥之不去的阴影，人的烦恼和不快乐由此而来。从健康、长寿的角度按照自己的方式来活，让自己比较Comfortable，比较从容、自由，比较健康、清爽，活在当下，让每天都是快乐的，这种活法才符合现代的潮流。”

在创立搜狐公司时，张朝阳认为人们压力的来源是因为没有房子、汽车和优质的生活。当他走上成功之路并获得这些后，他发现自己并不快乐，他依然抑郁烦躁。经过一段时间的寻思，他发现对人性关怀的哲学思想可以让他从压力的桎梏中解脱出来。于是有了自己舒缓压力的精神食粮。

张朝阳还是一个登山爱好者，只要一有空，他都会通过登山等活动来享受生活，释放压力。2002年，他被万科集团董事长王石拉进了业余登山队。2003年5月22日下午，张朝阳所在的登山队有12个人成功登上了海拔8848米的珠穆朗玛峰，而张朝阳爬到6666米时便撤了下来。他的解释是："6666米是我的目标，我登山训练的时间比较短，体能不足以支撑自己登顶，虽然登山是件快乐的运动，但我没有必要为了达到力所不能及的目标，而把快乐的运动变成一种巨大的危险。"

张朝阳采取了哪些措施来应对压力？有哪些经验你可以借鉴？你是如何理解“诚惶诚恐才能生存”这句话的？

人际沟通训练

学习引导

人的成长、发展、成功、幸福都与人际关系密切相关。没有正常的人际关系，就没有生活基础。正常的人际交往和良好的人际关系是每一个人心理正常发展、个性保持健康和生活具有幸福感的必要前提。

爱因斯坦曾感叹：“物理很简单，人际关系很复杂。”人际关系的重要性和复杂性不言而喻。所以，美国前总统罗斯福说：“成功公式中，最重要的一项因素是与人相处。”人际关系的动态形式是人际沟通或者说人际交流，换句话说，人际关系的建立、维护的任务经由人际沟通或交流行为来完成。因此，说人际关系重要，无非是说人际沟通重要。

无论是建立、发展人际关系还是结束关系，无论是达到某种目的还是处理人际冲突，有的人驾轻就熟、游刃有余，有的人却漏洞百出、生硬且拘谨。究其原因，每个人成长的环境不同，而且对自己存在的目的和对别人的态度不一样，并且在处事和为人方面都有不同的看法。因此，解决一切人际沟通问题的关键在于培养良好的人际交流能力。

项目一 人际沟通技巧训练

任务一　开启沟通渠道训练

【训练导入】

> 小周刚到一家新的公司，她碰上了一个不苟言笑的女经理。经理对下属的工作极其挑剔，对新人小周更为严格，所以小周每次见到她都非常紧张。有一次，小周在汇报工作后，看到经理的桌面上放着一本张爱玲的小说，便说："经理，您也喜欢张爱玲的小说啊，我也是她的铁杆粉丝，她的每本书我都拜读了。"令小周意外的是，她的话刚说完，经理脸上的表情就丰富多了，示意小周坐下，然后愉快地说："我太喜欢她的小说了，心理描写很细腻，可惜我工作忙，没有太多时间去细读。"
>
> 就这样，两个人从张爱玲谈到了毕淑敏、海岩等作家及相关作品。一段时间后两人成了朋友。从此，小周找到了和经理的共同爱好，打开了沟通渠道，工作关系得到了极大的改善。

为什么小周能改善与经理的关系，她的沟通技巧是什么？在初次沟通中，一般宜选择哪些话题？

【训练目标】

1. 找出沟通双方的共同点；
2. 在初次沟通中突破僵局；
3. 在初次沟通时打开话题。

【知识链接】

一、寻找共同点的方法

初次沟通时若能找到与沟通对象的若干共同点，后续的沟通一定会顺畅许多。寻找与初次沟通对象相同点的方法，大致有以下几种。

（一）听口音

听口音寻找共同点的方法很有效，但需要熟悉各地方口音，甚至能学会几句比较有代表性的方言，当遇到有类似口音的沟通对象时说上两句，很快就能拉近彼此之间的距离。

（二）问家乡

这是一种运用得比较广的方式。了解初次沟通对象的家乡后，可以分以下两种情况：若你对那个地方熟悉，可与沟通对象共同分享其家乡的特点、特色；如你对那个地方不了解，则可以请沟通对象谈地方特色。

（三）观服饰

从对方的外部形象寻找共同点，如可从服装看出一个人的职业、他的工作环境等等，然后据此与自己的情况进行联系。

（四）谈学校

通过了解对方求学学校的情况来寻找与其可能存在的共同点。比如：学校是否为同类型，是否在同一省份，专业是否类似，等等。

二、寻找沟通话题的方法

（一）围绕事业追求，寻找话题的“闪光点”

任何一个对事业、对人生追求不怠的人，一旦与其谈起工作、人生方向的话题，他就神采飞扬。因此，紧紧抓住这方面的一些“闪光点”去挖掘话题，能取得良好的沟通效果。

（二）围绕兴趣爱好，寻找话题的“共鸣点”

每个人都有自己的兴趣爱好，再沉默寡言的人，只要谈起自己的兴趣爱好，也能够侃侃而谈。在尚不了解对方的兴趣时，可先谈谈自己的兴趣爱好，然后在彼此的兴趣爱好里寻求共鸣点，以此增进了解，深化感情。

（三）围绕环境氛围，寻找话题的“着眼点”

环境氛围是一个动态变化、随意性较强且具有丰富内涵的话题。一个善于观察事物、分析问题、处理矛盾的人，只要把寻找话题的着眼点放在环境氛围上，就会有取之不尽的话题。

（四）围绕社会生活，寻找话题的“兴奋点”

社会生活包罗万象，每个人在生活中总有一些最深切的体会、最想说的话、最厌恶或最喜欢的人和事等等。如果在沟通中与沟通对象出现“卡壳”的情况，可选择对方的“兴奋点”去突破。

三、打破沟通僵局的方法

（一）调侃自嘲

沟通中若出现冷场的局面，可以拿自己的“缺点”或“丑事”作为话题，进行自我调侃，然后随势而行。出现僵局后，要及时调整思路，巧妙选择角度，改变眼前的被动局面。“多些调侃，少些掩饰；多些自嘲，少些自以为是；多些低姿态，少些趾高气扬”，一定能有效打破沟通僵局。

（二）“指鹿为马”

初次见面，对方的戒备心理一般比较强，为缓和这种情形，有时可以主动“出错”，在哈哈大笑中，打破沉闷的气氛，从而为进一步沟通创造良好的氛围。

（三）承认“错误”

应用承认“错误”的方式来打破僵局，比如，“很对不起，今天辛苦您来听我的唠叨”，“这样来打扰你，真是我的不对”，如此可使对方消除疑虑与不解。

【训练实施】

一、训练一：寻找沟通共同点

（一）训练要求

1. 时间控制：30 分钟
2. 场地：不限
3. 所需道具：每人一张《个人信息表》，一支笔

个人信息表

个人信息项	具有同类信息的训练者姓名
你最喜欢的季节是__________	
你出生在______月份	
你最喜欢的体育活动是__________	
你能使用______种语言进行交流	
你最喜欢的歌手是__________	
你最喜欢的颜色是__________	
你最喜欢的一本书是__________	
你最想去的地方是__________	
你是否养过小动物：□是□否	

（二）训练过程

1. 训练者把《个人信息表》中的信息填写完整，要求如实填写；
2. 填完《个人信息表》后，训练者要去寻找具有同类信息的人（只要有一项信息符合即可），请具有同类信息的人在对应的信息项后签名；
3. 最后得到签名最多的训练者获胜。

（三）训练分享

1. 你是通过何种方式找到与你有共同点的训练者的？请获得签名较多的训练者，谈谈自己的感受。
2. 通过活动，原来不熟悉的训练者之间是不是已加深了彼此的了解？

二、训练二：选择沟通话题

（一）情境描述

一天下午，上司突然给小马布置工作任务：单位明天将派他去某外贸公司进行业务洽谈，这是一家新的合作单位，经理只告诉小马对方负责接洽的经理姓林，其他情况则没有提及。

（二）训练要求

1. 训练者分成若干小组，每组以 5 ~ 8 人为宜；

2. 指导者介绍训练情境及思考问题：假如你是小马，你准备明天怎样和林经理沟通？开始的话题选择有哪些？为什么？

3. 各组就上述问题进行讨论并汇总；

4. 各组派代表就本组的观点进行阐述。

（三）训练分享

1. 你为什么首先选择这些话题进行沟通？请具体谈一谈依据。

2. 你还知道哪些打开话题的沟通方式？你最喜欢哪种方式？为什么？

三、训练三：如何打破僵局？

（一）案例资料

一早到达办公室，我就觉得小刘似乎有什么心事，原来昨天与客户洽谈的业务没有成功。由于是初次见面的客户，相互之间不了解，自我介绍之后，小刘似乎无话可说了。经过一分多钟的沉默，还是客户提出先看看小刘带来的资料。由于客户对业务的要求太高，业务最终没有谈成。

（二）课堂讨论

初次沟通时，为什么会经常出现沟通僵局？假如你是小刘，有什么办法来打破初次见面带来的僵局？

【训练评估】

<table>
<tr><td colspan="2">我对本训练感触最深的是：</td></tr>
<tr><td colspan="2"></td></tr>
<tr><td colspan="2">我将在自己的职场沟通实践中改变如下：</td></tr>
<tr><td colspan="2"></td></tr>
<tr><td>实践计划</td><td>预计期限</td></tr>
<tr><td></td><td></td></tr>
<tr><td></td><td></td></tr>
<tr><td></td><td></td></tr>
<tr><td></td><td></td></tr>
</table>

【拓展训练与阅读】

一、想一想：你对什么话题感兴趣？

根据下表的类别，思考近期有哪些热门话题便于你与他人初次沟通时顺利打开局面。

话题类别	话题内容
时事	1. 2. 3.
体育	1. 2. 3.
娱乐	1. 2. 3.
趣闻	1. 2. 3.
人物	1. 2. 3.

二、测试：你与他人初次见面时的沟通能力如何？

1. 你是否时常觉得“和他多讲几句也没有意思”？
2. 你与一大群人或者朋友在一起时，是否常常觉得孤寂或失落？
3. 你是否觉得那些过于表现自己感受的人是肤浅和不诚恳的？
4. 你是否时常觉得需要一个人静一静才能保持清醒头脑并整理好思路？
5. 你是否只会对一些经过千挑万选的朋友才吐露自己的心事？
6. 在与一群人交谈时，你是否时常发觉自己在想一些与谈论无关的事情？
7. 你是否时常避免表达自己的感受，因为你认为别人不会理解？
8. 当有人与你交谈或对你讲解一些事情时，你是否时常觉得很难聚精会神地听下去？
9. 当一些你不太熟悉的人对你倾诉他的生平遭遇以求同情时，你是否会觉得不自在？
10. 你是否只想与熟悉的人聊天，与不熟悉的人不想说话？

测评结果分析：

（1）如果你回答“是”的个数在 7～10 个，这表示你只有在极需要的情况下才同别人交谈，或者对方与你志同道合，但你仍不会以交谈来发展友情。除非对方主动愿意频频跟你接触，否则你便总处于孤独的个人世界里。

（2）如果你回答“是”的个数在4～6个，你比较热衷与别人交朋友。如果对方不太熟悉，你开始表现得很内向，不太愿意跟对方交流，但随时间的推移你便乐意常常搭话，彼此有很多共同语言。

（3）如果你回答“是”的个数在0～3个，这表示你与别人交谈不成问题。你非常懂得交际，善于营造一种热烈的气氛，鼓励对方多开口，彼此十分投缘。

三、阅读以下材料

与人初次沟通的三大技巧

（一）要镇定而充满信心

一般人对于自信的人都会另眼相看。如果你有自信心，对方会对你产生好感。相反，如果你畏怯和紧张，可能会使对方产生同样反应，对你有所保留，使彼此之间产生隔阂。

（二）要事先准备

在公共交际场合中，如果你想认识某一个人，最好预先获得一些有关他的资料，诸如性格、特长及个人兴趣等。有了这些资料，在自我介绍之后，便容易交谈，使关系融洽。

（三）要热情且真诚待人

任务二　赞美技巧训练

【训练导入】

1．“马屁精”秀才

从前有个秀才，特别喜欢对别人说赞美恭维的话，后来秀才死了，阎王认为他是个“马屁精”，要割去他的舌头，打入十八层地狱。阎王命小鬼拘来秀才阴魂，大声斥责：“我最恨你这种专事恭维拍马屁的人，所以要割去你的舌头，将你打入地狱。”秀才连忙叩头说：“大王息怒，小的实在迫于无奈，世人都爱听奉承话，小的不得不如此。如果世人都像大王这样公正廉明，明察秋毫，谁敢说半句恭维的话呢？”阎王听后得意地说：“对我说恭维话，谅你也不敢。既然这样，那就免去你割舌之刑，留在殿内听候调用吧。”

2．人人需要赞美

在生活中，赞美能让你结识更多的朋友；

在感情中，赞美能使你博取心仪对象的好感；

在职场中，赞美可以为你积累更好的人缘；

在销售中，赞美可以拉近你与客户之间的关系，捕获客户的心。

【训练目标】

1. 掌握赞美的含义；
2. 掌握赞美技巧。

【知识链接】

一、生活需要赞美

美是一种力量，也是一种艺术。生活中时时处处都充满了美。学会赞美会感到温暖，自己也会收获快乐，生活更美好。世界上最美好的声音就是赞美，最好的礼物也是赞美，成功的赞美能给他人带来愉悦，能使他人受到鼓舞。赞美是我们乐观面对生活所不可缺少的，是我们自信、自我肯定的力量源泉。赞美是人际关系的润滑剂，还可以约束人的行为，使人自觉地克服缺点。

人，总是希望得到他人的赞美。无论是咿呀学语的孩子，还是白发苍苍的老人，都会希望获得来自社会或他人的赞美，从而让自己自尊、自信。从社会心理学角度来说，赞美是一种有效的交往技巧，能缩短人与人之间的心理距离。可以说，喜欢被人赞美是人的一种天性。

赞美是一种境界。是发自内心的真诚表达。赞美是对他人成就的认同，对他人人格的尊重。赞美他人之际，我们也在对自己进行着激励。由衷的赞美，哪怕是一句平平常常的话，一个充满敬意的眼神，都会产生意想不到的效果。

二、赞美原则

（一）发自真诚，避免过度

不要通过贬低自己来赞美他人。

赞美时要面带微笑，正视对方，交流眼神。

（二）赞美要精确

相比于“你今天看起来不错”，“这款项链戴非常适合你”会更有效果。越精确越有效，因为它使人们觉得你很重视他们。

（三）赞美要有依据

别只停留在“这款项链戴非常适合你”的层面上。讲明为什么你这样想，你的赞美会更有力。比如，“这款项链非常适合你，它跟你的眼睛很般配呢”。

（四）赞美后提个问题

如果你想以赞美开始一段谈话，提个关于赞美东西的问题吧：“这款项链非常适合你，它跟你的眼睛很般配呢。你在哪里买的？”

（五）贯穿始终，随时赞美

接触后立刻展开赞美，拉近距离；促成前、拒绝后也要赞美；签单后更要赞美！

三、赞美技巧

（一）赞美应具体化

空泛化的赞美，虚伪、生硬，使人怀疑动机，而具体化的赞美，则更显真诚。一千遍的“你真漂亮”，不如说她像张曼玉。你说她眼睛漂亮，也比说她人漂亮要有效得多。

（二）从否定到肯定的评价

这种用法一般是这样的："我很少佩服别人，你是个例外。""我一生只佩服两个人，一个是某某某，一个是你。"

（三）见到、听到别人得意的事，一定要由衷地赞美

例如：如果一个人给你看了他小孩的相片，那么一定要夸小孩，你无声的放回去，别人会很不高兴的。如果一个人升职了，第二天见到他，一定要用升职后的职务去称呼他。

（四）主动同别人打招呼

打招呼背后的含义是我眼中有你。越是高层的人越是喜欢同下面的人打招呼，这一点在生活中是很明显的。特别是你对门卫、清洁工、下级员工打招呼时，他们受宠若惊的表现会让你在生活中受益匪浅，如果一个月内坚持这么做，你的人气就会急升，你就会发现每个人都会喜欢你。

（五）适度指出别人的变化

这种意义是你在我心目中很重要，我很在乎你的变化，否则是我瞧不上你，我不在乎你，这是很糟糕的。如对方穿了一件新衣服，就夸吧！合身的就夸漂亮，不合身就夸有特色（如有朝气）。所以说，生活中长时间不见面，无论说你胖了瘦了都是很舒心的。

（六）逐渐增强的评价

如果你想要得到一个人的心，那么就逐渐增加你的赞美吧。我们买菜时，如果卖菜者一个劲儿地从盘子里往下取菜，即使秤杆再高，我们也会不高兴，但如果是他加一个，再加一个，即使秤杆没有往下取菜时的秤高，那么我们也会很高兴。

（七）似否定实肯定的赞美

姜文批评冯小刚时说，冯小刚有两个缺点，一是心不够狠，二是人太自恋。冯小刚说，他最喜欢姜文诚恳的批评。

（八）信任刺激

"只有你……，能帮我……能做成……"

（九）给出具体的赞美

一个结论是如果你夸美女美，那么她不会有太多的感触，因为大家都这么说她，所以你就要说她有性格，有素质，有涵养。

（十）当一个捧人的角色

与领导在一起，要注意把别人对你的赞扬引到领导身上；当然同非领导在一起，我们也有这么做的必要性，以彰显我们的胸怀。传达第三者的赞赏不但能避免尴尬，而且会得到双方的好感。一个典型的例子就是："王总，这次去山东，他们刘主任对您的评价特别高。"当着被夸人的面，对第三者赞美，说者有心，听者也会有意，谁又会说你是多管闲事呢，顶多是一个似怒非怒的话语罢了。

（十一）彰显深情厚谊

记住对方特别的日子，或是特别的事情，在关键的时候提出来，给对方一点惊喜。

这就需要你平时的积累，比如用一个商务通（记事本），在对方联系方式的旁边记上他（她）的生日等信息。

（十二）投其所好

如果对方喜欢音乐，就谈对方喜欢的音乐类型。对方喜欢钓鱼就说钓鱼。以下是一些常见情况的表述：

衣：合潮流符时尚、穿着得体、品位独特、别出心裁、气宇轩昂，“好的身材也要有好的装扮来衬托”，“可否告诉我您是如何学会这样得体的穿衣哲学?”

食：美味可口、合乎健康、吃出美食、色香俱全、匠心独运、十全十美、有口皆碑、名不虚传、垂涎三尺、高朋满座、龙肝凤髓。

住：古色古香、格局大方、布置高贵、有个性、“麻雀虽小，五脏俱全”、温馨可爱、面面俱到、鬼斧神工、美轮美奂、焕然一新、金玉满堂、福地人杰，“您的家有一种特别的风格看起来优雅、高尚，室内的摆设蛮独特、看得出主人匠心独运、慧眼独具”。

行：豪华舒适、衬托身份地位、一帆风顺、有派头、马到成功、鹏翅高展。

外表：光鲜亮丽、充满生气、魅力无限、帅极了、年轻漂亮、帅气、美丽、风度翩翩、风采神扬、一表人才、亲切感、和善、热诚、气质不凡、亮丽动人、活泼朝气、眉清目秀、俊男美女、郎才女貌、驻颜有术、千娇百媚、国色天香、目如秋水、气宇轩昂。

内在：气质高贵、气质不凡、举止优雅、学富五车、学识丰富、德高望重、慈祥和蔼、聪明伶俐、才高八斗、富爱心、雪中送炭、刻苦耐劳、桃李满天下、成熟稳健、妩媚、知书达理、温文儒雅、人才出众、一字千金、不同凡响、能文能武、雄才大略。

经理：运筹帷幄、经营有道、领导有方、大刀阔斧、明察秋毫、先见之明、以身作则。

老板：事业有成、具有创造力、容光焕发、勇于开创、成绩卓越、一本万利。

长辈：福如东海寿比南山、慈祥、安享晚年、尽享天伦之乐、最美不过夕阳红、老当益壮。

年轻人：风华正茂、黄金时代、生龙活虎、前程似锦、多才多艺、年轻有为、风度翩翩、知书达理、仪态万千。

我们奋进，那就让我们学会赞美吧！

【训练实施】

一、训练一：“戴高帽”

（一）训练要求

1. 时间控制：20 分钟左右
2. 场地：室内

（二）训练过程

1. 训练者按照 4 人一组分成若干组，围圈坐；
2. 每组请一位成员坐或站在团体中央，向大家介绍自己的姓名、个性、爱好等；

3. 其他成员轮流根据自己对他（她）的了解及观察，说出他（她）的优点（如性格、相貌、待人接物的方式……），要用第一人称，“我认为你……”“我觉得您……”不用介入第三者。被赞美的人不能说话，但要与赞美者做眼神交流；赞美者话不能太多，不能重复前面的话；只赞美，不批评。

（三）训练提示

1. 必须说优点

（1）夸别人的优点时态度要真诚，不能毫无根据地吹捧；

（2）要注意体验被人称赞时的感受；怎样用心去发现别人的长处；怎样做一个乐于欣赏他人的人。

2. 赞美他人的角度

（1）从小事赞美对方，如“你这衣服的纽扣真好看”……

（2）以第三者口吻赞美对方，如“他们都说你人很好”“听说你的口才很好……”

（3）有意将对方优点公布于众，如“大家看！他又有一个新创意”……

（4）注意赞美对方隐藏的优点，如“你不但耐心，而且还细心”“没想到你的字写得这么好”……

（5）注意赞美对方新近的变化，如“最近你的皮肤变白了”……

（6）注意用非语言方式赞美对方，如用眼神示意、点头、竖大拇指等；

（7）赞美对方心理上的优点，如人品好、能力强、有才华、聪明、有耐心、细心、有同情心、善良、善解人意、有智慧、有风度等；

（8）赞美对方生理上的优点，如漂亮、帅气、苗条、高大、秀美、白皙、健康等；

（9）赞美与对方相关的人或事，如服饰的样式、颜色，有关对方妻子、丈夫、孩子等家人的得意之处，以及与对方有关的活动、观点、建议，等等。

（四）训练分享

1. 在他人眼中自己的哪些优点是自己以前察觉到的，哪些是没察觉到的？哪些赞美最令自己高兴，为什么？

2. 小组成员分享受到赞美后的感觉。

【拓展训练与阅读】

里根总统关于赞美的故事

里根是美国第四十任总统，他出身贫民家庭，当过水上救生员、电影演员，被认为是平民总统，是美国历史上杰出的总统之一。里根在 78 岁生日宴会上接受英国记者采访时说：“在我 14 岁的时候，我的母亲对我说，千万别忘了发现别人的长处，多说别人的好话。从此以后，我牢记这些话，甚至在梦中也不忘赞美别人，可以说是我的母亲塑造了我的一生。”

任务三　道歉技巧训练

【训练导入】

学会道歉是境界

朱国良

生活中有人做错了点事，有时只需道个歉，认个错，就可以有个说法，使人心理平衡，使得小事化了。但有的人就是很固执，偏偏就不肯低头，常常不这么做。

道歉是一件很容易的事情，也是一件较为困难的事情。说其容易，只要两片嘴唇一碰，只需几秒钟，不必付钞票，一声"对不起"，一句"我错了"，便可以收到意想不到的效果。说其不容易，是因为不少人爱虚荣、要面子，固执己见，死不认错，觉得在众人面前认错有失颜面，这使得有些人有错也不认错，甚至还要强词夺理、百般抵赖。

其实犯了错，道个歉，应该成为我们生活的常态。在加拿大的女儿告诉我，当地人比较谦和，人们乐于道歉以换取谅解。加拿大甚至还出台了一部特殊的法律，叫《道歉法》。当地民众普遍认为，道歉是抚平心灵创伤的有效良药，是融和人际关系的心灵鸡汤，在促进社会和谐、生活和美、家庭和睦、对人和气方面，效果很是惊人，甚至在侵权案例的司法程序中，也带来了良好的社会影响。做错了事，即便没有对人造成侵害、伤害和损害，道歉也是对人的心理平衡和心灵安抚，但在我们周围，有人做错了事，却很少听到道歉的声音，这是很让人遗憾的。

学会道歉，乐于道歉，这是一种境界，是化解矛盾、平息事态的一种有效方法，是一种高尚的道德情操。当道歉成为一种习惯、一种美德，相信我们的社会将更真诚、更包容、更和谐、更温馨。而事实上，敢于认错，乐于道歉的人，往往也会赢得别人由衷的尊敬！

思考：

（1）生活中，我们是否曾经向别人道过歉？

（2）道歉前，我们思考哪些问题？

（3）道歉时，我们是否有道歉的勇气？

（4）道歉，是否达到你预期的效果？

【训练目标】

1. 正确认识道歉；
2. 掌握道歉的技巧和方法。

【知识链接】

一、为什么需要道歉

道歉的必要性贯穿于所有的人类关系中。没有道歉，愤怒就会积聚，并会促使我们寻求公正。

完美的道歉，让个人、企业甚至国家，化危机为转机；拖延、敷衍，或拒绝道歉，让百年企业 CEO 黯然下台，甚至，有人因此赔上性命。

没有人是完美的，但每个人都可以学会道歉。

二、道歉的要求及语言技巧

人难免会做错事，尤其在商务活动中，如果因冒失唐突而做错了事情，会造成不良的影响，甚至影响到下次的合作，但是道歉也是有道歉技巧的。

（一）先道歉后解释

有错就应先认错，以诚恳的态度取得对方的谅解。千万不要找客观原因为自己辩解、开脱，使对方怀疑你的诚意，从而扩大裂痕，加深隔阂。如确有非解释不可的地方，应在道歉之后再解释，才能表示自己的诚意。如："对不起，这事我做得真不对。事情是这样的……"

（二）通过第三者转致歉意

双方成见很深，或都处在气头上，最好先请第三者转致歉意，待双方都冷静后，再当面赔礼道歉。

（三）假如你觉得道歉的话说不出口，可用别的方法代替

道歉可以借助于"物语"。有些道歉的话当面难以启齿，写在信上寄去，打电话道歉也不失为好方法。对西方妇女而言，令其转怒为喜、既往不咎的最佳道歉方式，无过于送上一束鲜花，婉"言"示错。这类借物表意的道歉"物语"，会有极好的反馈。

（四）道歉时的语气和态度

真诚的道歉，应该做到语气温和，态度坦诚而不谦卑。道歉时目光友好地看着对方，并多用一些礼貌用语，如"请包涵""请原谅"等。同时，道歉的语言以简洁为好。只要表明了自己的态度，对方也表示谅解就行了，切忌重复、啰唆。

道歉语应当文明而规范。有愧对他人之处，宜说："深感歉疚""非常惭愧"。渴望见谅，需说："多多包涵""请您原谅"。有劳别人，可说："打扰了""麻烦了"。一般场合，则可以讲："对不起""很抱歉""失礼了"。

（五）没有错，有时也需要道歉

这种情况常适用于管理者。当你的下属在工作中未能恪尽职守，或者某一方面的工作未尽人意，为了促使下属进一步反省，也为了挽回单位的信誉，作为管理者应诚恳庄重地向对方或公众表达歉意，以求得谅解。

（六）道歉应当及时

知道自己错了，马上就要说"对不起"，否则越拖得久，就越会让人家"窝火"，越容易使人误解。道歉及时，还有助于当事人"退一步海阔天空"，避免因小失大。

（七）道歉应当大方

道歉绝非耻辱，故而应当大大方方，堂堂正正，完全彻底。不要遮遮掩掩，“欲说还休，却道天凉好个秋”。不要过分贬低自己。

（八）道歉要把握分寸

不该向别人道歉的时候，就千万不要向对方道歉。不然对方肯定不大会领我方的情，搞不好还会因此得寸进尺，为难我方。即使有必要向他人道歉时，也要切记，更重要的，是要使自己此后的工作有所改进，不要言行不一，依然故我。让道歉仅仅流于形式，只能证明自己待人缺乏诚意。

三、什么是成功的道歉

（一）将心比心

好的道歉，要先让双方地位平等，再把是否“宽恕”的权力，交给受损方。

成功的道歉，关键在于道歉方必须将自己转换成受损方，让受损的一方感到你已换位思考。只要在第一时间表示“诚心”的道歉，通常可以避免伤害继续扩大。

（二）勇于承担

计算利弊得失来决定是否道歉，成不了大气候。完美的道歉应该注意五大环节：承认错误、扛起责任、表达遗憾、保证不再犯与选对时机。

（三）道歉两大忌讳

道歉时最忌讳拖延和敷衍，尤其轻率而敷衍的道歉，最容易招致负面效应。一句道歉甚至决定翻身或坠落。

成功的道歉

1998 年爆发莱温斯基绯闻案，克林顿被控妨害司法与伪证；克林顿起初否认，后来全盘托出，道歉后稳住支持率。

1928 年，七人使用娇生药品致死，柏克一肩扛起责任，立刻全面回收产品，虽损失 1 亿美元，但半年后赢回市占率。

失败的道歉

20 世纪 90 年代末欧洲消费者因可口可乐产品发生不适症状，可口可乐公司斥为无稽，直到部分国家对产品设禁，埃维斯特才公开道歉，但最终下台。

2000 年有研究指出 Vioxx 与心肌梗死有关，默克前执行长吉尔马丁一概否认，后来造成公司信誉受创，营运下滑。

四、道歉技巧

（一）了解自己错在哪里

考虑一下自己到底在哪里出了错，伤害到了他人。清楚地认识到错误并进行有针对性的道歉和实际弥补方案会更好。

（二）敢于承担责任

有效的道歉不是一种为自己狡辩的伎俩，更不是要去骗取别人的宽恕，你必须有责任感，勇于自责，勇于承认过失，才能够真心地道歉。

(三) 用清楚和正确的文字，而非煽动性的文字

通常，受损者要的，无非是你承认错误，并且表明以后不会再发生此类伤害。因此，如用文字去道歉时，应避免过多情绪的字眼。道歉的重点在于：发出清楚、直接、诚恳的道歉信息。

(四) 思考道歉的角度

道歉可以用角色对角色，或个人对个人的方式进行，看哪种状况比较容易。举例来说，公司里两位主管在语言上起了冲突，如果一方内心仍然不平，另一方可以站在职位角色的立场，向对方表达："我们都在一家好的公司工作，我应该要更了解我们之间的差异。我很抱歉刚才的话很粗鲁。"这么一来，即使对方仍然余怒未消，但对立气氛已经比较缓和。

(五) 直截了当的道歉

某件事做错了，某句话说错了，可以开诚布公地向对方道歉。直接说"对不起""我错了"，这种真诚坦白的态度容易得到对方的谅解。

(六) 如果你觉得道歉的话说不出口，可以用别的方式来代替

一束鲜花可冰释前嫌；把一件小礼物交给对方，可以表明悔意，以示爱念不渝；大家不交谈，触摸也可传情达意，"此时无声胜有声"。

(七) 道歉并非耻辱，而是真挚和诚恳的表现

大人物有时也道歉。丘吉尔起初对杜鲁门的印象很坏，但后来告诉杜鲁门说以前低估了他，这是以赞誉的方式表示歉意。

(八) 请别人代你道歉

如果自己不便于出面，可求助于第三者。可以将自己的歉意或者暗示给你们双方都熟悉的另一位朋友，请求他为你向对方道歉。

(九) 认识到过错的严重性

你越是深入认识到自身过错的严重后果并表达出来，对方能感到你的诚恳。

(十) 采取补偿的具体行动

给对方送点儿小礼物，请对方一起吃饭等都不失为好办法，具体行动更能表现出你的诚意。

(十一) 赞美对方心怀宽大

大多数人受到赞美后，都会不自觉地按赞美的话去做。

(十二) 保持克制和冷静

假若你认为有人冒犯了你而没有致歉，那你应该冷静，不要闷闷不乐，更不要生气，也许对方正为如何道歉而不好过呢。

(十三) 你如果没有错，就不要为了息事宁人而认错

你要分清深感遗憾和必须道歉两者的区别，有些事你可以表示遗憾，但不必道歉。

【训练实施】

一、训练一：你是否和同学或室友有过不愉快？你是如何处理的？

二、训练二：上课迟到了，如何进行道歉？

三、训练三：走过独木桥

分成两组，分别站在独木桥的两端。每组每次都要派一位同学上桥，两组所派的同学同时迎面过桥。每个人都要思考自己该如何过桥。

不小心将他人推出独木桥的同学应该要做什么？道歉。

我们的游戏没有规定要比个输赢，那么站在桥头等待的同学又做到了什么？让步。

四、训练四：情景模拟一

如果你是旅游专业的一名毕业生，当你在工作中遇到下面这种情况，你会怎么做？

一个旅游团在某机场准备飞往下一站，后被告之因飞机故障延迟起飞。半小时后，客人们就有些等得不耐烦了。有些人发牢骚；有些人会去找机场工作人员“理论”；更有个别人鼓动游客不要等飞机了，因为是故障延迟，就是修好了也不一定安全。

（一）方法指导

解释与致歉具有安抚对方、稳定人心的作用。在解释与致歉中巧妙地消除客人们的担心与怨言。

（二）参考范文

“实在对不起！再请大家多休息会儿好吗？我们急，机场安排方面更急，我比你们还急，因为再延迟就会影响我们大家下一站的行程了。不过中国民航有个好传统，宁可让大家误事，也绝不会把有问题的飞机送上蓝天。另外即使耽误了大家的行程，我也会与地接社积极配合，如果时间确实无法挽回，也会在礼品或宴请上给大家以补偿。总之，我们不想让朋友们留下遗憾。”

点评：

在导游过程中，游客常常会因为什么事不合心意而表现出不满、急躁或者反感情绪，这时候导游员可以安抚的方式进行解释、致歉，并与安慰、说服等方式结合起来，以减轻或消除游客的消极反应。

五、训练五：情景模拟二

作为一名报刊投递的负责人，在接到大量的投诉信件后，你该如何处理？请试着写一份解释与致歉。

（一）基本情况

（1）未及时收到报刊。

（2）热线电话打不进。

（3）反映的情况未落实。

（二）方法指导

解释与致歉要具有解答、澄清、安抚的作用，委婉含蓄、态度谦恭。

（三）参考范例

关于读者没收到报纸的致歉与解释（仅代表个人）

××早报发行量在增长，同时征订渠道多，但最后都是邮局工作人员投递，在数据传输方面，可能存在一些工作上的失误或存在时间差（假如是12月29日传输数据，但邮局还需要根据数据分到支局，邮局的起送报时间一般是5个工作日以后）。但不管怎么说，读者订了××××年报纸而没有收到，这确实是一件有伤读者感情的事情，我在此表示歉意。

其次，报纸上公布的联系方式，读者反映打不进，因为电话接线员少。我来给向大家提供其他电话，直接与发行部门联系，电话：66581027、66581060、66581051、6581023。或有其他不满及投诉，可以与962288联系，也可以与××早报总编办联系，电话：624712354转68361、68576、68363。投诉时，请提供您的订单号，留下您的电话与投递地址。

我不能给大家一个明确的答复，究竟什么时候可以收到报纸，但根据我的了解，本周六将集中解决读者投诉，下周应该可以收到。我这里也接到部分读者的电话，我发现很多读者其实很可爱，而且很通情达理。我虽然不管发行的工作，但您的建议与意见很重要，我都记录下来，并传真给发行。

再一次向读者道歉，希望不要影响到您的新年情绪！

【训练评估】

<table>
<tr><td colspan="2">我对本训练感触最深的是：</td></tr>
<tr><td colspan="2"></td></tr>
<tr><td colspan="2">我将在自己的职场沟通实践中改变如下：</td></tr>
<tr><td colspan="2"></td></tr>
<tr><td>实践计划</td><td>预计期限</td></tr>
<tr><td></td><td></td></tr>
<tr><td></td><td></td></tr>
<tr><td></td><td></td></tr>
<tr><td></td><td></td></tr>
</table>

【拓展训练与阅读】

让道歉成为一种生活方式

心理学家研究得出道歉的五种语言，是我们表达歉意时的五个不同程度：从口头到行动，从眼下到将来，从表达歉意到求得结果。

第一种语言——表达歉意。最常见的就是说“对不起”。

第二种语言——承认过错。只有“我错了”这三个字才是最真诚的。

第三种语言——弥补过失。这意味着伤害者必须拿出实际行动来。

第四种语言——真诚悔改。要表达出改变的意愿，并且下次不会再这样做。

第五种语言——请求原谅。表明“你可以原谅我吗”的态度。

让步的故事

有一次，英国女王维多利亚与丈夫吵了架，丈夫独自回到卧室，闭门不出。女王回卧室时，只好敲门。丈夫在里边问：“谁?”维多利亚傲然回答：“女王。”没想到里边既不开门，又无声息。她只好再次敲门。里边又问：“谁?”“维多利亚。”女王放低口气回答。里边还是没有动静，女王只得再次敲门。里边再问：“谁?”这时，女王放下了架子，柔声回答道：“是你的妻子啊!”声音刚落，门开了。

在这个故事中，我们不知道谁对谁错，女王与丈夫僵持不下，最后女王放下架子，实质上是她学会了什么?

让步是一种智慧

德国诗人歌德到公园散步，在一条狭窄的小路上，与一位反对他的批评家相遇。那位批评家傲慢无礼地说：“知道吗，我从来不给傻瓜让路。”歌德笑道：“而我正好相反。”说完，他闪到大路一旁，让批评家先过去。

到底谁才是傻瓜呢?

让步是不是就等于失败?

清代大学士张英的家与邻居的宅院间有一块空地，邻居修房砌墙越过了中界，两家人因此而发生了争执。张英得知此事后从朝廷寄回一首诗：“千里修书只为墙，再让三尺又何妨。万里长城今犹在，不见当年秦始皇。”家人读罢，深感惭愧，立马让出了三尺地界。邻居被张家的举动感动，也让出了三尺。就这样，“六尺巷”传为佳话。

狮子为什么会失败?

《伊索寓言》里有这样一个故事：一头雄狮看上了一个农夫的女儿，便上门求亲。农夫不想把女儿嫁给野兽，但又害怕狮子的凶猛。他想了想说，让我女儿嫁给你也可以，但你得答应我两件事。狮子赶忙说，别说两件，两百件也可以。农夫说，那好，一是把你的牙齿统统拔掉，二是把你的利爪尖全部剁光，因为我女儿最怕这两样东西。狮子色迷心窍，满口答应，失去牙齿和利爪的狮子再也不像过去那么凶猛了。迎亲那天，农夫抄起一根木棍，毫不费力地打跑了它。

让步并非没有原则的妥协，在合理的范围之内是宽容；超过了界限，就是迁就。

任务四　说服技巧训练

【训练导入】

聪明的理发师

古时候有个宰相，一天，请来一位理发师给他理发。理发师给他理好发后，就给他修面。面修了一半，理发师忽然停下手中的剃刀，两只眼睛看着宰相的肚皮。宰相心想：肚皮有什么好看呢？就问道："你不修面，却在看我的肚皮，这是为什么？"理发师回答说："人家说'宰相肚里好撑船'。我看大人的肚皮并不大，如何可以撑船呢？"宰相听了哈哈大笑，说："所谓'宰相肚里好撑船'，是说宰相气量大，对各种小事，都能容忍，从来不计较。"理发师听了，慌忙跪在地上，口中连连说："小人该死，小人该死。"宰相忙问："什么事？"理发师说："小人该死。在修面的时候，小人不小心，将大人左面的眉毛剃掉了，千万请大人恕罪。"宰相一听，十分气愤。他想，剃去了一道眉毛，如何去见皇上，又如何会客呢？正想发怒，但又一想，自己刚才讲过，宰相的气量最大，对那些小事，从来不计较，现在为了一道眉毛，又怎么能治他的罪呢？想到这里，宰相只好说道："去拿一支笔来，将剃去的眉毛给我画上。"理发师就按宰相的吩咐，给宰相画上了一道眉毛。

一、小组讨论并发言

（一）谈谈你听完此故事后的感想？

（二）理发师采用了什么策略，使宰相饶恕了自己？

（三）如何运用故事中的策略，妥善处理顾客的"愤怒"？

二、讨论分析

（一）总结

1. 危机处理，必须找好突破口。理发师的聪明在于抓住了一般人的心理：盛赞之下，怒气全无。

2. 卡耐基在他的《人性的弱点》一书中指出："每个人都渴望得到别人的认可和赞美。真诚的赞美与肯定是最动听的语言，是打开心门的钥匙。"

3. 理发师的策略符合广为人知的俗语：扬手不打"笑脸"人！

4. 此故事最适合使用在"危机时说服别人""如何应对顾客的投诉"场景。

（二）"危机时说服别人""五句话应对顾客的投诉"

1. 你说得很有道理。

2. 我理解你的心情。

3. 感谢你的建议。

4. 我认同你的观点。

5. 你这个问题问得很好。

让顾客知道你聆听了她的建议，尊重了他的"上帝"地位，对顾客的正当诉求和合理建议要肯定和认同。

【知识链接】

一、说服方法步骤

（一）以退为进

在说服时，你首先应该想方设法调节谈话的气氛。如果你和颜悦色地用提问的方式代替命令，并给人以维护自尊和荣誉的机会，气氛就是友好而和谐的，说服也就容易成功；反之，在说服时不尊重他人，拿出一副盛气凌人的架势，那么说服多半是要失败的。毕竟人都是有自尊心的，就连三岁孩童也有他们的自尊心，谁都不希望自己被他人不费力地说服而受其支配。

（二）以刚制刚

很多人都知道用威胁的方法可以增强说服力，而且还不时地加以运用。这是用善意的“威胁”使对方产生恐惧感，从而达到说服目的的技巧。

“威胁”能够增强说服力，但是，在具体运用时要注意以下几点：

（1）态度要友善。

（2）讲清后果，说明道理。

（3）威胁程度不能过分，否则会弄巧成拙。

（三）以弱克强

渴望同情是人的天性，如果你想说服比较强大的对手，不妨采用这种争取同情的技巧，从而以弱克强，达到目的。

（四）消除防范

一般来说，在你和要说服的对象沟通时，彼此都会产生一种防范心理，尤其是在交流出现突发情况的时候。这时候，要想使说服成功，你就要注意消除对方的防范心理。如何消除防范心理呢？从潜意识层面来说，防范心理的产生是一种自卫，也就是当人们把对方当作假想敌时产生的一种自卫心理，那么消除防范心理的最有效方法就是反复给予暗示，表示自己是朋友而不是敌人。这种暗示可以采用以下方法来进行：嘘寒问暖，给予关心，表示愿给帮助，等等。

（五）以心换心

站在他人的立场上分析问题，能给他人一种为他着想的感觉，这种换位思考的技巧常常具有极强的说服力。要做到这一点，知己知彼十分重要，唯先知彼，而后方能从对方立场上考虑问题。

（六）寻求一致

习惯于顽固拒绝他人说服的人，经常都处于“不”的心理组织状态之中，所以自然而然地会呈现僵硬的表情和姿势。如果一开始就提出问题，绝不能打破他“不”的心理。所以，你得努力寻找与对方一致的地方，先让对方赞同你远离主题的意见，从而使之对你的话感兴趣，而后再想法将你的主意引入话题，而最终征得对方的同意。

二、苏格拉底说服术

（一）起源与技巧

苏格拉底是2千多年前古希腊的哲学家，他以论辩见长。他创立的问答法至今还被世界公认为“最聪明的劝诱法”。其原则是：与人论辩时，开始不要讨论有分歧的观点，而着重强调彼此共同的观点，取得完全一致后，自然地转向自己的主张。具体的做法和特点是：开头提出一系列的问题让对方连连说“是”，与此同时，一定要避免让他说“不”。

学会运用苏格拉底说服术问问题的技巧：

（1）先从简单的问题开始问起。

（2）要问让对方回答“是”的问题。

（3）要问二选一的问题（封闭式提问）。

（二）经典案例

美国一家电器公司推销员阿里森谈过这样一件事：一次，他拜访一家不久前才发展的新客户，试图再推销一批新型的电机。一到这家公司，总工程师直接开门见山：“阿里森，你还指望我们能多买你的电机吗？”一了解，原来该公司认为刚刚从阿里森那里购买的电机发热超过正常标准。阿里森知道强行争辩没有任何好处，决定采取苏格拉底问答法来和对方论理并说服对方，即决意取得对方作“是”的反应。他了解情况后，先故意说：“好吧，斯宾斯先生！我的意见和你的相同，假如那电机发热过高，别说再买，就是买了的也要退货，是吗？”“是的！”总工程师果然做出其预料的反应。“自然，电机是会发热的，但你当然不希望它的热度超过全国电工协会规定的标准，是吗？”“是的。”对方又说了一次。然后，阿里森开始讨论具体问题了，他问道：“按标准，电机的温度可比室温高72度法，是吗？”“是的，”总工程师说，“但你们的产品却比这高得多，简直叫人没法摸，难道这不是事实吗？”阿里森也不与他争辩，反问说：“你们车间的温度是多少？”总工程师略为思索，回答说：“大约75度法。”阿里森兴奋起来，拍拍对方肩膀说：“好极了啦！车间是75度法，加上应有的72度法，一共是140度法左右。如果你把手放进140度法的热水里，是否会把手烫伤呢？”工程师虽然不情愿，但也不得不点头称是。阿里森接着说：“那么，以后你就不要用手去摸电机了，放心！那完全是正常的。”结果，不但说服了对方，消除了对方的偏见，而且又做成了一笔生意。

阿里森开始所问的问题，都是反对者所赞同的。在他机智而巧妙的发问中，获得无数“是”的反应，使反对者在不知不觉中，被包围在数分钟之前还在否认的结论中。为什么会有这样的效果呢？因为在说话时，一开始就说“是”字，会使整个心理趋向于肯定的一面。这时全身的组织——内分泌腺、神经和肌肉，都呈放松状态，情绪轻松，保持谈话间的和谐气氛。相反，说“否”字容易造成情绪对立，致使全身组织紧张，聚集在一起成为拒绝状态，这种生理变化直接影响心理。一位研究心理学的美国教授欧非斯托说：“一个‘否’字的反应是最难克服的障碍。

当一个人说‘不’字时，所有他的人格尊严都需要他坚持到底。过后他也许自觉说‘不’字是错了，然而他的尊严当时绝不允许他改变，只能一味坚持。因此说服一个人的时候，开头就让他不反对，是实在要紧不过的事。”

这种“是”字的反应，其实是一种最简单的论辩技术，然而绝大多数的人却忽略了它。有的人喜欢用执拗来显示自己的聪明，有的人则动不动就质问别人，凡此种种，只能引起别人的不快。假若这种态度仅为出一口气，求得自己内心的舒服，尚说得过去；但假若要希望办成一件事，那简直是一种愚蠢。

让人做出“是”的反应，有时并不那么容易。所以，对提出的问题要经过思考。

苏格拉底在教学过程中采用问答法，环环紧扣，层层解析，步步推进，启发诱导，其判断的标准是一般的社会通则。实际上，问答法是一种以探讨和辩论为主要形式的教学方法，即不直接向学生传授各种具体知识，而是通过问答、交谈、争辩、诱导或暗示等方式，把学生导向预定的结论。用这种方法进行教学，可以把获得一般规律性的知识作为教学的中心任务，教导学生在认识中逐渐排除非本质的成分，进而把握事物的本质。由于这种教学方法重视学生的“学思结合”，使学生在得到知识的同时又找到了获得知识的途径，因而一直为进步的教育家们所肯定与弘扬，并发展成为现代教学中的一种重要方法。

三、说服技巧

在日常生活中，人们常常遇到这样一种情景：你在与别人争论某个问题，分明自己的观点是正确的，但就是不能说服对方，有时还会被对方驳得哑口无言。这是什么原因呢？

（一）利用“居家优势”

邻居家的一棵大树盘根错节，枝叶茂盛，遮住了你家后园菜地的阳光，你想与他商量一下这个问题，是应该到他家去呢，还是请他到你家来？

心理学家拉尔夫·泰勒等人曾经按支配能力（即影响别人的能力），把一群大学生分成上、中、下三等，然后各取一等组成一个小组，让他们讨论大学十个预算削减计划中哪一个最好。一半的小组在支配能力高的学生寝室里，一半在支配能力低的学生寝室里。泰勒发现，讨论的结果总是按照寝室主人的意见行事，即使主人是低支配力的学生。

由此可见，一个人在自己或自己熟悉的环境中比在别人的环境中更有说服力，在日常生活中应充分利用“居家优势”，如果不能在自己家中或办公室里讨论事情，也应尽量争取在中性环境中进行，这样对方也没有居家优势。

（二）修饰仪表

你想上级在申请书上签字，是精心修饰一下仪表呢，还是相信别人会听其言而不观其貌？

我们通常认为，自己受到别人的言谈比受到别人的外表的影响要大得多，其实并不尽然。我们会不自觉地以衣冠取人。有人通过实验证明，穿着打扮不同的人，寻求路人的帮助，那些仪表堂堂、有吸引力的人要比那些不修边幅的人有更大的可能获得成功。

（三）寻求一致以拉近关系

你试图鼓动一伙青年去清扫某块地方，而他们却情愿到别的地方去，你怎样激起他们的兴趣呢？

许多研究者发现，如果你试图改变某人的个人爱好，你越是使自己等同于他，你就越具有说服力。例如，一个优秀的推销员总是使自己的声调、音量、节奏与顾客相称。甚至身体姿势、呼吸等也无意识地与顾客一致。这是因为人类具有相信“自己人”的倾向。

正如心理学家哈斯所说的：“一个造酒厂的老板可以告诉你为什么一种啤酒比另一种好，但你的朋友，不管是知识渊博的，还是学识疏浅的，却可能对你选择哪一种啤酒具有更大的影响。”

（四）尊重对方的感受

你准备拜访隔壁新搬来的一对夫妇，请他们为社区的某项工程募捐，用哪种方法最好呢？

平庸的劝说者是开门见山提出要求，结果发生争执，陷入僵局；而优秀的劝说者则首先建立信任和同情的气氛。如果主人为某事烦恼，你就说：“我理解你的心情，要是我，我也会这样。”这样就显示了对别人感情的尊重。以后谈话时，对方也会加以重视。

当然，优秀劝说者也不总是一帆风顺的。他也会遭到别人的反对。这时老练的劝说者往往会重新陈述对方的意见，承认它具有优点，然后才委婉地提出更全面的建议。研究证明，在下结论前，呈示双方的观点，要比只讲自己的观点更有说服力。

（五）提出来源权威的有力证据

你准备参加某次决策会议，为一项不为大家重视的事业争取更大的一笔项目资金，什么样的证据最有说服力呢？

如果向听众提供可靠的资料而不是个人的看法，你就会增加说服力。但要记住，听众受到证据的影响，也相同程度地受到证据来源的影响。在一项实验中，让两组被试听到关于没有处方是否可以卖抗组胺片的争论，然后告诉一组被试说可以卖的证据来自《新英格兰生理和医学月刊》（虚构的），另一组则被告知证据来自一家流行画报。结果发现，第一组比第二组有更多的人赞成，没有处方也可以卖抗组胺片。因此，引用权威更能消除听众的先入之见。

（六）运用具体情节和事例

你刊登广告，推销某种药品，是把药品的成分、功能、用法详细介绍一番呢？还是介绍某个患者使用后如何迅速痊愈的事例呢？

优秀的劝说者都清楚地知道这一点：个别具体化的事例和经验比概括的论证和一般原则有说服力。因此，你要多销售药品，你就应酌情使用后面一种方法。在日常生活中，你要说服别人，你就应旁征博引，使用具体的例子，而不一味空洞说教。

【训练实施】

一、训练一：如果你是班主任，班级学生抽烟，如何谈话？

要点：(1) 谈话地点选在办公室。

(2) 尽量不抽烟，若控制不住抽烟，注意控制数量和场所选择，将影响降低到尽可能小。

二、训练二：荒岛余生（15 分钟）

飞机坠落在荒岛上，只有 6 人存活。这时逃生工具只有一个只能容纳一人的橡皮气球吊篮，没有水和食物

角色分配：

(1) 孕妇：怀胎八月

(2) 发明家：正在研究新能源（可再生、无污染）汽车

(3) 医学家：经年研究艾滋病的治疗方案，已取得突破性进展

(4) 宇航员：即将远征火星，寻找适合人类居住的新星球

(5) 生态学家：负责热带雨林抢救工作组

(6) 流浪汉

【训练评估】

我对本训练感触最深的是：	
我将在自己的职场沟通实践中改变如下：	
实践计划	预计期限

【拓展训练与阅读】

一、拓展阅读

这样帮助他人

有一次，英国著名诗人拜伦在街上散步，看见一位盲人身前挂着一块牌子，上

面写着："自幼失明，沿街乞讨。"可是路人都好像没看见一样匆匆而过，很长时间，盲人手中乞讨用的破盆子里还是没有一毛钱。拜伦走上前去，在盲人的牌子上加了一句话："春天来了，我却看不见她。"一句话激起了人们的同情心，过路人纷纷伸出援助之手。

触龙说赵太后

战国时期，赵国的太后听政，秦国趁机攻打赵国，形势非常危急。赵国向盟友齐国求救，齐国答应出兵支援，但有个条件，就是要求长安君到齐国做人质。长安君是赵太后最疼爱的小儿子，做人质是寄人篱下，在那个动荡战乱的年代，人质的性命常常很难保证。所以对于齐国的要求，赵太后难以接受。

赵国的大臣们都十分着急，纷纷劝说太后答应齐国的条件，太后非常生气，宣下旨意："谁再来劝我让长安君去做齐国的人质，我就啐他一脸。"大家于是都不敢再开口了。

秦国的进攻日益加紧，赵国安全危在旦夕，老臣触龙看在眼里，十分忧虑，决定冒险再劝一次太后。太后听说后，怒气冲冲地在大殿等他。

触龙故意小步缓慢地走上殿堂，先谢罪说："老臣的脚有毛病，不能快走，非常失礼。很久没有来拜见太后您了，担心您的身体，今天特来问候！"

看到触龙老态龙钟的样子，太后不忍苦着脸，跟着感慨道："我现在进出也要靠车子才行了，我们都老喽！"

"那吃饭还好吗？"触龙很关切地问。

"只能喝些稀粥，成天这么多的烦心事，哪里有胃口啊！"

"我的胃口也不好，但我还坚持散散步，每天走二三里路，增加点食欲。"

"唉，我可做不到。"太后叹了口气，脸色好多了，先前的怒气基本看不到了。

这时触龙用恳求的语调说："太后，老臣有个儿子叫舒祺，排行最小，不成材，但老臣很喜欢他，老臣想请求您让他当一名侍卫，也算为国家出些力。"

"好啊，他几岁啦？"

"15 岁，虽然还不大，但我想趁我活着的时候先安排好。"

"哈哈，原来男人也疼爱自己的小儿子。"太后笑了。

"当然，我喜欢这个小儿子比他妈妈还多呢。没办法，天下父母心嘛。"

太后很开心，谈话的气氛越发缓和了。

这时，触龙趁机说："老臣认为太后疼爱女儿燕后比长安君要多。"

"这怎么可能？"太后睁大了眼睛。

触龙很感慨地说："父母疼爱儿女，总是替他们做长远的打算。当年你送燕后远嫁外地，她也哭个不停，不愿意远离家乡；出嫁后，您非常想念她，但每次祭祀时总是祈祷她不要回国，好好当她的王后。这不是替她做长远打算，让她的子孙世代继承王位吗？"

"是啊！"太后点头说。

触龙进一步说："您想过没有，三代以前，甚至赵国的开国重臣，现在还封侯的还有吗？"

"没有了。"太后想了一下说。

"是那些封侯人的子孙都不好吗，没有能力吗？不是的。关键是他们没有功劳。没有功绩却享受很高的俸禄，有很高的地位，时间长了就很难服众。现在你宠爱长安君，可以提高他的地位，赐予他土地与财宝，可你不让他为国立功，您百年之后，长安君凭什么服众呢？所以我认为您没有替长安君长远打算，说您对他的爱不如对燕后的爱。"

一席话，让赵太后醒悟了，她改变了想法，同意长安君到齐国为人质，让他为解决赵国的危机出力。齐国很快出兵，击退了秦军，赵国平安了。

先"得寸"，再"进尺"

在澳大利亚墨尔本，女记者帕兰要采访一位权威人士，打算请他就海洋动物保护问题做15分钟的广播讲话。这位权威人士非常忙，曾经拒绝过很多记者的要求。如果直接提出占用他15分钟时间，他可能会拒绝。

帕兰在电话里是这样说的："在百忙中打搅您很过意不去，我们想请您就海洋动物保护问题谈谈看法，大概只要3分钟就够了。听说您日常安排极有规律，每天下午四点都走出工作室，到户外散步。如果可能，我想是不是可以在今天下午的这个时候拜访您？"

结果这个权威人士接受了这个要求，采访于下午4点准时开始。当帕兰告别时，时间过去整整20分钟，她出色地完成了任务，20分钟的录音编制为15分钟的广播讲话，材料是足够的。

"头衔"也是赞美

美国有家全国性的卡车服务公司，管理层经过统计发现他们送的货物有万分之六会送错地方，为此公司每年要赔偿25万美元。为此公司请戴明博士为他们想办法。根据调查，戴明发现送错货的案例中大多是因为公司的司机看错了送货合同的地址造成的。为了一劳永逸地消除这个错误，提高公司的服务品质，戴明博士建议把这些工人或司机的头衔改为技术员。

开始公司对这种做法也很怀疑，改个称呼就能消除错误吗？然而没多久绩效就显现了，那些司机的头衔改为技术员后不到30天，万分之六的错误下降为万分之一，公司一年可节省20多万美元。

共同参与，让别人觉得那是他们自己的主意

韦森先生是服装设计师，把他设计的服装草图卖给服装设计师或成衣厂商。3年来，他每星期都去纽约拜访一位著名的服装设计师。这个设计师从不拒绝见他，但从没有买他的东西。每次都仔细地看了他带去的草图，很遗憾地说对不起。

多次失败，让韦森开始反思自己推销的方式是否有问题。一次，他带了几张没有完成的草图去见设计师。

“我想请您帮个小忙，这里有几张没有完成的草图，您是否愿意帮助我完成，以符合你们的要求？”

设计师看了看草图，然后说：“你把草图放在这里，几天后来找我。”

3 天后，韦森去见设计师，听了他的意见，把草图带回去，按照设计师的意见完成。结果，设计师全部采购了这些样式。

“我一直希望他买我提供的东西，这是不对的。”韦森后来总结说，“他提供了意见，他就是设计人，是他买了自己设计的东西。”

请教式说服

一位汽车商人带着顾客甲看了很多部车子，顾客总是不满意。一会儿说这不合适，一会儿又说那不好用，一会儿又说价格太高……这时，商人停止了向顾客的推销，决定让他自己主动购买。

几天后，顾客乙希望把自己的旧车子换辆新的，请商人代卖，这时商人就又打电话给顾客甲，请他过来帮个忙，提些建议。

顾客甲来了后，商人说：“你是个精明的买主，非常懂得车子的价值，你能不能看看这部车，试试它的性能，帮我估算一下别人能出多少钱买这部车。”

顾客甲很高兴，觉得汽车商都把自己当作行家了，很高兴。非常认真地检查，并进行了试车。然后建议说：“若有人以 3000 元买的话，应该是划算的。”

“如果按这个价钱卖给你，你是否愿意买呢？”商人适时说出了自己的想法。顾客甲想了一下，很快同意了。

情感的力量

有个男孩想让母亲为自己买一条牛仔裤，但他怕被拒绝，因为他已经有了一条牛仔裤。男孩没有像其他孩子一样苦苦哀求或者撒泼耍赖，而是一本正经地对母亲说：“妈妈，你见过一个孩子，他只有一条牛仔裤吗？”

这颇为天真而有略带计谋的问话，一下子打动了母亲。事后这位母亲谈到自己的感受时说，“儿子的话让我觉得若不答应他的要求，简直有点对不起他，哪怕在自己身上再节省一些，也不能太委屈孩子。”

二、有效说服他人的战术

（一）明确对象，突出重点战术

1. 明确对象

不同人对同一事物的反应不同，因此讲话时要区分对象，也就是俗话所说的“见人说人话，见鬼说鬼话”，不能无的放矢、一概而论。例如，对知识分子可以满口“之乎者也”，对普通工人和农民则不能这样说话。

【案例一】

视　察

有一个团长，平时和下级谈话完毕后习惯问一句：“你明白了吗?”有一天，一位司令员到团里视察，需要这位团长向司令员汇报完情况，团长说完之后又顺口问了一句：“首长，我汇报完了，不知道您听明白了没有?”司令员一拍桌子，大怒道：“就你这点事儿，我还听不明白？我当团长的时候，你还在穿开裆裤呢。”团长觉得非常委屈。

面对下级和面对上级说话时，语气和态度不能一概而论。向上级汇报完毕后，在正式场合要请首长做指示，在非正式场合要问首长：“我说清楚了吗?”案例中的团长就是忽略了这种区别，才会招致上级的恼怒。

2. 突出重点

我们应该在明确对象的基础上，做到突出重点，言简意赅地讲述听众最关注的内容。比如，演讲前先了解听众从事的行业、知识水平、年龄阶段等情况，然后根据听众的需求有针对性地调整演讲内容，使之尽量与听众密切相关。

【案例一】

福特汽车广告

有一段时间，福特汽车在芝加哥的销售非常不理想，销售经理很奇怪，于是请心理学家做了一次调查。结果表明，社会的快速发展带来市容、服装、语言的变化，人们的观念也随之发生变化，而福特汽车却总是一成不变，不符合人们求新求变的观念。对此，福特汽车推出了一个新广告，宣传从20世纪50年代到80年代，福特汽车始终在随着时代进步而不断更新变化。这条广告播出后，福特汽车的销量迅速上升。

这条广告抓住了问题的关键，突出了求新、求变的重点，从而取得了预期的效果。

【案例二】

威尔逊总统的演讲

美国第28任总统威尔逊非常善于演讲。有一次，一个记者请教他，说：“总统阁下很善于演讲，你准备一个小时的演讲要用多少时间?”

威尔逊想了想，说：“大概需要两周。”

记者又问：“那么准备两个小时的演讲呢?”

威尔逊说：“需要一周。如果讲半天时间，那就不用准备了，现在就可以讲了。”

演讲的时间越短难度越大，因为需要用更简练的语言突出中心思想，需要更认真地推敲琢磨，因而准备时间就越长。

（二）“先求同，后论异”战术

先求同，后论异，又被称为“敲门砖效应”，就是从对方能够接受的观点入手，先与其达成共识，再表明自己的不同看法和主张，这时对方往往更容易接受和认同。否则，就容易陷入剑拔弩张、针锋相对的争论之中。

【案例一】

智斗房东

在美国留学，房租是一笔巨大的开支，离学校越近房租就越贵。一个留学美国的小伙子想在学校附近租一间公寓，由于房租太贵，而且房东拒绝降价，他只好签了半年的合同。

住了一个月后，他给房东打电话说：“房东先生，能不能请你来一下，我准备搬家了，我们把房租结算一下。”房东到了之后，他先恭维了一番：“我住了一个月，房子设施很好，住起来很舒适，去学校也很方便，您的管理也井井有条。”

房东听了非常高兴，问：“那你怎么还要走啊?”

小伙子回答：“这不是房子的原因，纯粹是我个人的问题。我现在经济上闹了危机，付不起房租了。我真的很留恋这里，但是不得不忍痛离开。”

房东又高兴又感动，就问：“你能出多少钱?”

小伙子很不好意思地说：“我现在实在很困难，最多只能付120块钱。”

房东一听，慷慨地说：“120块也行，那你就住着吧。”

就这样，房租从175块降到了120块。

在上面的案例中，留学生先求同——站在房东的立场上，表明设施好、离学校近、房租不贵，让房东解除戒备心理；再论异——自己经济困难，无法负担得起原来约定的房租，房东就很慷慨地同意了降低房租的要求。

【拓展参考案例】

赞美世人

当我赞美敌人时，敌人就成了我的朋友。

当我鼓励朋友时，朋友于是就成了我的手足。

我常常想理由赞美别人，绝不搬弄是非，道人长短，想要批评别人时，先咬住舌头。

想要赞美时，高歌表达。

我要记住这个秘密，它将改变我的生活，赞美不停，鼓励不断——赞美世人。

任务五　拒绝技巧训练

【训练导入】

老张是个“老好人”，谁家有什么急事，他总能热情相助，从不说“不”。可最近却为一事犯难：乡下亲戚进城做生意缺钱，老张帮他到银行贷了款。但这个亲戚生意没做好，银行贷款无法及时还上。他白天去找亲戚讨钱没讨着，晚上回来还得遭老伴抱怨。

强强是个品学兼优的好学生，鹤立鸡群的感觉既让他感到荣耀，又使他感到孤立。一次，班上一个同学主动同他套近乎，说是让他见识见识。先是带他到网吧，下饭馆，后来还到酒吧吃喝玩乐。尽管他开始十分不情愿，但碍于情面还是接受了。一而再，再而三，一个好学生就这样变成了吃喝玩乐的“混世魔王”。

碍于情面，不会说“不”，让老张处于无限的尴尬，强强则走上了歧途。

【训练目标】

1. 正确认识拒绝；
2. 合理运用拒绝技巧。

【知识链接】

心理学家认为，不会说“不”，这是人际交往中心理脆弱的表现。

这些人在拒绝别人方面存在心理障碍。他们担心拒绝了朋友会伤害对方，失去友谊。所以，总是委屈自己，成全别人。这对他们的心理施加了不必要的压力，严重者还可演变成心理疾病。

所以，在人际交往中，我们应该学会一个很重要的交往策略，那就是——学会拒绝，敢于说“不”！

一、不善于拒绝的心理原因

（一）怯弱心理、缺乏信心

在人际交往过程中，有些人为了结交朋友，显示自己的能力，为了博得别人的好感，而硬着头皮去答应一些事情。这样会产生下列情况：

（1）对方会得寸进尺，进一步提出更多不合理甚至过分的要求。

（2）会令对方认为你是一个没有个性的人，更不愿意与你成为朋友。

最终，得不到真正的知心朋友，反而会伤害了自己。

（二）唯美心理

例如：“我必须与周围每个人建立密切友好的关系”“只有顺从他人才能保持友谊”“如果我拒绝别人的要求，我就会失去这个朋友”“任何事情，只要去做，就应该做得完美”“拒绝别人的要求，我就缺乏诚意，别人就再也不愿意和我做朋友了”……

过分苛求自己，主观盲目地高估自己，不允许自己拒绝任何一个请求，从而给自己带来过大的心理压力。

（三）自主性太差

在与人交往中，缺乏独立自主的精神，没有个性和原则，一味地迁就和顺从，甚至意识不到每一人都有“拒绝”的权利。

这样就失去了人际交往的平等和尊重。

二、什么情况需要拒绝

（一）违背自己的价值观念，有损自己的人格。

（二）自己没时间，或能力不够。

（三）庸俗的交易。

（四）违法犯罪的行为。

（五）有损自己或家人、同学、班级等利益。

（六）不在自己的职责范围内。

三、身边的拒绝

张欣对同学张晓龙说：“晓龙，真是不好意思，前天借你的画笔本来说好今天还，不巧我的笔盒丢了，所以，我想再借……”

“借什么借？你还想借呀？告诉你，我也没有了！”没等张欣说完，张晓龙就不耐烦地叫嚷起来。

思考：以上的例子，张晓龙的拒绝是否妥当？为什么？

四、言语上如何拒绝

当对方提出要求时，一般首先会有条件反射性地判断，“他是不是一个我值得帮忙的人”“这件事是不是不值得的”。

当判断不值得帮之后，回复对方：不好意思，我有更重要的事情要忙；对方往往会从阐释客观事件（“我的这件事本身很容易的，你就帮一下”）和怀疑主观动机（“我看你也不忙啊”）来继续提出请求。

如果对方阐释客观事件，需要做的不是和他辩论他让你帮忙的事到底是不是小事，而是让对方知道：“既然是一件小事，那你完全可以自己做，或者有比我更好的人选代替我。”

如果对方怀疑主观动机，需要做的不是告诉他“我真的很忙”，而是让对方知道，“我并没有义务帮忙，因此，无论我主观动因是什么，当我告诉你我很忙的时候，就代表我不想帮。在这种情况下，怀疑我的主观动因没有意义。”

至于对方面对面要求你帮忙时，回复“让我考虑一下”，而不是含含糊糊地答应下来更有效，要知道，一旦你含含糊糊答应下来，你又会陷入困境：因为你潜意识中认为你已经获取到了对方的信任，因此必须有义务完成。

因此，回复“考虑一下”，当大脑完成判断“这个人是不是一个只会索取的人”之后，再回复（这样也可以使用电话或短信，避免尴尬），这样，你才能把时间留给真正值得的人。

一般而言，熟练使用语言来请求别人帮助的人，对肢体语言也更为敏感。如果你一副纠结万分的样子，对方会意识到一旦他多说点好话，你就会被他说服；因此，当你确定不想帮助他之后，不妨下意识采用一些强势防御性的肢体语言，如双臂抱在胸前（而不是纠结万分的样子），对方更容易知难而退。

【训练实施】

案例一：一青年想同一位知名人士交朋友，期望对自己今后的发展有所帮助。青年热情地说："下午五点，请您在福兴楼餐厅共进晚餐，不知您可否赏脸。"事情真凑巧，这位名人正忙于其他事务，实在抽不出时间。这位知名人士该怎样对这位青年说呢？

举例："对你的邀请，我感到非常荣幸，可是我正忙于公司事务，实在无法脱身，十分抱歉！有时间我请你。"

先表明态度，说明现实情况，给予补偿。

案例二：一位顾客拿了一套西装到百货公司退货。这套西装是妻子为丈夫买的。她买回家后，丈夫穿了觉得不合自己的意，于是送干洗店洗过后到百货公司来退货。店员检查了那套西装，看到有干洗过的痕迹，她该怎么说？

举例："同志，是不是你的家人搞错了，把这套西装送去洗了呀；我也有过类似的经验：我外出的时候，洗衣店的人来了，我丈夫糊里糊涂地让人把新衣服和其他衣服一起带走。"

案例三：妈妈准备用同一种花色的窗帘布来布置所有的房间，而你觉得自己的房间的窗帘可以更可爱一些，可以适合自己的审美要求。

举例一：妈妈，我最近听一个时尚节目里介绍说，房间的布置应该个性化，如果不同的房间用不同的窗帘，就有多样化的美，而且可以充分体现个性。您觉得她说得是不是有点道理？

举例二：苏格拉底说服术：

问：我们家装饰还是蛮有特色的，妈妈的房间怎么样，我的房间怎么样

答：是啊，可是花了不少时间。

问：这个颜色的窗帘跟妈妈的房间很搭，很稳重（一阵夸奖）

答：是，可是想了好长时间。

问：我的房间也用了这个窗帘，可是可爱和稳重混搭，有点不伦不类啊！

答：确实有点。

问：我觉得什么颜色的比较好……

【训练评估】

<table>
<tr><td colspan="2">我对本训练感触最深的是：</td></tr>
<tr><td colspan="2"></td></tr>
<tr><td colspan="2">我将在自己的沟通实践中做如下改变：</td></tr>
<tr><td colspan="2"></td></tr>
<tr><td>实践计划</td><td>预计期限</td></tr>
<tr><td></td><td></td></tr>
<tr><td></td><td></td></tr>
<tr><td></td><td></td></tr>
<tr><td></td><td></td></tr>
</table>

【拓展训练与阅读】

一、请同学们说一说这节课学到了什么？

与他人交往中该拒绝时就拒绝，尊重别人的同时也要尊重自己，使自己的心中充满阳光和欢乐。拒绝本是每个人都拥有的权利，但拒绝也要讲技巧。

二、学会拒绝

一条小鱼问大鱼道："妈妈，我的朋友告诉我，钓饵上的东西是最美的，可就是有点儿危险。怎样才能尝到这种美味而又保证安全呢？""我的孩子！"大鱼说，"这两者不能并存的，最安全的办法就是绝不去吃它。""可他们说，那是最便宜的，因为它不需付出任何代价。"小鱼说。"这可完全错了。"大鱼说，"最便宜的很可能是最贵的，因为它希图别人付出的代价是整个生命。你知道吗，它里面裹着一只钓钩？"

"要判断里面有没有钓钩，必须掌握什么样的原则呢？"小鱼问。"那原则就是你刚才说的。"大鱼说，"一种东西，味道最美，又最便宜，似乎不用付出任何代价，钓钩很可能就藏在里面。"

现实生活中，有很多这样的诱惑，手握大权是诱惑，获取暴利是诱惑，惬意享受是诱惑，痛快玩耍也是诱惑。

在生命的旅程中，我们唯有学会拒绝诱惑，才能到达成功的彼岸。

让我们学会拒绝诱惑，让生命更有意义。

让我们学会拒绝诱惑，创造一个和谐美好的社会。

让我们学会拒绝诱惑，更好的生活。

三、英国首相如何说“不”

有个野心勃勃的军官一再请求狄斯雷利加封他为男爵。首相知道此人才能超群，也很想跟他搞好关系。但军官不够加封条件，狄斯雷利无法满足他的要求。一天，首相把军官单独请到办公室，对他说：

“亲爱的朋友，很抱歉我不能给你男爵的封号，但我可以给你一件更好的东西。”狄斯雷利放低声音说：“我会告诉所有人，我曾多次请你接受男爵的封号，但都被你拒绝了。”

这个消息一传出，众人都称赞军官谦虚无私，淡泊名利，对他的礼遇和尊敬远超过任何一位男爵。军官由衷感激狄斯雷利，后来成了他最忠实的伙伴和军事后盾。

四、关于委婉拒绝的小故事

东汉光武帝刘秀的姐姐——湖阳公主的丈夫死后，看中了朝中品貌兼优的宋弘。一次，刘秀召来宋弘，以言相探：“俗话说，人地位高了，就改换自己结交的朋友，人富贵了，就改换自己的妻子，这是人之常情吗?”

举例：有句古语是“患难之交不可忘，糟糠之妻不下堂”。

钱钟书的《围城》一书出版后，轰动国内文坛，很快被译成多种文字传到国外。一个美国读者非常钦佩他的才华，想来中国拜访他，钱钟书该怎样拒绝对方的来访?

举例：您已经尝到鸡蛋的味道，何必还要看那只生蛋的母鸡?

作家冯骥才的外国朋友携全家来访，双方相谈甚欢。突然冯骥才发现客人的孩子跳到了他的洁白的床上，而孩子的父母并没有在意，这时冯骥才的任何表示不满的言辞或表情，都可能导致双方的尴尬。

举例：他微笑着对孩子的父母说：请把孩子带到地球上来。

项目二 人际沟通情景演练

任务一 面对面沟通

【训练导入】

在香港企业家曾宪梓先生创业之初，有一次他背着一麻袋的领带到一家外国商人服装店推销。服装店老板看他穿着朴素，大汗淋漓，又说一口浓重的客家话，十分看不起他，毫不客气地让他马上离开。曾宪梓碰了一鼻子灰，只好怏怏不快地走了。

曾宪梓回家后，认真反思了一夜。第二天早上，他穿着笔挺的西服，又来到了那家服装店，恭恭敬敬地对老板说："昨天冒犯了您，很对不起，今天能不能赏光喝个早茶？"服装店老板看了看这位衣着讲究、说话礼貌的年轻人，顿生好感，欣然答应。两人边喝茶，边聊天，越谈越投机。从此以后，这家服装店老板和曾宪梓成了好朋友，两人真诚合作，促进了"金利来"事业的发展。

为什么曾宪梓的两次拜访会有不同的境遇？初次见面要获得他人好感有哪些方面要特别注意？

【训练目标】

1. 运用良好的外部形象改善沟通氛围；
2. 在面对面沟通中使用恰当的言语；
3. 在面对面沟通中体现积极的行事风格；
4. 选择恰当的方式树立良好的形象。

【知识链接】

一、塑造得体的外部形象

初次见面，对方的第一印象往往来自于他人的穿着打扮、肢体形态等外部形象。塑造良好的外部形象，应特别注意以下几个问题：

（1）着装自然洒脱、整洁庄重。

（2）服饰与自身的职业、环境相协调。

（3）与沟通对象服饰风格相一致。

（4）神态自如大方。

（5）清洁并适当修饰外部形体。

（6）展现积极乐观的精神状态。

（7）讲究职场基本礼仪。

二、运用适当的言语表达

（一）口头语言的运用技巧

1. 针对性。应根据不同的场合、对象和目的，有针对性地选择引人入胜的话题、语言材料和表达方式，以引起对方的兴趣。

2. 多样性。口头语言使用方法应多种多样，如幽默法、委婉法、暗示法、模糊法等。

3. 恰当性。如果初次沟通以“提出建议或劝告”为目的，那么“应该”“不应该”“要”“不要”一类词最好不使用，尽量运用委婉的措辞。

4. 情感性。具有情感性的语言才有感染力，但同时语言应该真诚、质朴，切忌渲染和夸张。

5. 丰富性。要使用丰富的词汇，既有专业词汇，又有成语、俗语。句式应参差有致，既有陈述句，又有感叹句；既有长句，又有短句。

（二）非口头语言的运用技巧

非口头语言是指除语言之外，能够改变或增加信息的所有沟通手段。

1. 面部表情。面部表情要生动，并要配合说话内容。一个友善的笑容，表示愿意开放和愿意与人交往。

2. 眼神接触。眼神接触要自然，不要过分亲密，也不要以逃避或敌视的眼神望着对方。

3. 身体姿势。双手不交叉，面向对方并向前倾斜，这是初次见面时最佳的姿态，这是一种显示敬意和投入的姿势。

4. 手势及其他动作。手势运用宜自然，不要太夸张，简单的动作能有助表达，加强说服力。动作幅度过大会令对方觉得神经质。

三、自我展示的四大原则

（一）保持本色不做作

不要因场合或对象的变化而放弃自己的内在特质，盲目地迎合、随从别人。如果自己展示的方法不得宜，更会被别人误以为做作，效果适得其反。

（二）诚实地待人接物

不要不懂装懂，特别是在上级面前，如果班门弄斧、自不量力，一定会贻笑大方。对自己不懂的东西或学问，应不耻下问。

（三）不掩饰自己的身体缺陷

自信是优秀职场人士的宝贵品质，外貌不是决定个人价值的依据，能力才是傲人的真正资本。

（四）不否认自己的过错

要懂得表达真诚，如果犯错要勇于承认，并且知错就改，让挽救错误的行动为自己加分。

【训练实施】

一、训练一：自我介绍

（一）训练要求

1．时间控制：20 分钟左右

2．场地：室内，按照办公室的环境进行布置

3．所需道具："自我介绍评价表"数张、笔数支

（二）训练过程

1．训练者 4 人一组，围成一圈坐在桌子旁，每人一张"自我介绍评价表"（见附件）和一支笔；

2．指导者为每组的成员设定角色：上级、平级、客户及下属；

3．4 人都为初次见面，每位训练者根据自己的角色，依次与其他三个成员进行自我介绍；

4．小组成员根据《自我介绍评价表》，的内容为其他成员进行评分；

5．各小组通过讨论，推选出"最佳自我介绍"的成员，并说明原因；

6．各小组推选的"最佳自我介绍"成员给全体训练者演示"自我介绍"。

附件：自我介绍评价表

	评价等级（优：★★★★★★；良：★★★★；中：★★★；差：★★）						
	语速	语调	表情	手势	内容	对象的切合程度	综合评价
成员 1							
成员 2							
成员 3							
成员 4							

（三）训练分享

1．与人初次见面时，哪些方面需要特别注意？

2．针对不同的职场沟通对象，言语表达应有何不同？为什么？

二、训练二：面对面沟通中的个人风格传达

（一）训练要求

1．时间控制：30 分钟左右

2．场地：室内

3．所需道具：写有下列关于行事风格词语的卡片若干张（每一张代表一种行事风格）

干脆果断　　雷厉风行　　直爽坦率　　有条不紊

助人为乐　　诚实可靠　　温柔细腻　　谦虚谨慎
优柔寡断　　脚踏实地　　独断专行　　循规蹈矩

（二）训练过程

1. 训练者3至8人一组，每一组抽取一张写有关于行事风格词语的卡片；

2. 小组成员按照卡片上所写的行事风格设计一出2分钟的剧本；

3. 各小组成员进行表演，其他小组训练者对他们的行事风格、传达方式等进行评价；

4. 针对其他小组的评价，训练者分享自己的感想。

（三）训练分享

1. 在设计剧本时，为什么用上述方式传达自己的行事风格？依据是什么？

2. 在初次沟通中，如何把自己优秀的行事风格传达给对方？

3. 通过上述训练活动，你准备如何改善自己在与人初次接触时的为人处事方式？

【训练评估】

我对本训练感触最深的是：	
我将在自己的职场沟通实践中改变如下：	
实践计划	预计期限

【拓展训练与阅读】

一、练习：无言的自我介绍

（一）训练要求

1. 时间控制：30分钟左右

2. 场地：室内

（二）训练过程

1. 训练者2人一组，分别用2分钟向搭档介绍自己，注意自我介绍的全部过程都要通过肢体语言来完成，如通过自己身上的某些特征、标识、手势和表情等，不能借助语言和文字；

2. 活动结束后，训练者用语言确认自己所获得的信息是否准确。

（三）训练分享

1. 你用非语言手段向他人做自我介绍时，自认是否表达准确？你的动作、表情等是否到位？你的同伴在多大程度上了解了你？有哪些体会？

2. 当你的同伴向你做自我介绍时，他是否感到吃力？你对对方传递的信息是否理解？

3. 你的同伴用了哪些方式介绍自己，你受到什么启发？

二、测试：你给人的第一印象如何？

第一印象，是指人们在社会认知过程中所获得的关于客体并对客体以后的认知产生影响的印象，也称为“首因效应”。下面12个问题可以使你知道自己是否具有运用首因效应，并迅速与对方建立良好的沟通关系的能力。

1. 当你第一次见到某个人时，你的表情是（　　）

A. 热情诚恳，自然大方

B. 紧张局促，羞怯不安

C. 大大咧咧，漫不经心

2. 与人初次会面，经过一番交谈，你能对对方的举止谈吐、知识能力等方面做出准确的评价吗？（　　）

A. 我想可以

B. 很难说

C. 不能

3. 你选择的交谈话题是（　　）

A. 对方所感兴趣的

B. 两个人都喜欢的

C. 自己所热衷的

4. 你是否能在寒暄之后，很快就找到双方共同感兴趣的话题（　　）

A. 是的，对此我很敏感

B. 必须经过较长一段时间才能找到

C. 我觉得这很难

5. 第一次交谈，你们分别所占用的时间是（　　）

A. 多数时间我是在倾听

B. 差不多

C. 我总是滔滔不绝

6. 你与人谈话时的坐姿通常是（　　）

A. 两膝靠拢

B. 跷起腿来

C. 两腿叉开

7. 你同别人谈话时，眼睛望着何处？（　　）

A. 直视对方眼睛

B. 盯着自己的纽扣，不停玩弄

C. 看着其他的东西或人

8. 会面时你说话的音量总是（　　）

A. 柔和而低沉

B. 很低，以致别人听得很困难

C. 声音高亢热情

9. 你说话时姿态是否丰富？（　　）

A. 从不指手画脚

B. 偶尔做些手势

C. 我常用姿势补充言语表达

10. 你讲话的速度怎样？（　　）

A. 节律适中

B. 十分缓慢

C. 频率相当高

11. 假若别人谈到了你兴趣索然的话题，你将（　　）

A. 仍然认真听，从中寻找乐趣

B. 显得沉默、忍耐

C. 打断对方，另起一题

12. 你和别人告别时，下次相会的时间地点是（　　）

A. 我提议的

B. 对方提出的

C. 谁也没有提这事

评分标准及结果分析：

选择1得5分，选择2得3分，选择3得1分。

47～60分　你的适度、温和、合作的态度给第一次见到你的人留下了深刻的印象。无论对方是你工作范畴或私人生活中的初次接触者，都会有与你进一步接触的愿望。

23～46分　你的表现存在着某些令人愉快的成分，但同时又偶有不够精彩之处，这使得别人不会对你印象恶劣，但你也缺乏很强的吸引力。如果你希望提高自己的魅力，首先必须心理上重视，努力在交往的第一回合显示出最佳形象。

23分以下　也许你感到吃惊，因为很可能你只是依着自己的习惯行事而已。你本是很愿意给别人一个美好印象的，可是你的不经心或缺乏体贴，或言语无趣，无形中却给他人做出关于你的错误的勾勒。必须记住交往是种艺术，而艺术是不能不修边幅的。

三、阅读下面材料

如何突出自己的个性

每个人都有自己的特色，但很多原本有特色的人，在与人初次见面时不是很拘束，就是发挥失常，从而导致沟通失败或不佳，其中一个重要原因就是没有掌握好突出自己个性的技巧。

1. 用行动突出热情

与人初次见面，应当主动和对方握手，微笑着介绍自己，并且在谈话中不吝啬自己的赞美；如果对方需要帮助，则热情地施以援手，这样不仅可使对方容易记住，并将为自己贴上热情的标签。

2. 用目视突出自信

最能看出一个人是否自信的地方就是眼神，自信的眼神应该是正视对方，面带微笑，目光炯炯但不咄咄逼人。初次见面，一旦对方被自己自信的眼神所打动，接下去的沟通就顺畅多了。

3. 适时表现自己的才能

与人初次见面，如果有适合展示自己才华的机会，一定不要错过。才华横溢的表现，一定会让对方在很长一段时间里记忆犹新。

任务二　电话沟通

【训练导入】

示例1：

首次和客户的电话沟通："您好，陈先生，我是迈斯门禁张××，不知道您是否曾经听说我们公司？"

错误点：

（1）没有说明为何打电话过来，及对客户有何好处。

（2）客户根本不在意是否曾经听过你的公司。

（客户不关心的问题，不要放在重点的开场白中，可能我们在实际中也会有一些类似的问题，没有这么严重）

示例2：

"您好，陈先生，我是迈斯门禁张××，我们是专业提供门禁控制器的厂家，请问你现在在用哪家公司的产品？"

错误点：

（1）没有说明为何打电话过来，以及对客户有何好处。

（2）在还没有提到对客户有何好处前就开始问问题，让人立即产生防卫的心理。

示例3：

“您好，陈先生，我是迈斯门禁张××，前几天前我有发邮件（寄资料）给您，不知道您收到没有？

错误点：

（1）同样问题，没有说明为何打电话过来，以及对客户有何好处。

（2）平常大家都很忙，即使收到资料也不见得会看，而且让他们有机会回答：“我没有收到”。

（资料、产品要说明白）

示例4：

“您好，陈先生，我是迈斯门禁张××，我们是专业提供门禁控制器的厂家，不知道您现在是否有空，我想给您介绍一下？”

错误点：

（1）直接提到商品本身，但没有说出对客户有何好处。

（2）不要问客户是否有空，直接要时间。

【训练目标】

1. 正确认识电话沟通。
2. 掌握电话沟通技巧和方法。
3. 正确使用电话沟通。

【知识链接】

“电话沟通”是个体沟通的一种方式，电话沟通是一种比较经济的沟通方式。一般来说，电话沟通对象主要是企业外的人员，电话所反映的应该是企业的风貌、精神、文化、甚至管理水平、经营状态等等。因此，你如果在电话应对上表现不当，就会导致外部人员做出对企业不利的判断。所以，在许多大型企业中，电话的礼仪和技巧往往是新进员工上岗培训的一个必备内容。

一、电话沟通的使用情境

以下几种情境宜采用电话沟通的方式进行：

（1）彼此之间的办公距离较远、但问题比较简单时（如两人在不同的办公室需要讨论一个报表数据的问题等）；

（2）彼此之间的距离很远，很难或无法当面沟通时；

（3）彼此之间已经采用了E-Mail的沟通方式但问题尚未解决时。

需要特别注意的是：在成本相差无几的情况下，请优先采用当面沟通的方式。

二、电话沟通的礼仪和技巧

（一）重要的第一声

当我们打电话给某单位，若一接通，就能听到对方亲切、优美的招呼声，心里一定会很愉快，对该单位有了较好的印象。在电话中只要稍微注意一下自己的行为就会给对方留下完全不同的印象。同样说“你好，这里是××公司。”声音清晰、悦耳、吐字清脆，就会给对方留下好的印象，对方对其所在单位也会有好印象。因此要记住，接电话时，应有“我代表单位形象”的意识。

（二）要有喜悦的心情

打电话时我们要保持良好的心情，这样即使对方看不见你，但是被你的欢快语调感染，这样会给对方留下极佳的印象。由于面部表情会影响声音的变化，所以即使在电话中，也要抱着“对方看着我”的心态去应对。

（三）端正的姿态与清晰明朗的声音

打电话过程中绝对不能吸烟、喝茶、吃零食，即使是懒散的姿势对方也能感受到。如果你打电话的时候，弯着腰躺在椅子上，对方听你的声音就是懒散的，无精打采的；若坐姿端正，身体挺直，所发出的声音也会亲切悦耳，充满活力。因此打电话时，即使看不见对方，也要尽可能注意自己的姿势。声音要温雅有礼，以恳切之话语表达。口与话筒间，应保持适当距离，适度控制音量，以免听不清楚、滋生误会。或避免因声音粗大，让人误解为盛气凌人。

（四）迅速准确的接听

现代工作人员业务繁忙，桌上往往会有两三部电话，听到电话铃声，应准确迅速地拿起听筒，接听电话，以长途电话为优先，最好在三声之内接听。电话铃声响一声大约3 秒钟，若长时间无人接电话，或让对方久等，是很不礼貌的，对方在等待时心里会十分急躁，你的单位会给他留下不好的印象。即便电话离自己很远，听到电话铃声后，附近没有其他人，我们应该用最快的速度拿起听筒，这样的态度是每个人都应该拥有的，这样的习惯是每个办公室工作人员都应该养成的。如果电话铃响了五声才拿起话筒，应该先向对方道歉，若电话响了许久，接起电话只是“喂”了一声，对方会十分不满，会给对方留下恶劣的印象。

（五）认真清楚的记录

随时牢记“5W1H”技巧，所谓“5W1H”是指 ① when 何时，② who 何人，③ where 何地，④ what 何事，⑤ why 为什么，⑥ how 如何进行。在工作中这些信息都是十分重要的。对打电话、接电话同样重要。

（六）有效的电话沟通

上班时间打来的电话几乎都与工作有关，公司的每个电话都十分重要，不可敷衍，即使对方要找的人不在，切忌粗率答复“他不在”即将电话挂断。接电话时也要尽可能问清事由，避免误事。对方查询本部门其他单位电话号码时，应迅即查告，不能说不知道。我们首先应确认对方身份、了解对方来电的目的，如自己无法处理，也应认真记录下来，委婉地探求对方来电目的，就可不误事而且赢得对方的好感。耐心倾听对方提出的问题；表示意见时，应让他能适度地畅所欲言，除非不得已，否则不要插嘴。期间可以通过提问来探究对方的需求与问题。注重倾听与理解、抱有同理心、建立亲和力是有效电话沟通的关键。接到责难或批评性的电话时，应委婉解说，并向其表示歉意或谢意，不可与发话人争辩。电话交谈事项，应注意正确性，将事项完整地交代清楚，以争取对方认同，不可敷衍了事。如遇需要查寻数据或另行联系之查催案件，应先估计可能耗用时间之长短，若查阅或查催时间较长，最好不让对方久候，应改用另行回话之方式，并尽早回话。以电话索取书表时，应即录案把握时效，尽快地寄达。

（七）挂电话前的礼貌

要结束电话交谈时，一般应当由打电话的一方提出，然后彼此客气地道别，应有明确的结束语，说一声“谢谢”“再见”，再轻轻挂上电话，不可只管自己讲完就挂断电话。

【训练实施】

一、训练一：设定情境下电话沟通

（一）情景一：周末到办公室，接到咨询电话。

咨询西安千策软件公司某款软件（依据专业不同选取相应的软件）价格，接电话的为技术部人员，周末到办公室拿东西，价格为营销部负责。

错误：（1）今天不上班，大家都不在，周一打过来吧。

（2）不好意思，我不清楚，我是技术部的，这个要问营销部，你周一打过来吧。

正确：遇到自己了解的情况，回答客户问题。如果碰到自己不熟悉的情况，可以请留下客户的电话，随后联系相关人员回复。

（二）情景二：正在和客户闲聊时，手机响了。

错误：（1）不管手机，继续聊天。

（2）接听电话，聊很长时间。

正确：不好意思，我先接个电话，依据电话的重要程度进行相应处理。事情紧急时，向客户表达歉意，争取理解。事情不紧急时，告知正在和客户聊天，稍后处理。

（三）情景三：接到打电话找你同事，同事不在座位上。

错误：（1）他不在，一会再打来吧。

（2）刚刚还在的，等一下，我喊一下（很大声的）：某某某，有你电话！

（3）刚刚还在，要不你打他手机，手机号码是13800138000（不能随便把同事电话告诉其他人）

（4）应该就在附近，先不要挂电话，我帮你找一下。

正确：（1）刚刚还在的，可能去开会去了。可否转达或找人代接？

（2）刚刚还在的，可能出去送材料了。要不留个电话，他回来后给你回个电话？

（四）情景四：工作非常忙，事情很多，电话响了。

错误：（1）不接电话。

（2）拔掉电话线。

（3）带有情绪的接电话。

（4）一边接电话，一边忙事情。

正确：平复情绪，三声内接听电话。

（五）情景五：与客户通话意外中断。

错误：（1）等着对方打过来。

（2）回电话：怎么挂我电话？

（3）迅速回拨，正在通话中，挂掉迅速回拨，还是正在通话中。

（4）你手机信号不好，该换了。

正确：主动回拨电话，表示歉意，可能是线路问题，继续前面的话题

情景六：看到未接来电。

错误：（1）你打我电话的？

（2）打我电话什么事情？

（3）无视，不回。

正确：不好意思，刚才出去忘带手机了，请问有什么事情？

【训练评估】

我对本训练感触最深的是：	
我将在自己的沟通实践中做如下改变：	
实践计划	预计期限

【拓展训练与阅读】

一、与亲人电话沟通

从小爷爷奶奶养我长大的，中学大学我都在外面读书，现在我刚毕业。大学到现在每周都会给爷爷奶奶打一次电话，他们每次都要跟我说同样的话，从大学到现在，重复的无外乎是“去拜访一下亲戚，多和同学联系，吃好喝好，身体第一重要”，我知道他们是关心我，但是每次听到他们又重复起之前说过无数次的教导，我就会烦躁起来，心里面非常的不舒服，我很讨厌这种感觉。

假如是你，会怎么和爷爷奶奶进行沟通？

（一）饮食、身体健康：

“奶奶啊，您挺好的吧？老毛病怎么样啊？吃的怎么样啊？少吃肉，全是胆固醇，多吃清淡的啊！”扯些当季的健康食谱，交流一些养生心得。

（二）问问老人业余生活如何：

“奶奶啊，您的花儿怎么样了啊？还活着啊？嘻嘻……”

问问老人有没有发展什么新爱好，或者看什么电视剧啦？听到什么趣闻啦？

（三）最好说下啥时候能回家：

“五一啊，没一定呢，回不回我肯定提前给您打电话！我想您做的那个好吃的。”

实在没说的，让老人帮个忙，做个东西，说下次回家要，老人能为孩子做东西，就可开心啦！老人有点事儿做，可有存在感啦！比如，鞋垫、椅子垫或者你儿时记忆中的一些物件。

二、常见打电话存在问题分析

（一）打电话声音很大。

（二）开车打电话。

（三）躺在床上打电话。

（四）边吃东西边打电话。

（五）加油站打电话。

（六）为打电话规范形象，笑容、衣着，应使用记录本记录事情等。

三、保持通讯畅通

在某市人才市场举办的 IT 人才招聘会上，一家软件公司的人事经理刘先生向记者讲述了他在招聘中遇到的“通讯故障”。

半个月前，刘先生所在公司收到了 50 余人的简历，在进行筛选后，他按简历上留的号码，给其中比较优秀的 10 个人打电话，通知他们面试时间。

使他感到意外的是，10 人中有 5 人因“手机关机”“不在服务区”“手机号码已过期”“无人接电话”等原因无法联系上。最令人哭笑不得的是，他给一名男性应聘者打电话，手机接通后首先是一片麻将洗牌声，然后一个女声说：“他现在很忙，你最好待会再打……”刘先生只好很严肃地说：“我这里是某某软件公司，现在通知他面试，希望他能尽快接电话！”这才与应聘者联系上。

刘先生非常无奈地说：“这些通讯不畅者中，多数是应届大学毕业生。如果不是招聘进度很紧，我是不愿意那么耐心地把电话打到他们学校，让校方通知他们的。这样的应聘者，印象分肯定是要差多了。”

“保持通讯畅通”是求职礼仪和诚意的基本体现，也是求职成功的前提条件之一。

任务三 短信沟通

【训练导入】

郝云歌曲《群发的我不回》

【训练目标】

1. 正确认识短信沟通。
2. 掌握短信沟通的技巧和方法。
3. 合理运用短信沟通。

【知识链接】

手机的诞生，大大提高了我们的工作效率，改变了我们的生活方式。手机短信以其操作简单、价格低廉受到用户的青睐。

在一些情况下用手机短信沟通工作和业务，远远好于面谈和电话交流。举例如下：

（1）批评老员工的缺点

很多时候，老员工都会出现一些错误的思想和行动苗头，如果放任自流，可能会既影响个人又影响团队。如果面对面的批评，一来没有成为“事实”没有“证据”，二来会影响下属的情绪。发个含蓄的短信是最好的批评方式。

> 最近其他区域经理反映，一个非常优秀的区域经理骄傲自大，常在别人面前夸夸其谈，讲过去的功劳有多大（我个人也有觉察），于是我给他发条信息“骄傲使人落后，虚心使人进步”。月底回公司述职，他见了我的面还有点不好意思，可我装作什么都没有发生过一样，当然他骄傲的毛病也改了许多。

（2）表扬新员工的优点

新员工进公司，最想做的第一件事就是得到领导的认同。有的新员工在进公司短短的时间里做出了一点小小的成绩，若在营销大会上讲“分量不够”，若不表扬不利于提高新员工的积极性。发个短信息表扬是最好的方式。

> 公司刚到的一名销售员小李，工作积极性高，经常加班加点毫无怨言，但是并没有什么突出的业绩。我了解此情况后给他发了一个短信息：“营销就是先有量变后有质变，最近表现不错，好样的！”小李以后的表现一定会更好。

（3）向上司表明工作的难度

上司都不喜欢“讲条件”的下属，可是当任务过重时下属不“适当申诉”心理的确不平衡，短信沟通效果远远好于和上司面对面的“谈条件”。

> 小李接到本月的销售任务时心里很不爽，因为本月销量在上个月的基础上增加了40%；如果和领导面对面的讲条件，可能令上司很难堪，于是他欣然接受了销售任务。在月中旬看到本月实际量和目标任务量相差较大时，小李给上司发了这样的一条短信：“本月任务销量极具挑战性，目前差距很大，但是我会带领自己的团队尽可能去达成目标。”上司接到短信后，也能明白其中的道理，在月末考核时将小李团队的销量进行了部分下调。

（4）向上司汇报工作进度

一个领导隔三岔五地打电话问：“某某事办得怎么样了?”“某某合同谈妥了吗?”“某某投诉处理好了没有?”……如果你有这样的上司，请不要责怪你的领导对你不信任，对你缺乏信心。是你没有给他汇报你的工作开展的情况如何。

由此可见，领导对下属所谓的“不放心”不仅仅是因为下属的能力问题，“不知道工作开展的进度如何”是另外一个很重要的原因。

如果一个下属遇到一些小事老是给领导打电话汇报这汇报那，上司也会心烦。发个短信息沟通就有以下好处：

① 上司忙的时候可以不看，有空的时候可以慢慢看。

② 上司觉得没有必要可以不回电话，觉得有必要才给你回电话。

③ 上司心情不好的时候可以不看或不回电话，上司心情好的时候再看或再回电话。

> 小张是刘经理最信任的销售员，之所以信任不是其他原因，而是小张有时通过短信给刘经理汇报工作进度。如：
>
> “刘经理，促销活动前期准备很充分，明天早上9点准时开始。”
>
> “前天我去了张老板那里，有些意向，估计下个月能够‘拿下’。”
>
> “王老板的促销协议已签，在你给我的政策基础上节约了2个百分点。”
>
> “经调查，赵老板的促销活动时机不成熟，建议推迟。”
>
> “销售员小刘最近表现积极，请领导有时间给他打个电话，鼓励鼓励，谢谢!”

（5）向上司汇报自己的成绩和付出的艰辛

很多时候，我们做出了一些成绩，如果常常给上司打电话未免有“邀功”的嫌疑。发个短信息，说说自己的“苦处”和“成绩”，也是在领导面前表现自己的一种方式。

> 销售经理经常夸小刘能吃苦，有责任心，敬业。原因是他有时给经理发如下一些短信息：
>
> “经理，昨天晚上12点才回办事处，投诉的问题终于解决了。”
>
> “经理，昨天我和王老板聊得很投机，今天和王老板的合同也很顺利地签了。”
>
> “昨天，我在王大姐办公室接受了2个小时的‘训斥’，现在她的气消了，质量投诉的问题也解决好了。”

（6）培养客户的感情

短信息在培养客户感情方面也有一些作用。

> 老客户过生日，发条短信息，让他觉得你很重视他。
>
> 过节给新客户发个信息，加深他对你的印象，“先混个熟脸”为将来做准备。
>
> 通过短信息，给客户透露一些“公司允许透露的秘密”，让客户感觉到你们的关系很“铁”。

以上的这些方法，是我个人根据自己的工作经验总结出来的。需要说明的是：

① 上述这些方法，可以偶尔用一下，且不可滥用，否则会让你的上司或下属反感；

② 短信沟通仅仅适用于非重要的问题，重要的问题一定在第一时间里打电话沟通或面谈。否则，别人认为你“抠门”，是在节约电话费。

【训练实施】

训练一：小组发短信

每个小组编辑两条短信发给老师，可把老师当作任何人，可表达祝福，说明事情等，内容自拟。课堂上现场对发的短信进行讨论，分析其可取与不可取的部分。

【训练评估】

<table>
<tr><td colspan="2">我对本训练感触最深的是：</td></tr>
<tr><td colspan="2"></td></tr>
<tr><td colspan="2">我将在自己的沟通实践中做如下改变：</td></tr>
<tr><td colspan="2"></td></tr>
<tr><td>实践计划</td><td>预计期限</td></tr>
<tr><td></td><td></td></tr>
<tr><td></td><td></td></tr>
<tr><td></td><td></td></tr>
<tr><td></td><td></td></tr>
</table>

【拓展训练与阅读】

祝福短信注意点

不签姓名，失去祝福的意义

不分时间，干扰对方的正常生活

不分对象，招致对方的不快

没有个性，让对方感到不够真诚

扎堆祝贺，被众多信息所淹没

小辈要抢先给长辈拜年

礼貌回拜，让对方感到尊重

礼尚往来，相互尊重

任务四 E-mail沟通

【训练导入】

EMC大中华区总裁陆纯初回办公室取东西，到门口发现自己忘记带钥匙。而此时他的秘书瑞贝卡已下班。陆试图联系未果，非常恼怒。在次日凌晨，陆通过内部电邮系统用英文发了一封措辞严厉的“指责邮件”，告诫她下次要在确保其服务的主管无事后，方能离开。陆同时将这封邮件抄送给了公司的其他几位高管。

接下来的演进远远超出陆纯的预料。面对上司的责备，瑞贝卡在两天之后，以中文对陆的邮件做了正式答复。答复逻辑清晰、语言简练，并反过来指责陆忘记带钥匙而迁怒她是推卸责任，同时认为陆无权干涉和控制自己8小时外的私生活。更出乎常规的是，她将其答复转给了“EMC（北京）、EMC（成都）、EMC（广州）、EMC（上海）”。

显然，瑞贝卡在做出答复的同时，也做好了走人的准备，但事件在进一步戏剧性发展。

她的这份答复邮件，又从EMC内部流出，并在短短的一周内，迅速传遍了几乎中国所有的知名外企。4月25日，北京某平面媒体对此事做了报道。该报道立即被全国各媒体转载和各门户网站转帖，并成为各个论坛热议的头条。有网友戏称该事件为“邮件门”，足以与布什的“情报门”事件“媲美”。

瑞贝卡一夜成名，但这种局面并不是她愿意看到的。离职后，瑞贝卡曾无奈地表示，“这件事传得太广了，我都找不到工作了”。此后，她一直不愿接受采访。记者日前与其电话联系，也被其断然拒绝。

受伤害的显然不止瑞贝卡一位。事件被曝光后，有网友贴出了陆纯初的简历和工作业绩，其中不乏有人身攻击的言语。对此，EMC公司不得不出来表态，强调“该员工离职只是个人事件”。

5 月 9 日，几大网站均贴出了题为“EMC 公司大中国区总裁陆纯初离职”的报道，报道称“据 EMC 公司内部人士透露，陆离职的消息已经于昨天在公司内部宣布，美国总部专门派人来调查过相关的事件，陆的继任者目前还没有宣布。”不过，EMC 大中国区市场部经理吴薇于 5 月 10 日向本报证实，“陆纯初先生没有离职”。并进一步表示“对于 EMC 内部的人事问题不做评论”。

无论陆离职与否，事件中的当事方都没有赢家，恰如有专家指出的那样，EMC 公司损失的是在华的信誉，而陆和瑞二人的职业生涯受到的伤害“后遗症”会慢慢呈现。

【训练目标】

1. 正确认识 E-mail 沟通。
2. 掌握 E-mail 沟通的技巧和方法。
3. 合理运用 E-mail 沟通。

【知识链接】

“在人际交往中要尊重一个人，首先就要懂得替他节省时间”，电子邮件礼仪的一个重要方面就是节省他人时间，只把有价值的信息提供给需要的人。

写 E-mail 就能看到其人为人处世的态度。你作为发信人写每封 E-mail 的时候，要想到收信人会怎样看这封 E-mail，时刻站在对方立场考虑，将心比心。同时无对别人之回答过度期望，当然更不应该对别人之回答不屑一顾。

一、关于主题

主题是接收者了解邮件的第一信息，因此要提纲挈领，使用有意义的主题才行，这样可以让收件人迅速了解邮件内容并判断其重要性。

一定不要空白标题，这是最失礼的；

标题要简短，不宜冗长，不要让 Outlook 用“……”才能显示完你的标题；

标题要能真实反映文章的内容和重要性，切忌使用含义不清的标题，如“王先生收”；

一封信尽可能只针对一个主题，不在一封信中谈及多件事情，以便于日后整理；

可适当使用大写字母或特殊字符（如“!”等）来突出标题，引起收件人注意，但应适度，特别是不要随便就用“紧急”之类的字眼；

回复对方邮件时，可以根据回复内容需要更改标题。

二、关于称呼与问候

（一）恰当地称呼收件者，拿捏尺度

邮件的开头要称呼收件人。这既显得礼貌，也明确提醒某收件人，此邮件是面向他的，要求其给出必要的回应；在多个收件人的情况下可以称呼大家、All。

如果对方有职务，应按职务尊称对方，如“×经理”；如果不清楚职务，则应按通常的“×先生”、“×小姐”称呼，但要把性别先搞清楚。

不熟悉的人不宜直接称呼英文名，对级别高于自己的人也不宜称呼英文名。称呼全名也是不礼貌的，不要逮谁都用个“Dear ×××”，显得很熟络。

（二）E-mail 开头结尾最好要有问候语

最简单的开头写一个“Hi”，中文的写个“你好”；结尾常见的写个 Best Regards，中文的写个“祝您顺利”之类的就可以了。

俗话说得好，“礼多人不怪”，礼貌一些总是好的，即便邮件中有些地方不妥，对方也能平静地看待。

三、关于正文

（一）E-mail 正文要简明扼要，行文通顺

E-mail 正文应简明扼要的说清楚事情；如果具体内容确实很多，正文应只作摘要介绍，然后单独写个文件作为附件进行详细描述。

正文行文应通顺，多用简单词汇和短句，准确清晰地表达，不要出现晦涩难懂的语句。最好不要让人家拉滚动条才能看完你的邮件。

（二）注意 E-mail 的论述语气

根据收件人与自己的熟络程度、等级关系；邮件是对内还是对外性质的不同，选择恰当地语气进行论述，以免引起对方不适。

尊重对方，“请、谢谢”之类的语句要经常出现。

电子邮件可轻易地转给他人，因此对别人意见的评论必须谨慎而客观。“邮件门”就是深刻的教训！

（三）E-mail 正文多用 1234 之类的列表，保证清晰明确

如果事情复杂，最好 1、2、3、4 的列几个段落进行清晰准确的说明。保持你的每个段落简短不冗长，没人有时间仔细看你没分段的长篇大论。

（四）一次邮件交代完整信息

最好在一次邮件中把相关信息全部说清楚，说准确。不要过两分钟之后再发一封什么“补充”或者“更正”之类的邮件，这会让人很反感。

（五）注意使用拼写检查，尽可能避免拼写错误和错别字

这是对别人的尊重，也是自己态度的体现。如果是英文 E-mail，最好把拼写检查功能打开；如果是中文 E-mail，注意拼音输入法带给你的同音别字。

在邮件发送之前，务必自己仔细阅读一遍，检查行文是否通顺，拼写是否有错误。

（六）合理提示重要信息

不要动不动就用大写字母、粗体斜体、颜色字体、加大字号等手段对一些信息进行提示。合理的提示是必要的，但过多的提示则会让人抓不住重点，影响阅读。

（七）合理利用图片，表格等形式来辅助阐述

对于很多带有技术介绍或讨论性质的邮件，单纯以文字形式很难描述清楚。如果配合图标加以阐述，收件人一定会表扬你的体贴。

（八）不要动不动使用“:)”之类的笑脸字符

在商务信函里面这样显得比较轻佻。商务邮件不是你的情书，所以“:)”之类的最好慎用。只用在某些你确实需要强调出一定的轻松气氛的场合。

四、关于附件

如果邮件带有附件，应在正文里面提示收件人查看附件；附件文件应按有意义的名字命名，不可用外星人才能看懂的文件名；正文中应对附件内容做简要说明，特别是带有多个附件时；附件数目不宜超过4个，数目较多时应打包压缩成一个文件；如果附件是特殊格式文件，应在正文中说明打开方式，以免影响使用；如果附件过大（不宜超过2MB），应分割成几个小文件分别发送。

五、语言的选择和汉字编码

只在必要的时候才使用英文邮件。英文邮件只是交流的工具，而不是用来炫耀和锻炼英文水平的。如果收件人是其他国家和地区的华人，应采用英文交流，由于存在中文编码的问题，你的中文邮件在其他地区可能显示成为乱码天书。

尊重对方的习惯，不主动发英文邮件。如果对方与你的邮件往来时采用中文，请不要自作聪明地发送英文邮件给他；如果对方发英文邮件给你，也不要用中文回复。

对于一些信息量丰富或重要的邮件，建议使用中文。你很难保证你的英文表达水平或收件人中某人的英文理解水平存在问题，而影响邮件所涉及问题的解决。

选择便于阅读的字号和字体。中文老实点用宋体或新宋体，英文就用 Verdana 或 Arial 字型，字号用五号或 10 号字即可。这是经研究证明最适合在线阅读的字号和字体。不要用稀奇古怪的字体或斜体，最好不用背景信纸，特别对公务邮件。

六、结尾签名

每封邮件在结尾都应签名，这样对方可以清楚地知道发件人信息。虽然你的朋友可能从发件人中认出你，但不要为你的朋友设计这样的工作。

（一）签名信息不宜过多

电子邮件消息末尾加上签名档是必要的。签名档可包括姓名、职务、公司、电话、传真、地址等信息，但信息不宜行数过多，一般不超过4行。你只需将一些必要信息放在上面，对方如果需要更详细的信息，自然会与你联系。

引用一个短语作为你的签名的一部分是可行的，比如你的座右铭，或公司的宣传口号。但是要分清收件人对象与场合，切记一定要得体。

（二）不要只用一个签名档

对内、对私、对熟悉的客户等群体的邮件往来，签名档应该进行简化。过于正式的签名档会让你与对方显得疏远。你可以在 Outlook 中设置多个签名档，灵活调用。

（三）签名档文字应选择与正文文字匹配

简体、繁体或英文全文统一，以免出现乱码。字号一般应该选择比正文字体小一些。

七、回复技巧

（一）及时回复 E-mail

收到他人的重要电子邮件后，即刻回复对方一下，往往是必不可少的，这是对他人的尊重，理想的回复时间是2小时内，特别是对一些紧急重要的邮件。

立即处理每一份邮件是很占用时间的，对于一些优先级低的邮件可集中在一特定时间处理，但一般不要超过24小时。

如果事情复杂，你无法及时确切回复，那至少应该及时的回复说“收到了，我们正在处理，一旦有结果就会及时回复”。不要让对方苦苦等待，及时做出响应，哪怕只是确认一下收到了。

如果你正在出差或休假，应该设定自动回复功能，提示发件人，以免影响工作。

（二）进行针对性回复

当回件答复问题的时候，最好把相关的问题抄到回件中，然后附上答案。应该进行必要的阐述，让对方一次性理解，避免再反复交流，浪费资源。

（三）回复不得少于 10 个字

对方给你发来一大段邮件，你却只回复“是的”“对”“谢谢”“已知道”等字眼，这是非常不礼貌的。怎么着也要凑够 10 个字，显示出你的尊重。

（四）不要就同一个问题多次回复讨论，不要“盖高楼”

如果收发双方就同一问题的交流回复超过 3 次，这只能说明交流不畅，说不清楚。此时应采用电话沟通等其他方式进行交流后再做判断。电子邮件有时并不是最好的交流方式。

对于较为复杂的问题，多个收件人频繁回复，发表看法，把邮件中的“RE 太多”，这将导致邮件过于冗长笨拙而不可阅读。此时应及时对之前讨论的结果进行小结，删减瘦身，突出有用信息。

（五）要区分 Reply 和 Reply All

如果只需要单独一个人知道的事，单独回复给他一个人就行了；如果你对发件人提出的要求做出结论响应，应该 Replay All，让大家都知道；不要让对方帮你完成这件事情。

如果你对发件人提出的问题不清楚，或有不同的意见，应该与发件人单独沟通，你们讨论好了再告诉大家。不要向上司频繁发送没有确定结果的邮件。

点击“回复全部”前，要三思而行！

（六）主动控制邮件的来往

为避免无谓的回复，浪费资源，可在文中指定部分收件人给出回复，或在文末添上以下语句：“全部办妥”“无须行动”“仅供参考，无须回复”。

八、正确使用发送、抄送、密送

要区分 To 和 CC 或 BCC（区分收件人、抄送人、密送人）

To 的人是要受理这封邮件所涉及的主要问题的人，理应对邮件予以回复响应；

而 CC 的人则只是须需要知道这回事，CC 的人没有义务对邮件予以响应，当然如果 CC 的人有建议，也可以回 E-mail；

而 BCC 是密送，即收件人是不知道你发给了 BCC 的人了的。这个可能用在非常规场合；

TO、CC 中的各收件人的排列应遵循一定的规则。比如按部门排列；按职位等级从高到低或从低到高都可以。遵循规则有助于提升你的形象！

只给需要信息的人发送邮件，不要占用他人的资源；

转发邮件要突出信息。在你转发消息之前，首先确保所有收件人需要此消息。除此之外，转发敏感或者机密信息要小心谨慎，不要把内部消息转发给外部人员或者未经授权的接收人；

如果有需要还应对转发邮件的内容进行修改和整理，以突出信息。

归结到底两句话：只发有必要的邮件，认真发邮件！

【训练实施】

每名同学给老师发一封 E-mail，内容自拟。

【训练评估】

<table>
<tr><td colspan="2">我对本训练感触最深的是：</td></tr>
<tr><td colspan="2"></td></tr>
<tr><td colspan="2">我将在自己的沟通实践中做如下改变：</td></tr>
<tr><td colspan="2"></td></tr>
<tr><td>实践计划</td><td>预计期限</td></tr>
<tr><td></td><td></td></tr>
<tr><td></td><td></td></tr>
<tr><td></td><td></td></tr>
<tr><td></td><td></td></tr>
</table>

模块四

组织沟通训练

学习引导

很多机构的调查表明，将近70%的企业经营失败都源于沟通失败。给企业造成最大损失的，不是技术不精良，不是人手不够，不是资金不到位，也不是理念不先进，而是企业与企业之间或者企业各部门之间、人与人之间的沟通不顺畅，如企业的效率低下、执行力差、管理层和执行层不和谐等问题在很大程度上也归结为沟通不畅。对于个人来说，组织沟通能力也非常重要，一个人事业上的成功，只有15%是由于他的专业技术，另外85%要靠人际关系、处事技巧！所以，组织内外的有效沟通是企业发展的源泉，也是职业人士获得成功的重要能力。

一个优秀的组织，强调的是组织的精诚团结。对于组织领导来说，要尽可能地与员工进行交流，使员工能够及时了解管理者的所思所想，并领会员工的所思所想，明确责权赏罚；而平级之间及下属与上级之间的沟通则消除彼此之间的误会，或者了解彼此心中的真实意图，使组织工作能更好地开展。

商务组织内部沟通按照讯息流向划分，可以将沟通分为：与领导沟通、与平级沟通及与下属沟通。

项目一 与领导沟通

【项目概述】

我们每一个人都不一定能成为领导，但几乎每个人都会有当下属的经历，与领导打交道，是每个人日常工作的重点。与领导沟通的效果既能体现你的沟通能力，又能够影响你的发展前景。因此，具备与上级沟通能力，掌握与上级沟通技巧，是每一个人所必备的基本技能。

本项目通过“与领导相处训练”“汇报工作训练”“说服领导训练”和“接受批评训练”，帮助训练者掌握并能运用与领导沟通的基本知识和技能。

任务一 与领导相处训练

【训练导入】

朱元璋的两个儿时的伙伴听说朱元璋做了皇帝，就去找他，想谋个一官半职。其中一个去了就说：“吾皇万岁，当年微臣随驾扫荡‘芦洲府’，打破‘罐州城’，‘汤元帅’在逃，拿住‘豆将军’，‘红孩儿’当关，多亏‘菜将军’。”朱元璋听了感觉似乎有那么回事，心里也挺高兴，就封他做了官。

另一个玩伴见面就说：“当初咱们一起给别人放牛，有一天咱们在芦苇荡里把偷来的豆子放在罐里煮，还没有熟，大家就去抢着吃，结果把罐子都打破了，豆子撒了一地。你只顾着抢豆子吃，却不小心把红草叶也放进了嘴里。叶子卡在了喉咙里，还是我出主意把青菜叶子放在手上一拍，然后再吞下去，才把红叶子吐出来的。”朱元璋听罢，觉着很没有面子，当即就把他推出去斩首了。

思考：两个伙伴的说法有什么不同，为什么会导致不同的结果？

【训练目标】

1. 顺利与各种类型领导沟通；
2. 尊重领导；
3. 正确称呼领导。

【知识链接】

一、了解领导

在沟通的过程中，我们只有在一定程度上了解了沟通对象并采取相应的策略，才能达到沟通的效果。要想与上级进行有效的沟通，首先，我们从上司的类型来认识与了解他们。

（一）威严命令型

威严命令型上司在工作中非常注重自己的威严，他们不喜欢下属对他们说“不”，因为那样他们会感觉自己的威信降低了。所以面对威严命令型的上司，千万不要“明知山有虎，偏向虎山行”。这类上司的自主意识也非常的强，他更注重实现自我价值，对下属的关怀度低；他欣赏一丝不苟的工作作风，经常以命令的口吻与下属交流。这种交流方式是自上而下的，呈单向的。他对下属的支持性行为较少，指挥性行为较多。

针对这种上级，我们要做的是坚决服从上司的命令，对于上级下达的任务与命令，要做到详尽而有条不紊，主动地向他汇报工作进度；同时要注意自己的言行举止，穿着要大方得体；不要与他过于亲近，保持一定的安全距离；坚持以工作为中心，把决策权交给上司；遇到问题要及时请示、汇报；少问多做。

（二）亲和指导型

亲和指导型的上司通常在工作中会为大家指明方向，然后亲自带领大家前进。他们对下属和工作的关注度都非常高，他们愿意倾听下属的感受，而不是意见；对于工作，给予下属一定的自主权，把个人需要和团队目标联系起来。他们帮助员工清晰地认识自己，使每个人充分地发挥自我价值，更好地为团队工作。与亲和指导型上司的交流是双向的，但仍然是一种自上而下的方式，决策权仍然控制在上司手中。他对下属的支持性行为多，指挥性行为也多。在于这种上司沟通时，我们要抱着认可与尊敬的心理。在沟中的过程中我们要经常与上司进行言语沟通，当面临困难时要学会向上司寻求帮助，在工作中有所进步也要及时地告诉上司，并表示衷心的感谢。这样不仅自己得到成长，而且还可以让上司更了解自己，从而更信任自己。

（三）积极支持型

积极支持型的上司对下属的关注度很高，下属不仅有发言权，而且有决策权。他们希望下属能够成长起来，但对工作的关注度比较低，公私关系较为混淆。在工作中喜欢请下属参与决策，他们为下属创造宽松的气氛和许多锻炼机会，让下属主动发言，提高员工的工作积极性与热情，认真地听取员工的意见和建议，可以更好地发挥下属的潜力。这是一种自下而上的沟通方式，这种方式的支持性行为多，指挥性行为少。

在工作中，如果我们遇到积极支持型的上司，我们要给予其尊重、学会放松。面对上司的热情，我们要有所回应。在工作中，积极热情地参与，主动地出谋划策，在会议中学会展现自己。同时也应该适当地与上司扩展私人交往，积极支持型的上司不仅关注下属在工作方面的表现，也关心下属生活。积极支持型的领导不仅是工作伙伴，而且也是一个值得交往的朋友。

（四）充分授权型

充分授权型的上司在工作中经常把决策过程委托给下属去完成。他们对下属和工作的关注度都比较低。在决策过程中上司只负责定目标，制定发展战略；而后续工作都由下属来完成。他们相信下属的能力，给予下属充分的自主权。不注重过程，只注重结果。他们也非常重视公私分明。充分授权型是一种自下而上的沟通方式，上司的支持性行为较少，指挥性行为也少。

与这种上司沟通的过程，对于我们来说既是机遇，又是一种挑战。在这个过程中，我们要做的是明确上司下达的任务，然后把握住上司的期望与任务的目标，运用自己各方面的能力，独立地去完成工作任务。

沟通是一个互动的过程，是双向的。在了解了上级在工作中表现的四种类型后，作为下属，我们也要根据个人特点做出相应的调整。

二、与领导沟通的原则

与领导能否顺畅沟通，除了解他的性情、心理之外，还有一些因素不能忽视，比如适当的时机和地点、有力的依据、对于结果的充分预测等，这些都是保证有效沟通的重要因素。

（一）适当的时机

通常早晨刚上班的时间上司最繁忙，而快下班的时候又是他疲惫心烦的时候，显然都不是最好的沟通时机；建议在上午十点左右找机会与领导聊聊，因为这时上司可能刚刚处理完清晨的业务，有一种如释重负的感觉，你适时地提出问题和建议，会比较容易引起他的重视和思考；无论什么时间，如果他心情不太好的话，奉劝你最好不要打扰他。

（二）适当的地点

他的办公室当然是最好的谈工作的地点。但是如果他经过你的座位，突发奇想要就某个问题与你探讨；或者你们刚好同坐电梯，而他又表现出对你工作的兴趣时，也不失为沟通的好场所。当然，这要看你的反应和智慧了。

（三）提供极具说服力的事实依据

推广一项新的提案或者提出改进现有工作制度、程序的建议，你一定要有足够的说服力，不能给上司留下一个头脑发热、主观臆断的印象；提案中不可或缺的是真实的数据和资讯。事实胜于雄辩，这个道理可以说明一切。

（四）预测质疑，准备答案

对于你的建议和设想，上司可能会提出种种质疑，如果这时你吞吞吐吐自相矛盾，你的成功概率会大大减少；同时还会给上司留下你逻辑性差、思维不够缜密的印象；最好充分预想上司可能有的疑虑，并一一准备答案，这样你就可以胸有成竹地站在他面前了。

（五）突出重点

先弄清楚上司最关心的问题，再想清楚自己最想解决的问题，交谈时一定要先说重点，因为上司的时间是你难以把握的，很可能下一分钟就有一个电话进来或者一件重要的事情打断你们的谈话，如果你还东拉西扯，可能这就是一次毫无意义的交谈。

（六）切勿伤及他的自尊

上司毕竟是上司，无论你的建议多么完美，你也只是站在自己的角度考虑，而上司要统筹全局，他要协调和考虑的角度是你不曾涉及的。因此阐述完你的建议后应该给他留一段思考的时间，即使他犹疑或否定了你的建议，也不要出现伤及上司自尊的言行，这不单是对上司的尊重，也是你的涵养和素质的体现。

【训练实施】

一、训练一：怎么称呼年轻的上级

30岁的王明在某重点大学MBA毕业后，应聘到某国企工作，从事人事行政工作。他的直接上级是李辉，29岁，但在公司已经工作了近六年了。王明入职后工作得心应手，可是面对比自己小的上级不知道该怎么称呼。周围年长的同事都比李辉的职位要高，可以直接称呼他为小李，而年轻的同事则称呼他为李哥。王明觉得自己比李辉年龄大，因此也称呼他为小李。

王明发现，李辉刚听此称呼时，只是一愣，也没说什么。但过了没多久，王明逐渐发现李辉在工作上逐渐和他有些别扭了。

讨论：这其中的问题出在哪里？

如果是你，该如何处理？

二、训练二：哪里做错了？

刘颖在一家企业做经理秘书。有一次，因为供应商给价过高，经理一怒之下，让刘颖写信断绝业务往来。事情过去十几天之后，经理发现还是原来的供应商性价比最合适。经理马上叫刘颖再写一份道歉信，并要求恢复业务往来。

刘颖却不慌不忙地说："经理，不用写了，那封信我根本就没有发。"

"没发？""对。"刘颖笑着说。"哦……"经理松了一口气。过了一会突然抬头说："我当时不是让你立刻发出去吗？"

"是的！但是您当时在气头上，我想您冷静之后，一定会不让发的，所以就没发。"

"压了半个多月？"经理问道。刘颖依然笑着点点头。经理突然在这个时候神情一变："我叫你给客户发的信件都发了吗？"

"都发了，都发了！"刘颖兴奋地说，"我知道什么该发，什么不该发。"

经理站起来："是你当家，还是我当家？"

刘颖愣住了，眼眶一下就湿了，结巴着说："经理，我、我做错了吗？"

"你做错了！"经理生气地说。

讨论：刘颖有没有做错？如果你是刘颖，你会怎样做呢？

三、训练三：“我认主管做大哥”

张杨刚入职不久，工作上十分认真上进，上级领导对他也很关心。有一次主管找他谈话说：“在这里工作，不必考虑太多，你就把我当朋友，有什么话直接说，有解决不了的问题，可以来找我，只要我能帮上的我会尽量帮。”张杨听了十分感动，说：“工作这么长时间了，第一次有上级领导这么对我说，我以后一定好好工作。正好我也没有哥哥，以后我就叫你大哥吧。”主管听了，微微一笑。

没过多久，在一次部门会议上，张杨向主管汇报工作。汇报完之后，张杨随口就说：“大哥，你看我做得对吗？”大家都十分惊讶，主管也十分尴尬。张杨见大家十分惊讶，便说：“前一些日子我已经认主管为大哥了。”大家并没有说什么，于是会议继续进行。

以后张杨渐渐发现主管对他不像以前那么热情了。

讨论：张杨做错了吗？主管为什么回避他？

【训练评估】

我对本训练感触最深的是：	
我将在自己的职场沟通实践中改变如下：	
实践计划	预计期限

【拓展训练与阅读】

一、与领导沟通能力测试

根据实际情况选择是（a）或者不是（b）：

（1）路上遇见领导我会绕远一点，希望领导没有看到我。

（2）领导的批评我总是能虚心接受。

(3) 工作上有了问题我喜欢自己解决，不喜欢寻求领导的帮助，因为这样会显得我很无能。

(4) 当领导和我在电梯里相遇时，除了打招呼，我不知道该和领导说什么。

(5) 当我发现领导有错时，我选择服从领导安排，而不是试图让领导了解我的意见。

(6) 当领导获得成绩时，我总是能及时赞美领导。

(7) 在开会时，我总能专心致志听领导下达任务。

(8) 我了解领导的工作方式，并能根据领导的需要适时调整自己的工作。

(9) 向领导汇报工作前，我会做好充分准备工作，有条理地汇报。

答案：b，a，b，b，b，a，a，a

对（1）－（4）题，你的与领导沟通能力比较差，需要好好练习，提高与领导沟通能力。

对（5）－（8）题，你的与领导沟通能力一般，仍有需要改进的地方。

对（9）－（10）题，你的与领导沟通能力非常好，希望继续保持

你的得分是：__________

你在与领导沟通上需要改进的地方为：____________________

二、游戏：遵照命令行事

游戏目标：让学员练习如何按要求做事，及如何倾听，如何阅读

参加人数：总人数随意，分组，每组 5－6 人

学员练习时间：3 分钟

要求：学生要在 3 分钟内完成纸上的指示；先完成的学员可以为本小组加分

附件：遵照命令行事（限时 3 分钟）

1. 请先阅读完才做。
2. 在这张纸的右上角写下您的尊姓大名。
3. 将你在右上角写下的“大名”圈出来。
4. 在这张纸的左上角画五个正方形。
5. 在刚才所画的正方形中各画一个十字。
6. 在正方形的四周画一个圆圈。
7. 在这张纸的右下角签上你的名字。
8. 在签名下写三个“好”字。
9. 在右上角所写的大名下，划一道直线。
10. 请在这张纸的左下角画一个十字。
11. 把刚才所画的十字周围加上一个三角形。
12. 在这纸的背面，算一下七十乘三十的答数。
13. 在第八句中的“好”字上画一个圆圈。
14. 当你做到这儿的时候，大声喊一声“我最快”。
15. 如果你认为已遵行指示，请大声说“我最好”。

16. 再在这张纸的背面计算二十三加三十二，再加二十三的和。
17. 从你刚才的答数减去二十三，再减去十三等于多少？
18. 请你把所得的答数和旁人比较一下。
19. 用你的笔尖在左上角五个正方形中，钻五个小洞。
20. 假如你是第一个做到这里，赶快大声喊：“我是第一”。
21. 在以上所有题目旁的数字，请把双数圈出。
22. 现在你已仔细读完了，请只做第一、第二题的工作。

三、阅读以下材料

不同类型领导的性格特点与分析

（一）老虎型（支配型 Dominance）

“老虎”一般企图心强烈，喜欢冒险，个性积极，竞争力强，凡事喜欢掌控全局发号施令，不喜欢维持现状，但行动力强，目标一经确立便会全力以赴。他的缺点是在决策上较易流于专断，不易妥协，故较容易与人发生争执摩擦。如果下属中有“老虎”要给予他更多的责任，他会觉得自己有价值，布置工作时注意结果导向，如果上司是老虎则要在他面前展示自信果断的一面，同时避免在公众场合与他唱反调。

个性特点：有自信，够权威，决断力高，竞争性强，胸怀大志，喜欢评估。企图心强烈，喜欢冒险，个性积极，竞争力强，有对抗性。

优点：善于控制局面并能果断地做出决定的能力。

缺点：当感到压力时，这类人就会太重视迅速地完成工作，容易忽视细节，他们可能不顾自己和别人的情感。由于他们要求过高，加之好胜的天性，有时会成为工作狂。

老虎品格的人具备高支配型特质，竞争力强、好胜心盛、积极自信，是个有决断力的组织者。他胸怀大志、勇于冒险、分析敏锐，主动积极且具极为强烈的企图心，只要认定目标就勇往直前，不畏反抗与攻讦，誓要取得目标的实现。

老虎型领导人都倾向以权威作风来进行决策，作为其部属者除要高度服从外，也要有冒险犯难的勇气，为其杀敌闯关。

老虎型领导人最适合开创性与改革性的工作，在开拓市场的时代或需要执行改革的环境中，最容易有出色的表现。

宏碁集团的施振荣和前美国通用电气公司总裁韦尔奇（Jack Welch）等，都是老虎型领导人。

（二）孔雀型（表达型 Extroversion）

“孔雀”热情洋溢，好交朋友，口才流畅，重视形象，擅于人际关系的建立，富有同情心，最适合人际导向的工作。缺点是容易过于乐观，往往无法估计细节，在执行力度上需要高专业的技术精英来配合。对孔雀要以鼓励为主，给他表现机会保持他的工作激情，但也要注意他的情绪化和防止细节失误。

个性特点：很热心，够乐观，口才流畅，好交朋友，风度翩翩，诚恳热心。热情洋溢、好交朋友、口才流畅、个性乐观、表现欲强。

优点：此类型的人生性活泼。能够使人兴奋，他们高效地工作，善于建立同盟或搞好关系来实现目标。他们很适合需要当众表现、引人注目、态度公开的工作。

缺点：因其跳跃性的思考模式，常无法顾及细节，对事情的完成执着度不够。

孔雀型工作风格的主要行为：运用快速的手势；面部表情特别丰富；运用有说服力的语言；工作空间里充满了各种能鼓舞人心的东西。

孔雀型具有高度的表达能力，他的社交能力极强，有流畅无碍的口才和热情幽默的风度，在团体或社群中容易广结善缘、建立知名度。孔雀型领导人天生具备乐观与和善的性格，有真诚的同情心和感染他人的能力，在以团队合作为主的工作环境中，会有最好的表现。

孔雀型领导人在任何团体内，都是人缘最好的人和最受欢迎的人，是最能吹起领导号角的人物。当孔雀型领导人的部属者，除要能乐于在团队中工作外，还要对其领导谦逊得体，不露锋、不出头，把一切成功光华都让与领导。

反之，若老虎型领导人有个孔雀型的人辅助，二人则会是最佳搭配。孔雀型的人天生具有鼓吹理想的特质，在推动新思维、执行某种新使命或推广某项宣传等任务的工作中，都会有极出色的表现。他们在开发市场或创建产业的工作环境中，最能发挥其所长。

有台湾企管大师之称的石滋宜博士，就是属于孔雀型的人。

（三）考拉型（耐心型 Pace/Patience）

考拉型属于行事稳健，不会夸张，强调平实的人，性情平和，对人不喜欢制造麻烦，不兴风作浪，温和善良，常让人误以为是懒散不积极，但只要决心投入，绝对是“路遥知马力”的最佳典型。对考拉型的人要多给予关注和温柔，想方设法挖掘他们内在的潜力。

个性特点：很稳定，够敦厚，温和规律，不好冲突。行事稳健、强调平实，有过人的耐力，温和善良。

优点：他们对其他人的感情很敏感，这使他们在集体环境中左右逢源。

缺点：很难坚持自己的观点和迅速做出决定。一般说来，他们不喜欢面对与同事意见不合的局面，他们不愿处理争执。

考拉型工作风格的主要行为：面部表情和蔼可亲；说话慢条斯理，声音轻柔；用赞同型、鼓励性的语言。

考拉具有高度的耐心。他敦厚随和，行事冷静自持；生活讲求律规但也随缘从容，面对困境，都能泰然自若。

考拉型领导人，适宜当安定内部的管理工作，在需要专业精密技巧的领域，或在气氛和谐且不具赶迫时间表等的职场环境中，他们最能发挥所长。当企业的产品稳居市场时，考拉型的企业领导人是极佳的总舵手。但当企业还在开拓市场的时候，老虎型或孔雀型的人似乎较占优势。

或许，勇于开疆辟土的老虎型的人当一哥，配以与人为善的考拉型人当二把手，也是好的搭配。考拉型领导人强调无为而治，能与周围的人和睦相处而不树敌，是极佳的人事领导者，适宜在企业改革后，为公司和员工重建互信的工作。又由于他们具有高度的耐心性，有能力为企业赚取长远的利益，或为公司打好永续经营的基础。

（四）猫头鹰型（精确型 Conformity）

猫头鹰型领导传统而保守，分析力强，精确度高是其最佳的品质保证，喜欢把细节条例化，个性拘谨含蓄，谨守分寸忠于职责，但会让人觉得“吹毛求疵”。“猫头鹰”清晰分析道理说服别人很有一套，处事客观合理，只是有时会钻在牛角尖里拔不出来。古代断案如神的包拯正是此种类型的典范。

个性特点：很传统，注重细节，条理分明，责任感强，重视纪律。保守、分析力强，精准度高，喜欢把细节条例化，个性拘谨含蓄。

优点：天生就有爱找出事情真相的习性，因为他们有耐心仔细考察所有的细节并想出合乎逻辑的解决办法。

缺点：把事实和精确度置于感情之前，这会被认为是感情冷漠。在压力下，有时为了避免做出结论，他们会分析过度。

猫头鹰型工作风格的主要行为：很少有面部表情；动作缓慢；使用精确的语言、注意特殊细节；办公室里挂有图表、统计数字等。

猫头鹰型具有高度精确的能力，其行事风格，重规则轻情感，事事以规则为准绳，并以之为主导思想。他性格内敛、善于以数字或规条为表达工具而不大擅长以语言来沟通情感或向同事和部属等做指示。他行事讲究条理分明、守纪律重承诺，是个完美主义者。

架构稳定和制度健全的组织最好聘用猫头鹰型的人来当各级领导人，因为猫头鹰型领导人喜欢在安全架构的环境中工作，且其表现也会最好。其行事讲究制度化，事事求依据和规律的习性，极为适合事务机构的行事方式。然而，当企业需要进行目标重整、结构重组、流程变革时，猫头鹰型领导人就会产生迷失，不知如何处事，也不知如何自处。对改革行动，上者会先保持观望的态度，再慢慢适应新的局面；中者也会先保持观望的态度，然后呈词求去；下者则会结集反对力量，公然表示反对或隐晦地从事反对等的行为。

又由于猫头鹰型人的行事决策风格，是以数据和规则为其主导思想，其直觉能力和应变能力都偏低，因而创造和创新能力也相对地弱，因而不宜担任需要创建或创新能力的任务。组织完善和发展安定的企业，宜用猫头鹰型企管人当家。

他们尊重传统、重视架构、事事求据，喜爱工作安定的性格，是企业安定力量的来源。然而，由于他们行事讲究制度化，事事求依据和规律，故会将细节条例化，事事检查以求正确无误，甚至为了办事精确，对人吹毛求疵或挑剔别人的错误，以显现自己一切照章办事的态度和求取完美的精神，不易维持团队内的团结精神和凝聚力。

（五）变色龙型（整合型 1/2 Sigma）

变色龙型中庸而不极端，凡事不执着，韧性极强，擅于沟通，是天生的谈判家，他们能充分融入各种新环境新文化且适应性良好，在他人眼中会觉得他们“没有个性”，故“没有原则就是最高原则”，他们懂得凡事看情况看场合。

工作风格的优点：善于在工作中调整自己的角色去适应环境，具有很好的沟通能力。

缺点：从别人眼中看变色龙族群，会觉得他们较无个性及原则。

变色龙型工作风格的主要行为：综合老虎、孔雀、考拉、猫头鹰的特质，看似没有突出个性，但擅长整合内外资源；没有强烈的个人意识形态，是他们处事的价值观。

变色龙型具有高度的应变能力。他性格善变，处事极具弹性，能为了适应环境的要求而调整其决定甚至信念。

变色龙型的领导人，是支配型、表达型、耐心型、精确型四种特质的综合体，没有突出的个性，擅长整合内外信息，兼容并蓄，不会与人为敌，以中庸之道处世。他们处事圆融，弹性极强，处事处处留有余地，行事绝对不会走偏锋极端，是一个办事让你放心的人物。

变色龙型的领导人既没有凸出的个性，对事也没有什么强烈的个人意识形态，事事求中立并倾向站在没有立场的位置，故在冲突的环境中，是个能游走折中的高手。由于他们能密切地融合于各种环境中，他们可以为企业进行对内对外的各种交涉，只要任务确实和目标清楚，他们都能恰如其分地完成其任务。

任务二　汇报工作训练

【训练导入】

一次，李经理和一位重要客户边聊边往主管的办公室走。

这时，小王和李经理打招呼，简单问候之后，李经理随口问一句："昨天你们把材料汇总完了吗？"小王马上详尽地作答欲从头说起，全然不顾走廊并不适合汇报工作，也忘了还有客户在场。李经理很快打断了她："等一下，拿份书面报告来我办公室吧。"

小王很快回到自己的办公室整理材料，之后刻不容缓地奔到了领导办公室。此时李经理与客户刚刚讨论完合同的主要要求，见她敲门进来，蹙起眉头无奈地说："我现在有客人，你先回去吧，一会儿我有时间打电话给你。"小王只好悻悻离去。

讨论：小王有没有做错？向领导汇报工作时该如何做才是合适的？

【训练目标】

1. 正确向领导汇报工作；
2. 掌握向领导汇报技巧。

【知识链接】

一、汇报工作类型

汇报工作可分为"主动汇报"和"被动汇报"。主动汇报，就是汇报方根据需要主动向领导汇报工作，这种汇报的内容一般有两种：一是工作上的新思路、新想法，在没实施之前向领导进行汇报，以求得领导的指导、肯定，以便在决策上"合法化"。二是工作上遇到了自己难以克服的困难或重大问题，需要向领导反映情况，以求得领导的指点和帮助。被动汇报，就是领导要听你的汇报，汇报者完全按照领导的要求进行汇报，包括汇报内容、汇报方式、汇报时间等，都必须“被动”地服从领导。这种汇报一般是汇报单位或本人在特定的时间内某一方面或几个方面工作的开展情况。汇报者作为检查、督导、验收、调查者汇报被检查、督导、验收、调查对象的工作开展情况或某一事件的来龙去脉。

二、汇报工作技巧

（一）明确目的

事先一定要思考好：这次汇报应该达到什么目的。这是一个带有根本性、方向性的问题，也是要汇报的主题思想。可以说，这个问题解决好了，你的汇报就成功了一大半。有的人之所以汇报得不大成功，关键就是目的性不明确，准备的材料零乱无章，让人听了半天不知道说的是什么。在解决汇报目的上，主动汇报问题不大，因为汇报者在萌发汇报意识时，就比较明确汇报意图。被动汇报时要多动脑筋，一是要分析领导听汇报的目的，要把此次汇报放在一个较大的背景下进行分析，比如：为什么领导要在这个时候听汇报？要听的内容与当前中心工作的关系是什么？要听汇报的领导平时的习惯是什么？都要琢磨透彻。二是结合自身的工作情况，思考怎样才能让领导听后给出肯定的评价，给领导留下好的印象。

（二）抓住重点

根据汇报目的和领导的要求，选择重点内容，并找准切入点。有的同志其实也非常重视汇报工作，总想抓住机会把所有工作都一股脑地倒出来，唯恐领导对自己或本单位了解得少，汇报时不分主次，面面俱到，既抓不住要领，又吸引不住领导，甚至适得其反。所谓重点没有一定之规，应该说满足领导要求汇报的内容就是重点，要具体情况具体分析。以被动汇报为例，一般来说，选择重点要从三个方面考虑：一是领导最想听、最关心的东西，或者说领导想强调的事，你已经做到位了，领导想说的话你说出来了。二是自己认为最能表现成绩的业绩，或者说最出色的工作。三是有自己特点的东西。如果说汇报的目的是“主线”，那么汇报的重点就是“主干”。

（三）不说废话

首先要根据汇报的要求和重点，事先进行认真准备，列出提纲或形成文字材料。汇报时非特殊问题无须过多解释。特别是有时间限制时，更要严格把握，充分利用有效时间把该汇报的内容都说出来。其次尽量做到每句话都有分量，繁简适度，表达得体，既不过时，也不浪费机会，让人听后有一种新鲜感和透亮感。

（四）灵活把握

有时在汇报当中领导会提出一些要求，比如汇报内容的增减、对一些问题的关注程度、汇报时限的变化等。遇有这类情况时就要调整汇报思路，这也是应变能力的考验。其对策有二：一是如没有排列顺序，要注意抢占“最佳点”，即选择最好时机汇报。一般来说，先说比后说强，既能“先入为主”，给人留下深刻印象，又有时间保证，免得“白准备”。二是如被排列到靠后而又面对新要求时，一定不要再去照本宣科，要选准重中之重，用最佳切入点、最精练的语言，把最重要的问题汇报好，在被动中求主动，处理得好也能收到事半功倍之效。

（五）实事求是

向领导汇报工作，无论怎么切入，怎么加工润色，都必须本着认真负责的态度和实事求是的精神，一定要把汇报工作建立在事实清楚的基础之上，决不能凭主观想象随意编造，更不能弄虚作假欺骗领导。这既是个职业道德问题，也是工作的基本要求。

【训练实施】

一、训练一：难放的迎宾牌

（一）训练要求

角色：张经理、李组长、小王

道具：一张凳子

（二）训练情景：

1. 小王正在办公室打扫卫生，张经理刚好经过，看到旁边部门的迎宾牌子（以凳子或者其他东西代替），认为放置的位置不合适，就要求小王放到另外一边。

2. 小王……（学生表演如何处理）

3. 过了一会，李组长看到了被移动过的迎宾牌，火冒三丈，把小王教训了一顿，并要求小王把迎宾牌放回原位。

4. 小王……（学生表演如何处理）

5. 下午张经理经过办公室，看到移动过的迎宾牌，把小王叫过来，教训了一顿。

6. 小王……（学生表演如何处理）

7. 如此往复，直到问题解决。

（三）训练分享

1. 讨论：如果你是小王，该如何处理这件事？

2. 当两名上级意见不一致时该如何处理？

二、训练二：主动找领导汇报

学生选择一名老师就某个问题进行交谈，并完成下列三表。

与老师谈话记录表

老师姓名：__________，职务：__________，联系方式：__________
交谈时间：__________ 交谈地点：__________
谈话主题：__________
谈话内容：__________
____
____
____
____
____

与上级汇报效果核查表

	自我打分	教师打分	备注
1. 你汇报的目标是否明确			
2. 你在汇报前是否做了充分的准备			
3. 你的汇报时间、地点是否合适			
4. 你的衣着打扮是否得体			
5. 你有没有注意社交礼仪			
6. 你是否在3分钟内描述清楚自己的汇报主题			
7. 你有没有认真倾听老师的意见和建议			
8. 本次汇报有没有达到预期目标			
9. 你对本次沟通是否满意			
10. 老师对本次沟通是否满意			
合计			
备注：每项评分满分为10分，非常满意（9－10分）、满意（7－8分）、一般（5－6分）、不满意（3－4分），非常不满意（0－2分）			

【训练评估】

本训练对我感触最深的是：	
我将在自己的职场沟通实践中改变如下：	
实践计划	预计期限

【拓展训练与阅读】

请示、汇报工作的礼仪规范

一、准备充分

汇报请示可以是预约的，也可以是临时的，但无论是哪一种，都应做到准备充分、心中有数，万不可匆忙前去，边想边说，杂乱无章。

二、把握时间

下级向上级领导汇报工作时应注意把握好时间。

第一，临时的汇报请示要注意选择合适的时间，要事先了解领导的活动安排，选择领导不是很忙的时间前去，不要在领导忙于处理某一事情时前去打扰。

第二，提前预约的汇报请示应按约定的时间准时到达。过早到达会打乱领导的安排，甚至会使领导因准备未毕而难堪；迟迟不到则会让领导等候过久，浪费领导的时间。

第三，把握告辞的时间，一般是由领导提出汇报请示结束的要求，此时汇报请示者应及时礼貌地告辞。

三、内容求实

汇报工作应实事求是，不能夸大困难和矛盾，也不要报喜不报忧。要中心明确，要点突出，不宜长篇大论，面面俱到。要尊重领导，不要把汇报请示当作“诉苦”的机会，不要诽谤、中伤他人。

四、语言得体

语句准确、简明、通俗，语调平稳，语速适中，使听者感到轻松易懂为好。不要抢领导的话，如果需要插话或打断对方谈话时，应先征得对方的同意。当领导否定自己的意见时，要保持冷静，面部表情不应有较大的变化，更不要去顶撞、要挟对方。

五、举止文雅

应注意自己的举止，做到站有站相，坐有坐相，文雅大方，彬彬有礼。

任务三　说服领导训练

【训练导入】

赵太后新用事，秦急攻之。赵氏求救于齐，齐曰：“必以长安君为质，兵乃出。”太后不肯，大臣强谏。太后明谓左右：“有复言令长安君为质者，老妇必唾其面。”

左师触龙言：愿见太后。太后盛气而揖之。入而徐趋，至而自谢，曰：“老臣病足，曾不能疾走，不得见久矣。窃自恕，而恐太后玉体之有所郄也，故愿望见太后。”太后曰：“老妇恃辇而行。”曰：“日食饮得无衰乎？”曰：“恃粥耳。”曰：“老臣今者殊不欲食，乃自强步，日三四里，少益耆食，和于身。”太后曰：“老妇不能。”太后之色少解。

左师曰：“老臣贱息舒祺，最少，不肖；而臣衰，窃爱怜之。愿令得补黑衣之数，以卫王宫。没死以闻。”太后曰：“敬诺。年几何矣？”对曰：“十五岁矣。虽少，愿及未填沟壑而托之。”太后曰：“丈夫亦爱怜其少子乎？”对曰：“甚于妇人。”太后笑曰：“妇人异甚。”对曰：“老臣窃以为媪之爱燕后贤于长安君。”曰：“君过矣！不若长安君之甚。”左师公曰：“父母之爱子，则为之计深远。媪之送燕后也，持其踵，为之泣，念悲其远也，亦哀之矣。已行，非弗思也，祭祀必祝之，祝曰：‘必勿使反。’岂非计久长，有子孙相继为王也哉？”太后曰：“然。”

左师曰：“今三世以前，至于赵之为赵，赵主之子孙侯者，其继有在者乎？”曰：“无有。”曰：“微独赵，诸侯有在者乎？”曰：“老妇不闻也。”“此其近者祸及身，远者及其子孙。岂人主之子孙则必不善哉？位尊而无功，奉厚而无劳，而挟重器多也。今媪尊长安君之位，而封之以膏腴之地，多予之重器，而不及今令有功于国，一旦山陵崩，长安君何以自托于赵？老臣以媪为长安君计短也，故以为其爱不若燕后。”太后曰：“诺，恣君之所使之。”于是为长安君约车百乘，质于齐，齐兵乃出。

子义闻之曰：“人主之子也，骨肉之亲也，犹不能恃无功之尊、无劳之奉，而守金玉之重也，而况人臣乎。”

思考：触龙是怎样说服赵太后的？

【训练目标】

1. 通过收集资料、运用数据等方法与上级沟通；
2. 与上级沟通时能长话短说；
3. 运用恰当的技巧在工作中说服上级。

【知识链接】

一、说服上级的技巧

对于领导的指示，要认真执行。那么，怎样说服领导，让领导理解自己的主张、同意自己的看法呢？

（一）选择恰当的提议时机

刚上班时，领导会因事情多而繁忙，到快下班时，领导又会疲倦心烦，显然，这都不是提议的好时机。总之，记住一点，当领导心情不太好时，无论多么好的建议，他都难以细心静听。

那么，什么时候会比较好呢？通常推荐在上午10点左右，此时领导可能刚刚处理完清晨的业务，有一种如释重负的感觉，同时正在进行本日的工作安排，适时的以委婉方式提出意见，会比较容易引起领导的思考和重视。还有一个较好的时间段是在午休结束后的半个小时里，此时领导经过短暂的休息，可能会有更好的体力和精力，比较容易听取别人的建议。总之，要选择领导时间充分、心情舒畅的时候提出改进方案。

（二）资讯及数据都极具说服力

对改进工作的建议，如果只凭嘴讲，是没有太大说服力的。但如果事先收集整理好有关数据和资料，做成书面材料，借助直观的展示，就会加强说服力。

（三）设想领导质疑，事先准备答案

领导对于方案提出疑问，如果事先毫无准备，吞吞吐吐，前言不搭后语，自相矛盾，当然不能说服领导。因此，应事先设想领导会提什么问题，自己该如何回答。

（四）说话简明扼要，重点突出

在与领导交谈时，一定要简单明了。对于领导最关心的问题要重点突出、言简意赅。如对于设立新厂的方案，领导最关心的还是投资的回收问题。他希望了解投资的数额、投资回收期、项目的盈利点、盈利的持续性等等问题。因此你在说服领导时，就要重点突出，简明扼要地回答领导最关心的问题，而不要东拉西扯，分散领导的注意力。

二、说服上级要学会长话短说

下属在说服上级时如果滔滔不绝，容易引起厌烦，难以实现与上级达成共识或者解决问题的目的。对此可遵循下列四个步骤。

（一）确立目标

与上级沟通前，对自己提出三个问题：

1. 沟通目的。为什么要与上级进行此次沟通？

2. 了解程度。上级对所需要沟通的事项了解到什么程度？

3. 沟通目标。希望通过此次沟通达到什么效果？

（二）分析上级

1. 上级最关心的问题是什么？要着重说明上级对此问题最关心的内容。

2. 上级的性格特征是什么？包括知识水准、年龄、价值观、需求、兴趣、信念等，抓住其主要特征与倾向，有针对性地安排沟通内容，以便节省沟通时间。

（三）规划框架

1. 在哪些方面需要与上级沟通？沟通之前，要把沟通内容分条列项，层次分明。

2. 沟通内容的先后顺序是什么？沟通顺序要安排合适，有些事情与上级沟通时，可以先说结果，再陈述经过。

3. 沟通内容如何表达才清楚简洁？语言表达要简练，一个字能说明问题就不要用两个字。

（四）收集资料

可以列举相关的例证和数据，以增加沟通语言的说服力和简洁性。

【训练实施】

一、训练一：说服领导

（一）案例阅读

这段时间你们小组的表现不错，并且最近工作不是太忙，企业决定让你们到海南旅游，你们小组有10名成员，但是领导给你旅游的名额只有7名，请说服老总把旅游名额增加到10名。

部门经理向上级领导说："朱总，我们部门10个人都想去海南，可只有7个名额，剩余的3个人会有意见，能不能再给3个名额？"

朱总说："筛选一下不就完了吗？公司能拿出10个名额就花费不少了，你们怎么不多为公司考虑？你们呀，就是得寸进尺，不让你们去旅游就好了，谁也没意见。我看这样吧，你们3个做部门经理的，姿态高一点，明年再去，这不就解决了吗？"

（二）课堂讨论

1. 部门经理有没有说错？

2. 如果你是部门经理，你会怎样说呢？

二、训练二：说服银行借钱

（一）训练要求

1. 参与人数：20人

2. 时间控制：30分钟

3. 场地：不限

4. 所需道具：一元硬币10枚

（二）训练过程

1. 训练者分为A、B、C三组，其中A、B两组各5人，C组10人；

2. 给C组学员每人发1枚硬币，C组的10个人分别代表十家银行，A、B两组分别代表两个企业；

3. 活动规则：A、B两组所代表的企业受到金融危机的影响，每个企业必须凑够6枚硬币才能生存；A、B两组人必须想方设法说服C组银行把钱借给自己，在此过程中银行可以提出任何问题，A、B两组必须尽量让C组满意。最后，C组银行将根据A、B两组的表现决定把钱借给谁。先从银行那里借到6枚硬币的那组获胜。

（三）训练分享

1. 作为银行，你为什么会把钱借给A（B）？

2. 作为企业，你如何说服银行把钱借给你？

3. 假设银行就是沟通中的上级，企业代表应该用什么样的语言才能更容易达成共识，从而获得银行的支持和帮助？

【拓展训练与阅读】

一、案例阅读

Joanne 和 Rena 的故事

Joanne 和 Rena 所在的企划部新来了一位“海归”上司。一次开会，上司突然提出了一个改革计划，乍听上去可以帮公司提高效率，但实际上几乎颠覆了公司现有的管理规范和架构。上司指派 R 负责协调业务线的部门进行计划安排和实施，并指派 J 负责协调其他后台部门。R 当场就指出此计划的不足，而 J 在会议过程中并没有提出强烈的反对，仅仅是支持了一下 R 的观点，谈了一些自己的顾虑。会后 R 又将自己的观点向上司重复和强调了一遍，而这并没让上司改变观点，反而他生硬地扔了一句话：“You can do it.” J 选择了先把上司的计划发给相关的部门负责人，等待对方的反应，然后，拿对方回复的 E-mail 和上司讨论解决方案。

上司尽管没有当场同意，但第二次开会的时候，他按照 J 的建议修改了计划。相同的是，R 和 J 都看出了问题和症结所在，可是选择的方式方法不同，最后上司的选择不同，R 留给上司是不服从的感觉，而 J 给上司留下了不错的印象，青睐有加。

讨论：R 和 J 的做法有什么不同？

二、阅读以下材料

（一）说服上级的语言技巧

1. 以情动人，以理服人。在相互理解的基础上用真诚的语言来打动上级，用充分的理由和证据使上级乐意接受。因此说服时引用的材料和事实必须准确可靠，说理的时候要抓住事物的本质，做到有的放矢。

2. 语言简洁精练。说服的思路必须十分清晰，把握重点，言之有序，并且连贯一致。说话时注意句式变化，多用短句少用长句。另外，与上级交谈，必须特别注意措辞，不要用模棱两可的语言或有歧义的词语。

3. 委婉含蓄地表达。下属与上级沟通时应当有所顾忌，口不择言可能招致上级的反感。为了起到比较好的表达效果，可以适当地运用比喻、暗示等修辞方式。为了说话留有余地，或在不便直说的情况下，委婉地运用模糊语言，也是一种技巧。

4. 形象生动地叙述。枯燥无味、呆板单调的叙述方式，只会让上级感到疲劳、厌倦。把抽象的道理具体化，运用比喻等方式把无形的东西转变为生动的形象，把老生常谈的话题以别出心裁的方式讲出来。

（二）说服上级的非语言技巧

1. 目光的交流。与上级谈话时，眼睛应明亮有神，充满热情，展现坦诚、自然的表情，以示自己是一个坦诚而有自信的人。如果目光游移不定，怕与上级的目光接触，上级会认为这是一个缺乏自信心的人。

2. 自然的面部表情。不可畏首畏尾，应该保持坦诚、自然的面部表情。面带微笑使上级感到亲切并活跃说话的气氛。不要装深沉，扮鬼脸，那样只会让上级反感。

3. 谦恭得体的姿势。站着说话时，身体要伸直，挺胸收腹，重心放在两腿间，手臂自然下垂，形成一种优美挺拔的姿态；坐着说话时，上身保持垂直，不可以坐得太深，双手可以放在腿上；如果上级站着，自己也必须站起来说话，记住不可站得或坐得比上级高。

4. 谨慎的手势。下属在做手势的时候，动作幅度不宜太大，切忌对着上级指指点点。手势应该与说话内容默契配合，恰到好处。不要过多使用手势动作，同一种手势不要重复多次使用。

任务四 接受批评训练

【训练导入】

B公司人事专员刘晓燕接到人事经理赵光的任务，和所有设计人员签订保密协议，刘晓燕知道这是个吃力不讨好的活，一拖再拖，赵光很恼火，一再督促。刘晓燕只好硬着头皮找设计人员签订协议，但大部分设计人员借口对协议内容不理解不愿签订。但刘晓燕没有把情况反馈给赵光。赵光在人事例会上质问刘晓燕为什么几个月的时间不能完成此项任务时，刘晓燕才说设计人员不想签订，说对条款有异议。赵光心中老大不快，要求刘晓燕联系顾问律师给设计人员做个咨询培训。刘晓燕虽然不乐意，但不好再顶撞。过了一个星期，赵光问事情进展怎么样，刘晓燕说自己这两天很忙，还没联系律师。赵光一听非常生气，厉声责备说："这是总经理交代的工作，非常重视，技术机密对我们公司至关重要，总经理已经催过我好几次了，如果他知道我们还没有完成，他会十分生气的。你怎么这么拖拉。"刘晓燕一听倔脾气也上来了，不服气地说："既然这么重要，为什么总经理和你们上次给设计人员开会时不直接安排签订保密协议?"赵光没好气地说："当时总经理觉得协议还不够完善，要求律师修改。"当月，赵光给刘晓燕绩效评估为D。刘晓燕气得第二天请了一天病假。

分析：这其中的问题出在哪里？如果是你，该如何处理?

【训练目标】

1. 正确处理领导批评；
2. 在领导批评后能正确调适心情。

【知识链接】

苏联著名作家奥斯特洛夫斯基有一句名言："批评，这是正常的血液循环，没有它就不免有停滞和生病的现象。"可见，一个同志有了缺点错误，受到批评甚至处分，未必不是一件好事，关键是要有个正确认识的问题。

领导批评是人生道路的“修偏仪”。金无足赤，人无完人；人非圣贤，孰能无过。年轻人由于阅历不丰富，思想及理论修养不够，缺乏经验；中年人自恃工龄长、见得多，骄傲自满者有。就客观而言，差错谁也难免。领导代表组织及时给予批评，正是要把这些同志从思想偏差和行动错误的道路上拉回来，端正其人生航线。受到领导批评，有利于有缺点犯错误的同志清醒头脑，警示自己在今后遇到类似的情况时，主动预防错误，防止重蹈覆辙。

正确对待领导的批评，要努力做到以下三个方面：

（1）虚心听取，避免当场“顶牛”。领导的批评是“外省”的一种最好形式。一般说来，当领导的批评符合事实或单个批评时，部属比较容易接受。而当领导的批评与事实有出入，或者在集体场合批评时，部属则往往难以认可。在后一种情况下，受批评者必须保持冷静的头脑，本着“有则改之，无则加勉”的态度，耐心听取领导批评，万万不可自己以为有理，与领导发生争辩，在现场引起“顶牛”。这是因为：一方面，顾全大局，维护领导威信是部下应尽的职责；另一方面，领导只要批评的出发点正确，总有其批评的道理，至于领导批评中与事实不相符或有误会的地方，可以事后通过沟通的方法去解决。

（2）换位思考，体谅领导“苦心”。有些部属不懂得领导的良苦用心，不懂得“严是爱、松是害”的道理。常常把领导的批评看作是“跟自己过不去”，或者埋怨“干得越多，挨批越多”，有的甚至认为，“不批评自己的领导是好领导”。其实不然，大体说来：敢于批评下属的，大多是事业心强，要求严格，雷厉风行的领导。他（她）们追求关系简单化，工作高标准，批评对事不对人。特别是对于认为可以重点培养的人，常常采取任务上压担子，工作中严要求，“响鼓重锤敲”的办法。所以，一些批评，则是领导对部属“恨铁不成钢”和“严管厚爱”的表露。“人非圣贤，孰能无过”。对于部属来说，你做错了还不让领导说吗？对于领导来说，由于其工作任务重、压力大、节奏快等原因，不可能事事深入调查，件件精确无误，出现批评上的偏差也是有情可原的。事实上，在现实社会中，除了父母和领导会对你批评，还有谁会来对你批评呢？“难得是诤友、当面敢批评”。

（3）举一反三，全面见之行动。“知耻而后勇”。领导的批评是激励部属发奋进取的动力。当部属受到领导的批评之后，除了要认识出现问题的危害，深挖问题的原因之外，更重要的是要举一反三，查找整改自己在工作、学习、修身等方面的不足，加倍努力做好本职工作和领导交给的各项任务，避免在同类问题上发生第二次错误。领导最忌讳那种：“当面受触动、表态很激动、回去不行动”的人。诚如孔子云：“过而不改，是谓过矣。”

【训练实施】

训练一：正确认错

由于疏忽，你把甲客户的货物错发给了乙客户，客户非常不满，也给企业带来了一定损失，李组长很生气，并把你叫进去骂了一顿，你该如何向领导认错。

【训练评估】

<table>
<tr><td colspan="2">我对本训练感触最深的是：</td></tr>
<tr><td colspan="2"></td></tr>
<tr><td colspan="2">我将在自己的职场沟通实践中改变如下：</td></tr>
<tr><td colspan="2"></td></tr>
<tr><td>实践计划</td><td>预计期限</td></tr>
<tr><td></td><td></td></tr>
<tr><td></td><td></td></tr>
<tr><td></td><td></td></tr>
<tr><td></td><td></td></tr>
</table>

【拓展训练与阅读】

在职场中，90%的时候，公司的各种规章制度，特别是你的“职位说明书”在无形地发挥着作用，只要你身在职场就必须了解这些规则。如果你想挑战，把握分寸和技巧至关重要，千万别越过警戒线。

项目二 与平级沟通

【项目概述】

每天和你在一起时间最长的人是谁？不是你的亲人，也不是你的朋友，而是你的平级同事。他和你在办公室面对面、肩并肩，同劳动、共奋斗。“爱人者，人恒爱之；敬人者，人恒敬之。”想在职场获得发展和成功，自身的努力付出非常重要，同时有良好的群众基础也很重要。

本项目通过“与同事友好相处训练”“寻求同事帮助训练”“同事间冲突处理训练”，帮助训练者掌握并能运用职场沟通中与同事沟通的基本知识和技能。

任务一 与平级友好相处

【训练导入】

有一个人不知道自己应该去天堂还是地狱，就请求上帝允许他到地狱和天堂去考察考察，以便在比较以后能够做出明智的选择。上帝答应了他的请求，特派使者陪同他前往。

他要求先去考察地狱。走过一条幽暗的隧道，他来到了一个灯火辉煌的地方，宽大的餐桌上摆满了丰盛的佳肴，有喷香的烤肉，也有新鲜的蔬菜水果。“这儿是地狱？和传说中的相差太远了！”

他不相信地望着使者。使者点点头，示意他可以走进去看看。走进大厅他才发现：桌子两旁就餐的人个个都愁眉苦脸，他们的手臂上分别绑着带着四尺长把手的刀和叉，要想吃一口餐桌上的食品，真是不容易，只能呆呆地面对着满桌的食物挨饿。“哦，这儿不好！守着东西不能吃简直是世界上最残酷的惩罚！”他赶忙摇摇头退出来。

站在天堂的门口，他已经失望：一样的大厅，一样的食物，一样的手臂上分别绑着带着四尺长把手的刀和叉。他转身就要离去。使者微笑着阻止了他并示意他也进去看看。进去以后他才发觉：这里的人们与地狱里的不同，每个人的脸上都带着祥和的微笑，他们愉悦的轻声交谈着，像一个快乐的大家庭。他们不饿吗？他仔细地观察后终于发现了地狱与天堂的不同：地狱里的人总是试图喂自己，可带着四尺长把手的刀叉很难吃到东西；天堂里的人都在喂自己对面的人，因为互相帮助，他们可以吃到想吃的一切食物。

讨论：你希望你生活或工作的地方是地狱还是天堂呢？如何把你身处的环境变为天堂？

【训练目标】

1. 培养与同事高效沟通的能力；
2. 与同事建立友好的合作关系。

【知识链接】

一、与同事沟通原则

容忍差异。每个人的背景、经历、学历、年龄、性格的不同，就决定了每个人的行事风格的差异。因此，要接纳每个人的不同。在要求别人为你做什么的时候，首先要考虑自己能为他人和集体做些什么。

克服傲慢。术业有专攻，分工各不同。其他部门的同事往往不是你所从事的领域的专家，不要因此而轻视他们。

树立团队意识和内部服务观念。内部同事对你的评价会通过各种方式传达给外部顾客。每个人如同汽车里的零部件，只有彼此相互配合，汽车才能跑得又快又稳。

明确彼此的需求并能准确地表达需求。

二、如何与同事沟通

（一）尊重对方，多倾听对方意见

西谚有云："你希望别人怎样对待你，你就应该怎样对待别人。"这句话被大多数西方人视作工作中待人接物的"黄金准则"。每个人都渴望被重视、被尊重。真正有远见的人明白，要想获得同事的信赖和合作，不仅要在日常交往中为自己积累最大限度的"人缘儿"，同时也要给对方留有相当大的回旋余地。尊重别人其实也是尊重自己。所以言谈中少用一些"绝对肯定"等颇显极端的词，多用一些"可能""也许""我试试看"等谦虚的表述，给自己留有余地。

（二）尊重对方的劳动

用平等的姿态与人沟通，相信他的劳动是有价值的。同时我们也要相信别人获得的成绩是通过劳动获得的，不要嫉妒，应该在表示祝贺的时候，学习人家成功的经验，这样才能提高自己。

三、与同事沟通的技巧

（一）树立大局意识和团队精神

在合作过程中，工作有了成绩，要学会分享。合作中的失误和差错，则要勇于负起责任，该承担的要承担。要形成团队的整体观念，相互协助，不能落井下石。

（二）对待分歧，求同存异

同事之间由于经历、立场等方面的差异，对同一个问题，往往会产生不同的看法，引起一些争论，处理不善就容易伤和气。客观上，人接受新观点需要一个过程，主观上往往还伴有“好面子”“好争强斗胜”心理，彼此之间谁也难服谁，此时如果过分争论，就容易激化矛盾而影响团结。

如果涉及原则问题，当然不能刻意掩盖矛盾。面对问题，特别是在发生分歧时要努力寻找共同点，争取求大同存小异。实在不能一致时，不妨冷处理，表明“我不能接受你们的观点，我保留我的意见”，让争论淡化，又不失自己的立场。

（三）对待个人利益，要保持平常心

许多同事平时一团和气，然而遇到利益之争，就当“利”不让；或在背后互相诋毁或嫉妒心发作，说风凉话。这样既不光明正大，又于己于人都不利，因此对待升迁、功利要时刻要时刻保持一颗平常心。

（四）与同事交往时，保持适当距离

在一个单位，如果几个人交往过于频繁，容易形成表面上的小圈子，容易让别的同事产生猜疑心理，让人产生“是不是他们又在谈论别人是非”的想法。因此，在与同事交往时，要保持适当距离。

（五）发生矛盾时，要宽容忍让，学会道歉

同事之间经常会出现一些磕磕碰碰，如果不及时妥善处理，就会造成人际关系的紧张。俗话说：“冤家宜解不宜结。”在与同事发生矛盾时，多从自身找原因，换位为他人多想想，避免矛盾激化。如果已经形成矛盾，自己做得不对，要放下面子，学会道歉，以诚心感人。退一步海阔天空，如有一方主动打破僵局，就会发现彼此之间并没有什么大不了的隔阂。人与人交往，难免会有误会、矛盾甚至冲突，这些多可归因于沟通不畅。有观点认为，80% 的抱怨来自小事或者误会，20% 的抱怨来自工作本身。

（六）虚心向老同事学习

有的年轻人就觉得自己行，看不起老同事。事实上这些老同事在这个岗位上做了许多年，往往知道这个工作哪些环节容易出现问题，如果出现问题应该如何应对。他们的这些经验都是宝贵的，值得我们学习。

【训练实施】

一、训练一：寻找共同点

（一）游戏规则

两人一组，用 2 分钟时间，找到彼此之间爱好、性格、对同一事物看法上的共同点，要求不少于 10 个，越多越好。

（二）训练分享

1. 你和朋友之间的共同点有哪些？

2. 找到共同点后的感觉。

二、训练二：圆球游戏

（一）游戏规则

1. 所有的人分成三组，每个小组约 20 人，分别配有 1、2、3 号球。

2. 游戏要求将球按 1、2、3 号的顺序从发起者手里发出，最后按此顺序回到发起者手里。在传递过程中，每一人都必须触到球，所需时间最少的获胜。

3. 球掉在地上一次额外加 10 秒。

（二）游戏要求

1. 游戏完成时间少于 1 分钟，最后完成的小组表演节目。

2. 第一轮：各小组讨论什么？5 分钟后回来 PK。

3. 第二轮：以上规则继续生效，增加新的规则：

（1）第一轮所有方法不能使用。

（2）第二轮时间 30 秒（给出 6 分钟时间讨论，然后回来 PK）

（三）分享体验

1. 你们小组是如何形成一致意见的？

2. 当你们组有同学提出好的建议时，你是如何处理的？

3. 当你们组有同学出错时，你是如何处理的？

【训练评估】

<table>
<tr><td colspan="2">我对本训练感触最深的是：</td></tr>
<tr><td colspan="2"></td></tr>
<tr><td colspan="2">我将在自己的职场沟通实践中改变如下：</td></tr>
<tr><td colspan="2"></td></tr>
<tr><td>实践计划</td><td>预计期限</td></tr>
<tr><td></td><td></td></tr>
<tr><td></td><td></td></tr>
<tr><td></td><td></td></tr>
<tr><td></td><td></td></tr>
</table>

【拓展训练与阅读】

一、练习：看谁签名多

（一）活动道具

每人白纸一张，笔一支；

（二）活动规则

在 3 分钟内，训练者之间进行猜拳，输的一方可以得到赢的一方的签名。获得签名最多的为胜利者。

（三）训练思考

猜拳输了却能赢得别人的签名，而在现实生活中，如果要获得别人的帮助，是不是先要“输”点什么呢？这个活动的启示是什么？

二、测试：你与平级同事沟通的能力如何？

1. 面对平级同事的缺点、错误时，你会怎样做？（　　）
A. 婉转沟通、引导发现
B. 直言相告
C. 跟我的关系不大
2. 发现平级同事的优点或好的业绩时，你会怎样？（　　）
A. 及时赞美和祝贺
B. 非常关心，想学习其经验
C. 羡慕
3. 当你听到平级同事在背后说别人的坏话时，你会怎么办？（　　）
A. 不传话
B. 有时会加以制止
C. 在一定范围内告诉别人
4. 你和平级同事之间经常怎样看待对方？（　　）
A. 相互讨论双方的优点
B. 相互讨论双方的缺点
C. 能很好地谈论对方
5. 在表达时，你会注意自己的语气和语调吗？（　　）
A. 每次都非常注意
B. 重要场合下会注意
C. 很少注意
6. 你在表达时，如何掌握词语的运用？（　　）
A. 总能找到准确的词语
B. 偶尔找不到合适的词语
C. 经常词不达意
7. 平级同事在工作出现重大失误时，你会怎样做？（　　）
A. 直言相告并帮助补救
B. 告知上级并共同补救
C. 视关系而定
8. 当平级同事对你的工作提出意见时，你会持何种态度？（　　）
A. 积极沟通，找出差距
B. 接受意见，自我检查
C. 表面接受

9. 当你和平级同事之间产生误会时，你会怎么办？（ ）
A. 及时沟通，消除误会
B. 通过第三方沟通
C. 等待对方找自己沟通
10. 当你进入一家新公司时，你如何认识新同事？（ ）
A. 主动认识每个人
B. 积极认识部门里的人
C. 在工作中慢慢熟悉

评分标准及结果分析：
选 A 得 3 分，选 B 得 2 分，选 C 得 1 分。
24 分以上，说明你与平级同事的沟通能力很强，请继续保持与提升。
15 ~ 24 分，说明你与平级同事的沟通能力一般，请努力提升。
15 分以下，说明你与平级同事的沟通能力很差，急需提升。

三、阅读并思考下面材料

深受“平级”欢迎的薛宝钗

在大观园中，薛宝钗不是最有才华的，却是上上下下最处得来的。按贾府的组织结构图，她和王熙凤、林黛玉、史湘云都属于同一级别，但她不像王熙凤那样四处树敌，也不像林黛玉那样孤芳自赏。薛宝钗的法子，是善待“平级”，肯设身处地为别人着想，建立良好的伙伴关系。

海棠诗会后，湘云拍胸脯要设宴，薛宝钗了解她的实际难处，说：“我和我哥哥说要几篓极肥极大的螃蟹来，再往铺子里取上几坛好酒，再备上四五桌果碟。”全程帮她策划，并且不惜调动自家的资源，这让湘云的螃蟹宴大获成功。

湘云被贾母夸奖，也不肯掩了宝钗之功，立即说是“宝姐姐预备的”。这种事做多了，宝钗自然赢得了“平级”的支持。谁要是为难宝钗，史湘云都会挺身维护。当宝玉打趣史湘云“咬舌子”时，她当即道：“你敢挑宝姐姐的短处，就算你是好的。我算不及你，她怎么不及你呢？”

有一次，林黛玉要拿薛宝钗在宝玉卧床旁做针线赶蚊子的事取笑，史湘云本要笑，但“想起宝钗素日对她厚道”，就不起哄，赶紧拉了林黛玉走。

林黛玉行酒令时，误引了《牡丹亭》和《西厢记》的句子，这种偷读禁书犯忌的事，让人知道了会大失脸面的。薛宝钗发现了，既不打小报告，当众也是若无其事，隔日特意找到林黛玉，私下提醒，推心置腹。这件事成为钗黛关系的重要转折点之一。

在上面的故事中，薛宝钗为他人着想，在别人最需要帮助的时候，主动伸出援手，赢得对方的好感，从而使自己的人脉关系网越来越牢固。

通过这个故事，我学到了________________。

任务二　寻求平级帮助

【训练导入】

小丽和小云都是公司新进员工，小丽觉得小云很虚伪，她看不惯小云经常帮办公室的同事打饭，帮同事买这个买那个，任何人叫她干活都乐呵呵地去干。小丽心想，大家都是平级，有必要这样拍马屁吗？有天，部门经理让小丽和小云分别就自己所提出的计划咨询其他同事的意见。下班后，小丽非常谦虚地向办公室的同事请教，但他们都以“很忙”为由推脱，或者很敷衍地说好。小丽觉得很纳闷，因为小云在中午吃饭咨询他们意见时，他们都非常积极，恨不得把自己知道的都告诉小云。

小丽和小云在与平级同事的交往中为什么会有不同的际遇？平级同事的帮助对职业活动成效的影响大吗？为什么？在日常工作中职业人应如何获得平级同事的帮助？

【训练目标】

1. 找到获得平级同事帮助的方法和途径；
2. 在工作中与平级同事密切合作。

【知识链接】

一、获得平级帮助的技巧

（一）彼此尊重

与平级同事有意见分歧、观点对立是工作中常有的事，重要的是彼此尊重和理解。沟通中宜采用商谈、讨论及提出建议的方式，而不能以命令或责怪的方式把自己的想法强加于人。

（二）放低姿态

尽可能地照顾他人的心理感受，在水平、能力或业绩比自己低的平级同事面前放低姿态，帮助他们提高业务水平。切忌趾高气扬，给他们制造更大的刺激。

（三）灵活表达

平级同事有明显的错误或缺点，如果无伤大雅和原则，大可忽略不计，不必斤斤计较。如确有必要指出，也要考虑时间、地点和对象的接受能力，委婉地表达，如果过于直率，即使实话实说也不会受到欢迎。

（四）真诚赞美

对平级同事要适时关注，适当赞美，即使与工作无关，也能够成为自己与平级同事建立友好关系的契机。

（五）少争多让

要远离争论，对一些非原则性问题，切忌去争输赢，否则，只能使双方受到伤害。如有可能帮助平级同事获得荣誉，他会感激你的帮助和大度，更重要的是会增添了你的人格魅力。

（六）经常联络

空闲时打个电话、写封信、发个电子邮件，哪怕只是只言片语，他也会心存感激。

（七）相互体谅

要获得他人支持，先要体谅他人。彼此工作有轻重缓急，没有理由苛求他人为自己服务。在平时建立良好关系，有事时他人自然不会袖手旁观。

二、获得平级帮助的心理策略

（一）互惠原理

“礼尚往来，互惠互利”，人们习惯于尽自己所能，报答他人为自己所做的一切。心理学上将这种现象称为互惠原则。在日常工作与社交过程中，使用互惠心理策略，在对方提供帮助后给予回报，这样会争取到更多的帮助。

（二）价值原理

人与人之间的交往在某种程度上是一种社会交换，每个人都在潜意识里想从别人那里获得利益。人们在交往中总是交换着某种东西，不是物质的就是精神的，或者两者兼之。而且在交换时人人都希望“交换”的结果是对自己有利，得大于失，至少是得失相当的。

（三）自我一致性要求

人类潜意识里存在一种使人们的行为与自我概念保持一致的强烈欲望。因此，人的自我行为往往会和他对自我的评价及印象保持一致。利用这个心理，可以鼓励别人来实现自己的期望。

（四）共同的利益

对立的双方如果能找到一个利益共同点，就能唤起彼此的协助意识，让双方的对立关系变为协助关系。在不同情况下，共同利益可能很明显，也可能不明显，在向他人求助的过程中，要适当把利益放大，让对方感受到鼓舞。

【训练实施】

一、训练一：寻求同事帮助

（一）训练要求

1. 时间控制：30 分钟

2. 场地：室内

（二）训练过程

1. 从训练者中选出 4 人作为员工代表，他们需要完成一项相同的工作任务，其余的训练者是他们的平级同事，负责协助他们完成工作；

2. 指导者宣布 4 名员工需要完成的工作任务，如在最短时间内收集两副眼镜，三支笔、四块手表、五条皮带、六件外套等；

3. 活动开始，4 名员工按照任务要求，寻求平级同事的帮助，以最快速度收集物品；

4. 最快完成任务的员工为胜利者。

（三）训练分享

1. 用什么方法才能获得平级同事的支持，快速收集到物品？

方法一：____

方法二：____

方法三：____

2. 请求他人的帮助应怎样表达？怎样做才能有更好的效果？

3. 获得他人帮助的技巧还有哪些？

二、训练二：走出雷阵

（一）训练要求

1. 时间控制：30 分钟

2. 场地：一块宽阔平整的场地，室内外均可

3. 所需道具：每组一块蒙眼布、两根 10 米长的绳子、一些报纸

（二）训练过程

1. 训练者以 8 ~ 10 人一组，每组 2 人一对作为搭档，其中一个做监护员，一个闯地雷阵（两条绳子平行放置地上，绳距 10 ~ 15 米，标志着地雷阵起点和终点；在两绳子之间，尽量多放些报纸作为地雷；人数多是一个有利因素，场地会变得喧闹，增加活动难度）；

2. 给每对搭档发一块蒙眼布，闯雷阵的人蒙好眼睛，由监护员带上地雷阵的起点。监护员只能站在地雷阵外面指挥闯雷阵的人，闯雷阵的人一旦踩到报纸，则宣告“阵亡”，退出本场活动；

3. 几组可同时进行，到达终点后，另两名同组队员接力，率先完成任务且“阵亡”人数最少的小组获胜。

（三）训练分享

1. 对于闯雷阵的人来说，监护员的作用重要吗？你和你的搭档在活动过程中遇到哪些问题？

2. 这个活动对你今后处理与平级同事的关系有什么启示？

【训练评估】

<table>
<tr><td colspan="2">我对本训练感触最深的是：</td></tr>
<tr><td colspan="2"></td></tr>
<tr><td colspan="2">我将在自己的职场沟通实践中改变如下：</td></tr>
<tr><td colspan="2"></td></tr>
<tr><td>实践计划</td><td>预计期限</td></tr>
<tr><td></td><td></td></tr>
<tr><td></td><td></td></tr>
<tr><td></td><td></td></tr>
<tr><td></td><td></td></tr>
</table>

【拓展训练与阅读】

一、阅读并思考下面材料

兄弟拉纤的故事

摇船老汉有两个儿子。一天，老汉带他们出去帮助别人装运瓷器。这天逆水行船，又遇顶头风。老汉对两个儿子说："今天光摇橹是不行了，你们上岸拉纤，我在船上摇橹，这样可以快些。"

两个儿子上了岸，一前一后拉纤，船果然快多了。拉了一会儿，老大想，平时父亲疼爱老二，要我这么卖力干什么？反正有老二出力，我少出些力也没有什么要紧。他装出用力的样子，却一点没有用劲。老二想，老大比我力气大，吃得也多，应该多出力，反正有老大出力，我少出力也没有什么要紧。他也装出用力的样子，却一点没有用劲。这时，风急浪高，货船非但不向前，反而急速向后退。老汉在船上大声呼喊，让儿子用力拉纤，两个儿子这时才使劲拉纤，可已经来不及了。船一个劲向后退，他们"扑通"一声被纤绳拉入了河中。失去控制的船撞在石驳岸上，船撞坏了，一船瓷器震得粉碎，老汉连连叹气。

就像落汤鸡一样的兄弟俩你看看我，我看看你，尴尬极了。

通过这个故事，我学到了＿＿＿＿＿＿＿＿＿＿＿＿＿＿＿＿＿＿＿＿＿＿＿＿＿＿＿＿

任务三　处理平级间冲突

【训练导入】

不会沟通，从同事到冤家

小贾是公司销售部的员工，为人比较随和，不喜争执，和同事的关系处得都比较好。但是，前一段时间，不知道为什么，同一部门的小李老是处处和他过不去，有时候还故意指桑骂槐，对跟他合作的工作任务也都有意让小贾做得多，甚至还抢了小贾的好几个老客户。

起初，小贾觉得都是同事，没什么大不了的，忍一忍就算了。但是，看到小李如此嚣张，小贾一赌气，告到了经理那儿。经理把小李批评了一通，从此，小贾和小李成了绝对的冤家了。

【训练目标】

1. 正确处理同事间冲突；
2. 与同事友好相处。

【知识链接】

一、什么是冲突?

企业组织中的成员在交往过程中产生意见分歧，出现争论、对抗，导致彼此间关系紧张，这种状态就称为冲突。

冲突可以分为两种，一种是工作上的冲突，一种是人际关系上的冲突。例如，销售部门和服务部门由于未做好沟通工作，会经常产生冲突。销售人员为了更好地销售产品，在销售过程中可能会夸大一些事实；服务部门在跟进的售后服务中，部分服务人员为了省事，或为了掩盖自身对技术掌握的不足，将出现问题的责任推给销售部门。这是我们最常见的工作上的冲突。在工作中人际关系上的冲突更多，比如评选年终先进，由于名额的限制，最后要从两个都十分优秀的员工中选一个人当先进，此时这两个优秀员工之间的冲突，或者他们与部门经理之间的冲突就很可能出现了。

二、产生冲突的原因

要想顺利地解决冲突，降低或消除冲突的负面影响，一定要从了解产生冲突的原因入手。产生冲突的原因很多，一般有以下几点：

（1）目标上的差异。

（2）工作性质不同，导致互不理解。

（3）资源有限，导致一些利益冲突。

（4）缺乏沟通和交流。

(5) 本位主义，只顾自己和小团体。

(6) 地域上的差异。

(7) 各自所处的背景不同。

三、处理冲突的策略

(一) 回避方式

回避方式指不武断和不合作的行为。个体运用这种方式来远离冲突、回避争执，或者保持中立。回避方式反映了对紧张和挫折的反感，而且可能包括让冲突自己解决的决定。由于忽视重要的问题会使他人感到灰心，所以总是使用回避方式常导致他人的不利评价。这一方式可以由以下的表述来阐明：

(1) 如果有规则，我引用规则。

(2) 如果没有，我让其他人自由做出他的决策。

(3) 我通常不会说出会引起争议的观点。

(4) 我避开那些引起我与朋友们争论的问题。这就行了。

(5) 不管怎样，那都不重要，我们不要画蛇添足了。

当尚未解决的冲突影响到目标的实现，回避方式将导致对组织的消极结果。这种方式在某些情况下可能是适当的，包括：① 问题很细小或者只有短暂的重要性，所以不值得个体耗费时间和精力去面对冲突；② 个体在当时没有足够的信息来有效地处理冲突；③ 个体的力量对其他人而言过小以至于没有机会来推动问题的解决；④ 其他人可以更有效地解决冲突的时候。

(二) 强迫方式

强迫方式指的是武断和不合作的行为。那些运用强迫方式的人努力达到他们自己的目标而不考虑其他人。这一方式包括强制性权力和控制的方面。它将帮助个体获得个人目标，但是就像回避方式一样，强迫倾向会导致他人不利的评价。强迫方式可以由以下的描述来阐明：

(1) 我喜欢直截了当。

(2) 无论是否喜欢，按我说的去做，也许当其他人有了我的经验时，他们将记住这一点并给予更好的评价。

(3) 我使其他人接受我的主张的逻辑和好处。

(4) 在争执中我坚持自己的见解。在争论开始后，我通常坚持自己对一个问题的解决方案。

强迫倾向的个体认为解决冲突意味着非赢即输。当处理下属或部门之间的冲突时，强迫方式的管理者会威胁或实际运用降级、解雇、否定的绩效评价，或其他惩罚来迫使对方服从。当同事之间发生冲突时，运用强迫方式的员工将通过向管理者求助的方式来推行自己的主张。这种方式代表了一种通过管理者来将决定强加给对方的企图。

由于员工的利益未被考虑，管理者过分依赖于强迫方式降低了员工的工作动力。相关的信息和其他可能的选择方案通常就被忽视了。在某些情境下强迫方式可能是必要的，这些情况包括：① 紧急情况需要迅速的行动；② 为了组织的长期有效和生存必须采取不受欢迎的行动；③ 个体需要采取行动来保护自我和阻止他人利用自己。

（三）迁就方式

迁就方式指的是合作和不武断的行为。迁就代表了一个不自私的行为、一个长期的被他人所鼓励的合作策略，或者是对其他人愿望的服从。运用迁就方式的个体是典型的被他人给予积极评价的人，但是他们也会被认为是软弱和缺乏主见的。迁就方式的表现可以表述如下：

（1）通过暂停我的个人目标以保持与那些我所重视的人的良好关系来使冲突得到最好的控制。

（2）如果可以使其他人高兴，我完全赞成。

（3）我喜欢通过使争议显得不那么重要来消除它。

（4）我通过建议我们的分歧是细小的及将我的观点与其他人的结合在一起以表示友好来缓和冲突。

当运用迁就方式时，个体会表现得好像冲突将最终消失，同时他也求助于合作。个体将通过安慰和支持来努力降低紧张和压力。这种方式表现出了对冲突的情感方面的关注，但对于它的实质问题则没有什么兴趣。迁就方式仅仅导致个体掩饰或掩盖个人的情感。如果作为主要解决冲突的方式，则它基本上是无效的。

当个体处于潜在的爆发性的情感冲突情境中，并用掩饰来使情境变得安全时，或在短期内保持协调和避免分裂格外重要时，或冲突主要基于个体的人格而且不能轻易消除时，迁就方式会有一定的效果。

（四）合作方式

合作方式是指强的合作和武断性的行为，是解决人际冲突的双赢方法。运用合作方式的个体想使共同的结果最大化。这种个体倾向于把冲突看作是自然的、有助益的，根据双方的共识提供更有创意的方案，并表示对他人的信任和对他人的正直无私，同时会认识到当冲突的解决使所有人满意的话，则所有人也将对这个解决方案给予承诺。运用合作方式的个体通常被视为是有能力的，并能得到他人的积极评价。对这种方式的描述如下：

（1）我首先努力克服任何存在于我们之间的不信任。接着，我努力维护双方对这个项目的共同感情。

（2）我强调办法比困难多，同时建议我们找到一个可以进行尝试的方法。

（3）我告诉其他人我的想法，积极主动地获取他们的观点，同时寻找一个对双方有益的方案。

（4）我喜欢提出建立在已表达观点的基础上的新方案。

（5）我努力深入研究一个问题以找出对我们大家都有利的方案。

通过这种方式，冲突被公开地认识并被所有有关的人所评价。分析冲突的原因并找出一个有效解决冲突并使所有相关的人接受的解决方案。在以下情况下，合作方式是最为有效的冲突解决方式：① 通过个体差异来开展工作往往要消耗额外的时间和精力，但合作方式所需的相互依赖性证明了这些消耗是有意义的；② 个体中有充分的权力均势以至于他们感到可以坦率地相互影响，而无须顾及他们之间的正式上下级关系的时候；③ 特别是从长远来看，双方有一个通过双赢的过程来解决争议并能互利互惠的潜力的时候；④ 有充分的组织支持，以投入必要的时间和精力来用这种方式解决争端的时候。

（五）折中方式

折中方式指的是中等水平的合作和武断性的行为。运用这种方法的个体进行平等交换并做出一系列的让步。折中是一种被广泛使用和普遍接受的解决冲突的方法。这种方法可以由下面的描述来予以说明：

（1）我想知道其他人如何感觉。时间适合时，我会解释自己的看法并尽力告诉他们错在哪里。当然，在适中的基础上解决问题是非常有必要的。

（2）在我自己的方法失败之后，我通常发现为大家寻找一个收益和损失的合理结合点是很有必要的。

（3）当他人想迁就我时，我对他们做出让步。

（4）就像那句古老格言说的，有总比没有好，大家都折中一下。

善于折中的个体将更可能被积极地评价。对于折中方式的积极评价有很多解释，包括：① 它基本上被视作一种合作性的“退让”；② 它反映了一种实用主义的解决冲突的方法；③ 它有助于为未来保持良好的关系。

折中方式不建议用在冲突解决过程的早期有以下几个原因。首先，相关的个体很可能在被宣称的争端上而不是实际的争端上折中。冲突的表面分歧往往不是真正的症结，所以过早的折中将妨碍对真正矛盾的全面分析或探究。第二，接受一个最初的主张比寻找使所有相关方都满意的方案要简单得多。第三，当折中不是可以得到的最好决策时，它对所有或部分的情境是不适合的。进一步的讨论会揭示一个解决冲突的更好的方法。

与合作方式相比，折中方式没有使双方的满意最大化。折中使每个人获得中等的，但仅仅是部分的满意。折中方式可在以下情况使用：① 一致使每个人的情况较好，或者至少不差于没有达成一致的情况；② 达到一个全部的双赢协定完全不可能；③ 冲突的目标或对立的利益阻止了对一个人的提议达成一致的时候。

四、冲突处理方式的选择

对运用不同的人际冲突处理方式所做的研究表明，合作倾向于是更成功而不是不成功的个体的特征和高绩效而不是中等或低绩效组织的特征。人们都愿意把合作视为对冲突的建设性的利用。对合作的运用似乎产生了其他人的积极情感及对绩效和能力的积极自我评价。

与合作相反，强迫和回避的方式通常有着消极作用。这些方式倾向往往与他人的消极感情和对绩效与能力的不利的评价等情况相联系。迁就与折中的效果似乎是混合的。对迁就的运用有时导致他人的积极情感，但这并不会产生对运用迁就方式的个体的绩效和能力的积极评价。对折中方式的运用一般都会得到其他人的积极感情。

【训练实施】

一、训练一：判断下列处理冲突的方法的策略选择

1. 员工小王提出每月增加薪水 1000 元的要求，经理和他详谈后，达成每月加薪 500 元的协议。

2. 在部门会议上，两个小组争论得非常厉害，部门经理综合双方见解得出最后结论。

3. 小张和小李就一个问题产生异议，小李说："好吧，就照你的意见办。"

4. 部门经理宣布一项关于人员调整的决策。

5. 为了解决一个问题，小周和小赵各执己见，最后双方决定一周后再作决定。

二、训练二：案例分析

四个人住在同一间宿舍，A 是一个不爱凑热闹的同学，偶尔和舍友互动两下，平时不经常和同学交流，也没什么人到宿舍来找他。他喜欢早睡早起，作息比较有规律。B 却不怎么爱读书，在校大部分时间以玩电脑游戏为主，而且他经常玩游戏到深夜才睡，偶尔放歌到深夜，或者打游戏时大呼小叫。熄灯后看手机小说看到深夜，第二天 11 点多才起床。他的性格比较外向，很多同学来串门找他。C 是一个学习能手，尤其在理科方面，稍微念一下就融会贯通。平时也贪玩随性。偶尔与 B 一起打游戏，或者看 B 玩游戏。偶尔 C 会打开自己的台灯，看一些畅销书，同样睡觉较晚。由于 A 和 B、C 的作息时间存在很大差异，所以他们心里其实都觉得对方影响自己的休息，因为这事他们一直存在着矛盾，但由于他们的都采取回避策略，在初现矛盾的时候，他们也没有把不满的地方直接告诉对方，但是，时间久了，因为 BC 过于吵闹，A 的情绪开始变得有点暴躁，警告了 BC。最后，他们之间的冲突没有爆发，但是，他们经常私底下抱怨对方。A 指责 B 玩游戏玩得太晚，而且在玩游戏的同时还时常发出声音。因此，B 时常影响到他的休息。但是，A 每天早上太早起床，打开电脑并且塞上耳机，以至于每天早上都把 B 吵醒。由于 B 被 A 警告一下过几天又恢复常态，事情反复多次之后，两人的关系紧张了。另外 B 和 C 没有什么交流。那时候宿舍里面就神经兮兮的，四个人都不舒服，但是过几天又正常了。

分析：(1) 宿舍产生冲突的原因是什么？

(2) 该宿舍的同学采用哪种策略来处理冲突？

(3) 如果是你，你会如何处理？

三、训练三：换位思考

(一) 训练要求

1. 时间控制：20 分钟左右

2. 场地：室内

3. 所需道具：图片数张

(二) 训练过程

1. 指导者给训练者看几幅图，请训练者分别说说看到了什么？

青蛙与马

花瓶与小孩

天使与魔鬼

老妇和少女

2. 让训练者换个角度看图片，看看有什么新的发现？

（三）训练分享

1. 请训练者谈谈看图片的感受。

2. 当你和别人发生矛盾时，试着站在别人的角度看问题，试着理解他人，效果是不是不一样？

3. 当和别人发生沟通危机时，应怎样处理更好一些？

四、训练四：不要激怒我

（一）训练要求

1. 时间控制：30 分钟

2. 场地：室内（每个小组围成一圈，互不干扰）

3. 所需道具：一沓卡片或白纸

（二）训练过程

1. 将训练者分成 3 人一组，但要保证是偶数组。假设他们正处于一场商务场景当中，比如商务谈判、企业业绩评估等；

2. 给每组一张白纸，让小组成员在 3 分钟时间内用头脑风暴法列举出尽可能多的会激怒别人的话语，比如：“不行”“这是不可能的”，等等。每个小组要注意不要让另外一组事先了解到他们会使用的话语；

3. 每个小组写出一个1分钟的剧本，当中要尽可能多的出现那些激怒人的词语；

4. 评分标准

（1）每个激怒性的词语给一分；

（2）每个激怒性词语的激怒程度给1～3分不等；

（3）如果表演者能使用这些会激怒对方的词语表现出真诚、合作的态度，另外加5分；

5. 每两个小组组成一个大组开始活动，让一个小组先开始表演，另一个小组成员在纸上写下他们所听到的激怒性词汇；

6. 表演结束后，让表演的小组确认他们所说的那些激怒性的词汇，必要时要对其做出解释。然后换另一个小组表演，其他人写下听到的激怒性的词汇；

7. 第二个小组的表演结束之后，大家一起分别给每一个小组打分，给分数最高的那一组颁发“火上浇油奖”。

（三）训练思考

1. 什么是激怒性的词汇？我们一般在什么时候使用这些词汇？

2. 如果你无意间说的话被人认为是激怒行为的，你会如何反应？你认为是你自己的看法重要，还是别人对你的看法重要？

3. 当你无意间说了一些激怒别人的话，你认为该如何挽回？是马上道歉吗？

提示：

（1）很多时候往往在不经意之间说出很多伤人的话，即便他们的本意是好的，他们也往往因为这些话被人误解，达不到应有的目的。

（2）在说每一句话之前都应该好好想想这句话别人听来是什么感觉，会带来什么后果，这样就可以有效避免无意识地说出激怒性的话语。

（3）实际上，当人们得意扬扬的时候往往是最容易伤害别人的时候，保持谦虚谨慎的态度，往往会使人际关系得到改善，使人与人之间的沟通更容易一些。

【训练评估】

<table>
<tr><td colspan="2">我对本训练感触最深的是：</td></tr>
<tr><td colspan="2"></td></tr>
<tr><td colspan="2">我将在自己的职场沟通实践中改变如下：</td></tr>
<tr><td colspan="2"></td></tr>
<tr><td>实践计划</td><td>预计期限</td></tr>
<tr><td></td><td></td></tr>
<tr><td></td><td></td></tr>
<tr><td></td><td></td></tr>
<tr><td></td><td></td></tr>
</table>

【拓展训练与阅读】

一、练习：空椅子

找个安静的地方，放两把空椅子，你坐在一张椅子上，想象与你发生冲突的沟通对象坐在另一张椅子上，你将各种不满情绪都向对方“毫不隐讳”地表达出来。当你发泄完之后，坐在另一张椅子上，想象自己就是“对方”，对面的椅子上坐着自己，你再从“对方”的角度一一回答你刚才提出的责难，并宣泄不满的情绪。

这种角色互换训练，能帮助我们换个角度看世界。不仅能意识到自己的情绪、思维和行为方式，而且能理解和关注别人的情绪、思维和行为方式。这样人际的距离就会更近些，隔阂就会更少些，交流也会更顺畅些。

二、请你思考

你不过是说了一句话或做了一件事，结果却引来他人莫大的反应；也许你纯粹是出于一片好心，却激怒了别人，遭遇预想不到或对自己不公的负面反应。

你是否有过以上经验？原因何在？通过训练，对你今后处理这些问题有什么帮助？

三、测试：你的冲突处理能力如何？

下面有 10 道题，每道题有四个备选答案。请根据自己的实际情况，选择一个最适宜你的答案。

1. 假如你与别人产生了矛盾，关系开始紧张起来，你会怎么办？（　　）

A. 他不理我，我也不理他；他若主动打招呼，我也与他打招呼

B. 请别人帮助，缓和我们之间的紧张关系

C. 从此不再搭理他，并找机会报复他

D. 我将主动去接近对方，争取消除矛盾

2. 如果你被人误解干了某件不好的事情，你将怎么办？（　　）

A. 找他们对质，指责他们

B. 捏造莫须有的事情报复对方

C. 置之一笑，不予理解

D. 要求调查，弄清事实真相

3. 如果你的父母之间关系紧张，你将怎么办？（　　）

A. 谁厉害倒向谁一边

B. 采取不介入的态度，不得罪任何人

C. 谁正确就站在谁一边

D. 努力调解两人之间的关系

4. 假如你的父母老是为一些小事争吵不休，你会怎么办？（　　）

A. 根据自己的判断，支持其中正确的一方

B. 尽量少回家，眼不见心不烦

C. 设法阻止他们争吵

D. 威胁他们如果再争吵就不理他们了

5. 假如你的朋友和你发生了严重的意见分歧，你将怎么办？（　　）

A. 暂时避开这个问题，以后再说

B. 请与我俩都亲近的第三者确定谁是谁非

C. 为了友谊，迁就对方，放弃自己的观点

D. 下决心中断我们之间的朋友关系

6. 当别人嫉妒你所取得的成就时，你将怎么办？（　　）

A. 以后再也不冒尖了

B. 走自己的路，不管别人对我持什么态度

C. 同这些嫉妒者进行争辩，保护自己的名誉

D. 一如既往地工作，但同时反省自己的行为

7. 假如需要你去处理一件事，这件事的处理结果可能会得罪你的两个朋友，你怎么办？（　　）

A. 向他们两个说明这件事的性质，想办法取得他们的谅解，再处理这件事情

B. 瞒住他们悄悄把这件事情处理完

C. 事先不告诉他们，事后再告诉得罪的一方

D. 为了不得罪他们两个，宁可不顾当事人，而不去做这件事

8. 假如你的一位好朋友虚荣心太强，你会怎么办？（　　）

A. 检查一下对方的虚荣心是否与自己有关

B. 利用各种机会劝导他（她）

C. 听之任之，以保持良好的关系

D. 只要他有追求虚荣心的表现，就和他争吵

9. 假如你对某一问题的正确看法被同事否定了，你将怎么办？（　　）

A. 向同事说明，争取得到同事的支持

B. 消极行事，以发泄自己的不满

C. 一如既往地认真学习，在恰当的时候向同事陈述自己的看法

D. 与同事争辩

10. 假如你与朋友在假日活动的安排上意见很不一致，你会怎么办？（　　）

A. 双方意见都不采纳，另外商量双方都不反对的意见

B. 放弃自己的意见，接受朋友的主张

C. 与朋友争论，迫使朋友接受自己的意见

D. 届时自己单独活动，不和朋友一起度假

记分办法：根据下面的表格，将各题的得分相加并统计总分：

选项＼题号	1	2	3	4	5	6	7	8	9	10
1	1	1	0	1	3	0	3	2	2	2
2	2	0	1	0	2	2	1	3	1	3
3	0	3	2	3	1	1	2	0	3	0
4	3	2	3	2	0	3	0	1	0	1

0 ~ 6 分：处理沟通危机的能力很弱

7 ~ 12 分：处理冲突的能力较弱

13 ~ 18 分：处理冲突的能力一般

19 ~ 24 分：处理冲突的能力较强

25 ~ 30 分：处理冲突的能力很强

项目三 与下属沟通

【项目概述】

对领导者来说，与下属的沟通是至关重要的。领导者要做出决策就必须从下属那里得到相关的信息，而信息只能通过与下属之间的沟通才能获得；同时，决策要得到实施，又要与下属进行沟通。再好的想法，再有创见的建议，再完善的计划，离开了与下属的沟通都是无法实现的空中楼阁。

本项目通过“与下属沟通训练”“正确下达任务训练”“激励下属训练”和“批评技巧训练”，帮助训练者掌握并能运用职场沟通中与下级沟通的基本知识和技能。

任务一 与下属沟通训练

【训练导入】

研发部梁经理进公司不到一年，颇受主管赞赏，不管是专业能力还是管理绩效，都获得了大家的肯定。在他的缜密规划之下，研发部一些原本延宕已久的项目，都在积极推进当中。

部门主管李副总发现，梁经理到研发部以来，几乎每天加班。他经常第 2 天来看到梁经理电子邮件的发送时间是前一天晚上 10 点多，接着又看到当天早上 7 点多发送的另一封邮件。梁经理总是最晚离开，上班时第一个到。但是，即使在工作量吃紧的时候，其他同仁似乎都准时走，很少跟着他留下来。平常也难得见到梁经理和他的部属或是同级主管进行沟通。

李副总对梁经理怎么和其他同事、部属沟通工作觉得好奇，开始观察他的沟通方式。原来，梁经理部是以电子邮件交代部属工作。他的属下除非必要，也都是以电子邮件回复工作进度及提出问题。很少找他当面报告或讨论。对其他同事也是如此，电子邮件似乎被梁经理当作和同仁们合作的最佳沟通工具。

但是，最近大家似乎开始对这样的沟通方式反映不佳。李副总发觉，梁经理的部属对部门逐渐失去向心力，除了不配合加班，还只执行交办的工作，不太主动提出企划或问题。而其他各个主管，也不会像梁经理刚到研发部时，主动到他房间聊聊，大家见了面，只是客气地点个头。开会时的讨论，也都是公事公办。

李副总在楼梯间抽烟碰到另一部门陈经理时，以闲聊的方式问及此事。小主管和梁经理对工作相当认真，可能对工作以外的事就没有多花心思。李副总也就没再多问。

这天，李副总刚好经过梁经理房间门口，听到他打电话，讨论的内容似乎和陈经理业务范围有关。他到陈经理那里，刚好陈经理也在说电话。李副总经过判断，确定是两位经理在谈话。之后，他找了陈经理，问他怎么一回事。明明两个主管的办公房间就在隔邻，为什么不直接走过去说。

陈经理笑答，这个电话是梁经理打来的，梁经理似乎比较希望用电话讨论工作，而不是当面沟通。陈经理曾试着直接在梁经理办公室谈，而不是电话沟通。梁经理不是以最短的时间结束谈话，就是眼睛一直盯着计算机屏幕。陈经理说，几次以后，他也宁愿用电话的方式沟通，免得让别人觉得自己过于热情。

了解这些情形后，李副总找到梁经理聊聊，梁经理觉得效率应该是最需要追求的目标，所以他希望用最节省时间的方式，达到工作要求。李副总以过来人的经验告诉梁经理，工作效率虽重要，但良好的沟通绝对会让工作的推进顺畅许多。

【训练目标】

1. 正确与下属沟通；
2. 运用与下属沟通的技巧。

【知识链接】

只有懂得如何与下属沟通的领导，才是称职的领导，才会更有凝聚力和领导力，才能充分调动团队的积极性和主观能动性，让下属发挥出最大的能力与价值，从而赢得上级的信任和事业的成功。

要成为一名优秀的领导者，一定要能跟下属进行有效的沟通。通常来说，与下属的沟通的正确方式有七个：

（1）尊重下属

每个下属都有长处和短处，要相信下属的潜力，善于发现下属的长处，并用下属的长处补自己的短板，特别是自己不具备的技能。

（2）站在下属的立场想问题

不同的职位，职责和要求各不一样。职场上有个“八、十六、二十四原则”，即作为员工，八小时想到工作就是一名非常优秀的员工，作为干部要十六小时想工作，作为老板则要二十四小时想工作。在管理下属时，领导越站在下属的立场想问题，与下属的沟通越顺畅。

（3）倾听下属的声音

作为领导，应每月与每名下属沟通一次。

在现代社会，企业留住员工的关键就是留住人心，用心留住员工，多跟员工沟通。

(4) 随时表扬、激励下属

作为领导，应每星期表扬每名下属一次。

将下属分为三个类别并给予相应的分数标准，即 A 类下属，90 分；B 类下属，70 分；C 类下属，60 分。A、B、C 类都要表扬，而且最应该表扬的是 C，C 做到 65 分就开始表扬，表扬以后做到 75 分时，再表扬，以此类推。

(5) 关注下属的进步

在职场中，领导的心态一般有两种：一种是只管员工现在好好干工作，不管员工的将来；一种是真心想让员工在工作中学到本领。拥有两种心态的领导讲的话都是“各位努力工作，为了你们将来”，但对员工的关心却完全不同。优秀的领导应当多关注下属的进步，多关心员工。通常来说，关心员工可以达成“三赢”：

第一，越关心员工，员工就越关心领导；

第二，越关心员工，员工的业绩就做得越好；

第三，员工业绩做得越好，对领导、员工和企业越有好处。

(6) 适当授权给下属

授权也是一种沟通。领导要想成功授权，需注意以下两点：

第一，授权之前要跟下属做良好沟通，要对部下非常了解；

第二，定好游戏规则。

【训练实施】

一、训练一：怎样正确对待下属的抱怨？

(一) 情境资料

情境一

员工：老板，我们必须采取措施解决，否则我们迟早会不堪重负的。

老板回答 1：你拿了钱就给我好好干，不然就滚蛋！

老板回答 2：我也认为你的工作量确实很大，非常感谢你为公司付出了这么多。但我们现在面临严重的资金问题，短期内无法聘请更多的员工。但这并非意味着我打算对目前的状况置之不理，我们可以召集其他部门的主管人员，共同找出减轻目前工作负担的方法。

情境二

员工：主管，我非常想拥有一台新电脑，这样工作起来效率更高一些。

主管回答 1：你的电脑不是还能用吗？我都没有新电脑呢，你也不要太计较了。

主管回答 2：我理解。但是实际上，你们部门只有两名员工的电脑是在最近六个月购置的。更重要的是，你的日常工作并不需要一台新电脑，因为你几乎没有文字处理或记录的工作。根据你的工作需要，我认为没有必要支付这笔费用。如果你可以指出我没有注意到的某些重要方面，我会考虑你的要求。

(二) 训练要求

将训练者分为若干组，每组 6 ~ 8 人。各小组分别选代表演练以上两个情境，讨论并分析：以上两个情境中，在处理下属提出的问题时，上级用哪一种回答方式更好？为什么？有没有更好的回答方式？

二、训练二：案例分析

财务部陈经理每月总会请手下员工吃一顿。一天，他走到休息室叫员工小马通知其他人晚上吃饭。快到休息室时，陈经理听到休息室里面有人在交谈，他从门缝看过去，原来是小马和销售部员工小李在里面。小李对小马说：“你们陈经理对你们很关心，我见他经常请你们吃饭。”“得了吧。”小马不屑地说，“他就这么点本事笼络人心，遇到我们真正需要他关心、帮助的事情，他没一件办成的。你拿上次公司办培训班的事来说，谁都知道如果能上这个培训班，工作能力会得到很大提高，升职机会也大大增加。我们部几个人都很想去，但陈经理却一点都没察觉到，也没积极为我们争取，结果让别的部门抢了先。我真的怀疑他有没有真正关心过我们。”“别不高兴。”小李说，“走，吃饭去。”陈经理只好满腹委屈地躲进自己办公室。

据上述案例，请指出：

（1）案例中上司和下属的不足主要有哪些？

（2）上司和下属接下来可以怎么做？

（3）如果你是企业的决策者，评定人才优劣的标准是什么？请按其表现为下列员工提出改进的方案。

① 小王：听领导的话，领导让做什么就做什么。

② 小赵：有新奇想法，但是工作不够踏实。

③ 小宋：工作效率低，主要由于不适合现在的工作。

④ 小李：整天想着出去赚钱，工作没有积极性。

【训练评估】

<table>
<tr><td colspan="2">我对本训练感触最深的是：</td></tr>
<tr><td colspan="2"></td></tr>
<tr><td colspan="2">我将在自己的职场沟通实践中改变如下：</td></tr>
<tr><td colspan="2"></td></tr>
<tr><td>实践计划</td><td>预计期限</td></tr>
<tr><td></td><td></td></tr>
<tr><td></td><td></td></tr>
<tr><td></td><td></td></tr>
<tr><td></td><td></td></tr>
</table>

【拓展训练与阅读】

一、阅读材料并思考

新任经理该如何处理与下属的关系？

公司销售部新提拔了一名年仅 37 岁、精力充沛的销售经理方宏进。但在他上任 4 个月之后，销售部几乎所有人都和他作对，销售部的业绩一再下滑，一些推销员甚至用辞职来威胁。总经理为此大伤脑筋……

方宏进十分苦恼，他向总经理介绍他是怎样争取赢得部门 20 个推销员的支持的。

他曾分别与推销员单独交谈，但他们只是绷着脸保持沉默；他几次召集会议，讨论公司在销售新产品方面存在的问题，可这些推销员们只不过发一通牢骚，说一大堆风凉话，而根本提不出有助于解决这些问题的合理建议；当他指出这些新产品在国外代理商手中销路很好时，推销员强调说国内市场与国外如何如何不同；他向推销员们详细解释了那个由他推行的销售调访制度的必要性，但他们根本就不想知道；对于他安排填写的销售调访表格，没有一张是按照规定填写的，甚至有些销售人员填上了近似谩骂的内容。

随后，方宏进向总经理提出要解雇 6 个推销员，因为他们都曾嘲弄过他的销售调访制度，并且在工作中总是和他对着干。总经理没有同意，并告诫他要谨慎处理与老员工的关系。

请思考：方宏进面临什么样的问题？造成这些问题的原因可能是什么？为什么他布置的工作会使销售人员有抵触？当员工抱怨时，他采取什么方式处理？这种做法对吗？他现在该怎么办？

二、阅读与学习

上级如何把握与下属相处的艺术

（一）要“知”

知，就是了解自己的下属。

上级了解下属的性格、特长、爱好、生活状况等基本情况，才可能用其所长，岗尽其责。要了解下属的生活需要、心理需要、发展需要。了解其生活需要，在生活困难时，拉一把，帮助他们走出困境；了解其心理需要，在心理压力过大时，及时给予安慰，使下属有一个良好的心理状态；了解其发展需要，就是给下属提供一个施展才华，实现人生价值的舞台。

（二）要“礼”

礼，就是礼遇下属。上级要得到下属的拥护和支持，就必须尊重自己的下属。

要真诚相待。对下属在工作中要支持，生活上要关心，让下属有安全感；对自己授权的工作，要敢于为下属承担责任，让下属投入工作无后顾之忧；只要是对工作有利的，要鼓励下属敢于提出不同意见。

要处事公平。上级对下属要一视同仁，不搞“圈子”“带子”，避免资历、关系、感情产生的负效应；赏罚公平，使下属处于一种公平的工作竞争环境中，增强向心力和凝聚力。

要信任下属。信任是使用的前提，用人不疑，疑人不用。

（三）要“宽”

这里的“宽”是相对的概念，不是无原则的忍让。

要网开一面。当下属有错误时，只要不是原则性的，就应得理让人，网开一面，给下属以改正的机会和空间。

要勇于使“过”，即大胆使用曾有失误的下属。领导用人不是看谁跟你有过节，谁跟你关系最好，而是看谁最有能力，谁才是你最需要的人才。

要留有余地。上级与下属相处时要掌握模糊的艺术，凡事留有余地，大事清楚，小事糊涂。给下属留出适度的隐私空间，让下属有面子；给下属留有一定的活动空间，让下属有自由。

任务二　正确下达任务

【训练导入】

领导下达的任务

在电视剧《杜拉拉升职记》中，杜拉拉的上级领导安排她完成两件工作：第一，撰写年度优秀员工评选文案；第二，为评选出的年度优秀员工准备奖品。

杜拉拉听后回答：“没问题！”然后很顺利地写出了文案，并策划采用笔、本之类的文具系列作为获奖礼物，之后把文案报告和礼品策划拿给领导审查。出乎杜拉拉意料的是，上级领导对她的方案非常不满意，说道：“这个评选文案很像感谢信，没有体现公司作为全球五百强企业的企业文化。员工对于优秀员工评选具有很高的期望，这样的奖品和要求差距太远……”杜拉拉听后，只能不停地说：“对不起！我没有问清楚。”

上述案例中，领导在给杜拉拉布置工作任务时，并没有对工作结果提出具体要求，也没有明确要求策划文案和礼品要符合公司的企业文化，所以在沟通中领导具有一定的责任。

作为上级，在分配任务时，先问自己是否已准确下达了工作任务；作为下级，在接受任务时，先问自己是否明白任务的具体内容。

【训练目标】

1. 运用“5W2H”工作任务分析法给下属传达正确的指令；

2. 使下属积极接受工作任务；
3. 学会处理下属对工作任务的抱怨。

【知识链接】

如何使发出的指令能得到有效的贯彻，这对几乎所有的管理者而言都是一个至关重要的问题，它也直接关系到权威的影响度和威信的分量。

一、什么是命令

命令是上级对下属特定行为的要求或禁止。

命令是要让下属按照既定方案完成特定的行为或工作。

命令也是一种沟通，只是带有组织阶层上的职权关系。

命令隐含着强制性，会让下属有被压抑的感觉。

命令可确保下属能朝组织确定的方向执行。

注意：如果管理者经常用直接命令的口气和方式要求下属，下属往往很难接受这种方式。因为这剥夺了下属自我支配的原则，压抑了下属的创造性思维和积极负责的心理；另外直接命令最佳的状态也只能完成主管个人独断的想法，部门的业绩只凭主管个人表现无法集思广益。

二、下达工作任务的“5W2H”工作法

上级下达任务时，要正确地传达任务内容，可采用“5W2H”方法，正确地传达工作的意图。“5W2H”方法的内容如下：

（1）What（做什么）——什么事？要做什么？

（2）Who（执行者）——由谁来执行、谁来负责？

（3）When（时间）——什么时候开始？什么时候结束？什么时候检查？

（4）Where（地点）——在哪里干？哪里开始？哪里结束？

（5）Why（为什么）——这样干的必要性是什么？有没有更好的办法？

（6）How（怎么做）——怎么样去做？

（7）How much（工作量）——做多少？做到什么程度为好？

三、下达工作任务的重点注意事项

下达工作任务应重点关注以下事项：

（1）应十分明确工作的目的、意图、范围、日期，其中还必须包括为什么要做这项工作，以及该项工作的重要性。最终的目的在于管理者与下属都能对工作和状态达到一致的认识。

（2）管理者必须告知下属为什么会将任务交付给他，并且十分明确地指出对该部下所抱的期望，越是年轻人越有强烈的自尊，极需要来自别人的认同及肯定。

（3）许多下属并不想只是按部就班做事，他们希望在工作上得到自由发挥、发展、创意的空间，并且能自主执行。不过这得综合到该部下的工作能力经验、做事风格、年龄等因素才可以决定所能给的发挥空间。

（4）避免一成不变地复述上级的指示，应考虑到每一位下属所特有的能力、性格。最好在领会到上级指示并做完自我风格的“5W2H”的自问自答之后，再传达给下属。

(5) 尽可能地简化上级的命令、指示，让人听起来明白易懂，而且须不厌其烦地为部下解说。

(6) 遇到较为复杂的命令、指示，则须厉行“四让原则”——让部下们听到命令后有所回应，让部下们重述命令，让部下发问，确认他们了解工作内容的程度，此外也可以在纸上写下这些工作命令让每一位部下都能清楚明白。

(7) 养成随时检查部下的报告日期及内容的习惯。

(8) 以简单明了的方式来下达命令。

【训练实施】

一、训练一：给下属下达正确的指令

(一) 案例资料

洪经理：“小张，今天刘总要从上海过来，你和他熟，由你负责接待。”

小张：“经理，刘总什么时候到？坐火车还是飞机？”

洪经理：“我不知道，这样吧，你和他直接联系。”

小张：“那……接待标准？住哪里？怎么安排吃饭？需要安排活动吗？”

洪经理：“哎，这点小事就不要问我啦，你知道应该怎么做，和上次差不多就行了。”

小张：“您还是说清楚一些吧，上次您说我做主，结果后来又把我臭骂一顿。”

洪经理：“别啰唆了，你看着办吧。”

小张：……

(二) 训练要求

请运用“5W2H”工作法分析洪经理布置这项工作任务的要素：

(1) What（做什么）：________________

(2) Who（执行者）：________________

(3) When（时间）：________________

(4) Where（地点）：________________

(5) Why（为什么）：________________

(6) How（怎么做）：________________

(7) How much（工作量）：________________

(三) 训练分享

1. 洪经理的工作安排清晰吗？有什么问题？

2. 上级在给下属布置工作任务时，怎样才能让下属真正了解自己的意图？

二、训练二：穿网球鞋的“外星人”

(一) 训练目标

参与者在游戏中口头教一位“外星人”穿短袜和网球鞋——不允许进行示范。本游戏的目的是教会参与者清晰地发出指挥的命令。

（二）训练要求

时间：15 ~20 分钟

需要的材料：一双短袜，一双球鞋（教师的尺码），其中一只网球鞋没系上鞋带，向学生分发的材料（或放映幻灯片），人手一份。

（三）训练步骤

1. 教师自己扮演外星人，走进教室，一只脚穿着袜子和系了鞋带的鞋，另一只脚则光着。将材料分发给大家，或放映幻灯片，然后坐下，将短袜、鞋带和网球鞋放在你面前，等大家给你指导。

2. 教师的任务是帮助参与者认识到，他们做出的指令必须明确清晰。不要说话，完全按照他们的指令去做。如果一个参与者说“将短袜放在脚上”，你就捡起短袜放在脚上。如果参与者说“捡起鞋带”，你就从中间捡起鞋带，而不是从两头。如果参与者说：“将鞋带穿进鞋上的孔”，就将鞋带的头部穿进任何一个孔，而不一定是第一个，或者是将鞋带整个塞进孔里。

3. 如果几个参与者同时对你进行指导，或某个参与者变得过于情绪化，失落或骂人，你可以停下来，装傻。如果参与者有对你说了或做了你愿意继续游戏的事，你可以继续配合他们进行游戏。

4. 限时 10 分钟，停止活动后提出问题。如果时间允许，继续这个游戏。

（四）训练分享

1. 你从指导他人中学会了什么？

2. 在这个游戏中，你会看到“外星人”有时听从你的指导，有时又不听从你的指导。那么你怎么让下属理解你的指导并加以实施呢？

（五）向学生分发的材料

穿网球鞋的“外星人”

刚刚发这份材料给你的人是到达地球的“外星人”，这个“外星人”双脚穿鞋和袜子，然而出于好奇，这个“外星人”脱下了一只鞋和袜子，现在他不知道怎么穿回去了。你作为一个热心的地球人来教他穿好鞋带，然后将袜子和穿上鞋带的鞋穿回脚上。你的任务是进行清晰的指导（抵达地球之前，“外星人”接受过汉语速成班，但是根本不会说）“外星人”没有能力模仿你，所以你穿自己的鞋和袜子，对他们没有任何的帮助，还有在进化的过程中，外星人形成了只能一次听一个人说话的特点，请和其他参与者相互配合，轮流进行指导。

注意：不要碰这个“外星人”，如果你碰了他，没有人会确定将会发生什么。上次碰了这个“外星人”的人当时就被蒸发掉了。

三、训练三：廖科长应怎样安排工作？

（一）案例背景

财务科廖科长手下有 4 名员工，他们各有特色。

A 在公司工作已超过 25 年，资格最老，廖科长刚开始工作还是跟着他学习的，后来在科长职位的竞争中败下阵来，他一直愤愤不平，经常冷言讽刺，让廖科长很头痛；

B 比较婆婆妈妈，爱管闲事，整天家长里短聊个不停，可一谈到工作就什么意见都没有了；

C 是四人之中职称最高、专业技术能力最强的，但为人比较计较，平时只管做好自己的事，其他人的事或不属于自己工作职责范围内的事从来不肯多做一点；

D 刚入职，很有热情，但性格有点毛毛躁躁，工作至今还没上手。

下周总公司财务处要来检查工作，财务科这周日要加班准备迎检材料，廖科长应该怎样安排布置工作，让几位下属都能愉快接受呢？

（二）训练要求

1．训练者分为若干组，每组 5 人，其中 1 人扮演廖科长，其余 4 人扮演 A、B、C、D 角色，演练廖科长给 4 名下属布置周日工作的场景；

2．四名下属都不想在周日加班，在接受工作任务时很不情愿，依据各自特点会用各种理由进行推脱；

3．廖科长要想出各种办法平衡他们的意见，使他们都能积极接受工作任务。

（三）训练分享

1．作为上级，怎样根据下属的特点安排工作？工作安排最后是否达成共识了？

2．当下属对你安排的工作任务有异议时，你会如何处理？

3．有什么方法可以让下属积极接受工作任务？

【训练评估】

<table>
<tr><td colspan="2">我对本训练感触最深的是：</td></tr>
<tr><td colspan="2"></td></tr>
<tr><td colspan="2">我将在自己的职场沟通实践中改变如下：</td></tr>
<tr><td colspan="2"></td></tr>
<tr><td>实践计划</td><td>预计期限</td></tr>
<tr><td></td><td></td></tr>
<tr><td></td><td></td></tr>
<tr><td></td><td></td></tr>
<tr><td></td><td></td></tr>
</table>

【拓展训练与阅读】

一、阅读以下材料

如何提升下属积极接受命令的意愿呢?

我们应该打破对命令的固有认识，不要陷于命令——服从的固有认知模式，命令应该是让下属正确地了解上司的意图，并让下属容易接受及愿意去执行。所以在下达命令时应用提升下属意愿的沟通方式代替命令方式。

1. 态度要和善，用词要礼貌

例如："请你……""麻烦你……""……我需要你的协助……"

2. 让下属事前参与计划或讨论

例如："各位同事，下午好！今天召集大家，是想探讨关于某某问题，看应怎样改善或怎样改善更好些!"

3. 让下属明白这件工作的重要性，激发下属的成就感。

例如：客户查厂找员工谈话时，你可对下属说："好好表现！这件事如果做好了，你将为公司立了一件大功，为公司做出大的贡献，公司将会奖励你，你一定要好好表现!"

4. 用反问的方法

例如："你看若是这样做是不是比较好一些?"

5. 给下属更大的自主权

例如："这件事就由你去决定吧！你看怎么做好就怎么做!"

6. 共同探讨状况，提出对策。

例如："大家都了解目前的状况是这样的，那我们来探讨一下该如何做?"

7. 让下属感到被信赖

例如："这个工作交给你做，我就能放心了!"

8. 让下属提出疑问

可询问下属有什么问题及意见，你可采纳下属好的意见并称赞他。

例如："关于这点，你的意见很好，就照你的意见去做!"

9. 让下属取得必要的信息

例如："阿霞，麻烦你帮我去生产部门拿一份资料，刚才我已协调好了，他们会提供支持和帮助的!"

任务三　激励下属训练

【训练导入】

不懂激励的主管

有一个员工出色地完成任务，兴高采烈地对主管说："我有一个好消息，我跟了两个月的那个客户今天终于同意签约了，而且订单金额会比我们预期的多20%，这将是我们这个季度价值最大的订单。"但是这位主管对那名员工的优秀业绩的反应却很冷淡，"是吗？你今天上班怎么迟到了？"员工说："二环路上堵车了。"此时主管严厉地说："迟到还找理由，都像你这样公司的业务还怎么做！"员工垂头丧气的回答："那我今后注意。"一脸沮丧的员工悻悻地离开了主管的办公室。

点评：获得下属信任最好的方式就是真诚的欣赏和善意的赞许。

【训练目标】

1. 正确激励下属；
2. 处理好与下属的关系。

【知识链接】

激励是管理工作的重要组成部分，实施有效激励首先要认识什么是激励，然后才是如何进行有效激励。

一、有效激励的关键是"三位一体"

激励是管理艺术的一个重要组成部分，也是领导者的一项主要职能。所谓激励，就是领导者遵循人的行为规律，根据激励理论，运用物质和精神相结合的手段，采取多种有效的方式方法，最大限度地激发员工的积极性、主动性和创造性，以保证组织目标的实现。

众所周知，人的本性之一，就是有一种满足自己需要的欲望。一旦需要有了明确的目标，就会立即转化为动机，从而激发人们去行动。所以说需要是人的行为之源，是人的积极性的基础和原动力，也是激励的依据。那么，在实施激励政策时，如何有效利用马斯洛提出的需求层次理论呢？在运用这一理论时关键还要善于"换位、定位、到位"，而且要善于"三位一体"；否则这一理论再好，方法不到位，也恐难奏效。

（一）换位

换位是站在员工的角度，设身处地地考虑员工的工作动机及付出的劳动的艰辛程度，站在他的角度考虑个人的劳动或付出汗水及给企业发展带来了多大的作用，并给予相应的奖励。员工在特定岗位做出了成绩，他的行为目标除了完成岗位的职责外，一定还有另一种或几种潜藏在内心的愿望，如他可能想通过完成一个阶段的任务从而获得晋升，或获得物质奖励，或是以此证明自己的能力或积累恋爱、成家的“资本”，等等。

（二）定位

定位是指通过换位思考、与员工及其周围人士的沟通，观察其工作与生活言行，综合这些方面从而准确把握他的内在需求或价值等；员工有不同的需求，这些需求主要受自身愿望的变化，自身工作与生活环境的变化，社会时尚的变迁或引导，家庭的直接或间接需求等因素的影响，由于影响员工需求的因素复杂多变有时也需要企业拒绝他的不合理的要求或引导他的需求升华，所以定位就必须是动态的定位，而且是综合各种因素的定位。

（三）到位

到位是指根据员工的岗位奉献，确定并及时实施相对应的奖励的内容和方式等。一方面是要真正激励到员工的心里去；另一方面，经常存在企业激励没有到位，这时要表达到位，切忌激励完就了事的做法。这里的到位是相对的，而且是对特定员工、关联员工、企业成本等来讲的，是综合的到位。对于政策的阐释与实施，尤其是对于员工存有不合理的需求时，领导者一定要讲到位，而不是一味地迁就。

二、有效激励的手段、方法和技巧

（一）有效激励的手段

1. 目标激励：通过奋斗能获得的成就与结果。目标分层次，大、小、远、近。

2. 物质激励：通过满足个人利益来激发人们的积极性与创造性。

3. 任务激励：让个人肩负起与其才能相适应的重任，由社会提供个人获得成就和发展的机会，激发其献身精神，满足其事业心与成就感。

4. 荣誉激励：人们希望得到社会或集体的尊重。对于那些为社会或团体做出突出贡献的人，给予一定的荣誉，这既能使荣誉获得者经常以之鞭策自己，又可以为他人树立榜样和奋斗目标。

5. 信任激励：同事之间，特别是上下级之间，相互信任是一种巨大的精神力量，这种力量不仅可以使人们结成一个坚强的战斗集体，而且能激发出每个人的积极性和主动性。

6. 强化激励：① 正强化：对良好行为给予肯定。② 负强化：对不良行为给予否定与合理惩罚，使其减弱、消退。批评、罚款等属于负强化。对人的行为进行强化激励时，一是坚持正强化与负强化相结合，以正强化为主。二是要坚持精神强化与物质强化相结合，以精神强化为主。

7. 情感激励：情感是影响人们行为的最直接的因素之一。要建立良好的情感关系，激发每个员工的士气，才能达到提高效益的目的。

（二）有效激励的方法与技巧

1. 经济激励法

激励要点：其一，只对成绩突出者予以奖赏，如果见者有份，既助长了落后者的懒惰，又伤害了先进者的努力动机，从而失去了激励意义。

其二，重奖重罚。对于克服重重困难方才取得成功者，“赏如海”；对于玩忽职守，造成重大责任损失者，要“罚如山”。

2. 任务激励法

把单调、乏味的工作或训练同个人的切身利益相结合，使员工能够基于自己的利益考虑去挑战。

3. 纪律激励法

ZTT 公司总部的工作人员毫无生机，那些主管海外事业部的人更是饱食终日，无所事事。公司宣布了三条新的工作纪律，任何人必须遵守，否则将严厉查处。这三条纪律是：

（1）任何分支机构必须不折不扣地向总公司汇报自己的预算、营业收入和支出情况；

（2）每个分支机构必须定期向总公司报告自己的经营环境、竞争对手和市场情况。同时宣布，当总公司派遣的监督人员发现分支机构的负责人不称职或者不服从命令时，有权撤换；

（3）凡在此期间被解职的人，一律不发退休金。

经过这一系列措施的实行，迅速使 ZTT 走上了正轨，再辅以其他经营之道，ZTT 公司恢复了昔日的市场地位。

纪律激励法就是用纪律和制度来规范执行者和操作者的行为的激励方法。这是一种负激励方法，旨在制裁与处罚违规违纪行为。

4. 政治激励法

“民生”轮船公司总裁卢作孚为了将“服务社会、便利人群、开发实业、富强国家”的“民生精神”灌输给每个职员，要求每周二、三、五上午 8 点到 9 点举行早会时，向职工宣传：“一个人不能只打个人的算盘，越是为自己打算盘，结果是越顾全不了自己，应该用全部精力为社会服务，让社会离不开你，社会自然就得养活你。你把一桩事业搞好，这桩事业自然也就会解决你的一切问题。”进而还提出了“公司问题由职工解决，职工问题由公司解决”的口号。卢作孚的做法就是政治激励法。

5. 情绪激励法

情绪激励法就是通过在集团内部建立起亲密、融洽、和谐气氛来激励职工士气的方法。例如，每年举行一两次全体员工及其家属参加的野营活动。

6. 关怀激励法

企业领导对于下级的关怀，对于下级都是无穷的激励。

关怀激励法就是通过对职工进行关怀、爱护来激发其积极性、创造性的激励方法。关怀激励法被管理学家称之为“爱的经济学”，即勿需投入资本，只要注入关心、爱护等情感因素，就能获得产出。

7. 尊重激励法

尊重激励法就是通过尊重下级的意见、需要及尊重有功之臣的做法来使职工感到自己对于组织的重要性，并促使他们向先进者学习的一种激励方法。

松下幸之助相信，许多员工每天注意如何在工作中进步，其成效胜过总公司所有的生产工程师和策划人员，主动征询员工的意见，他喜欢带来访客人参观工厂，随便指着一位员工说：“这是我最好的主管之一。”从而使被指者倍感自豪。

8. 行为激励法

用企业领导者在某些方面的有意行动来激发下级的激励方法就是行为激励法。

【训练实施】

一、训练一：选择合适的激励方法

阅读以下员工资料：

庄小蝶是个某医院儿科护士长。现年29岁，已婚，有两个孩子，她目前正在攻读硕士学位。在医生中她的名声很好，大家都认为她是一位很能干的护士，她的年薪约7万元人民币。

李东是国内最大的快餐食品专利制造商的营业部副主任。现年51岁，离异有一个孩子现正在上大学。他已在这个公司工作九年，年薪约30万元人民币。他是该公司享受分红的高级管理人员之一。

周越民是一家大联营超级市场的兼职（非全日）雇员，现年26岁，退役军人。入伍前和退役后都一直为这个公司服务。他是一个重要的雇员。他现在还在一个当地大学里学习，目前再有12个学时他就将完成他的商业管理学位的学习。

徐莉是一个大学校长的行政助理，现年31岁，单身，曾受过一年秘书训练。她的职责包括：在学位要求方面给学生以咨询，监督和保管学生档案。她的年收入约为5万元人民币。她已在这这所大学工作12年了，开始时为打字员。

梅川是化学研究人员，在国家最大的化学公司中工作。四年前他从一个重点大学毕业后就到这个公司来工作。现年26岁，目前他的年薪约为7万元人民币。两个月后他的妻子即将生产。

从辉是一座办公大楼的夜间清扫队的监督员。他任监督员已有两年的时间了，在被提升到目前职位之前，他曾干过11年各种清扫工作。从辉今年44岁，已婚，有两个孩子。他的年薪约为2万元人民币。他每周有三天要在本地一家医院任临时清扫工。

夏斌是一个著名大学的历史学教授。他在有声望的专业刊物上发表过一些文章，并且写过很受赏识的学术论著。但是近四年来，他没有写出什么东西来。他是一位富有资历的教授，拿系里最高的工资，年薪约12万元人民币。今年40岁，已婚，有一个10岁的孩子。最近两年来，他在教学上的兴趣与热情已明显地低落下来，而学生对他的赞誉也随之减少了。

思考：假设你是他们的上司，请从下面的策略中选出一个你认为最能激励他们每个人提高工效的策略，并说出你选择的理由。

选项参考：

A. 增加工资

B. 以降级或解雇作为警诫

C. 提高身份地位（如扩大办公室、给予头衔、办公室铺地毯、设秘书）

D. 丰富工作内容

E. 附加津贴

F. 更多地参与管理决策

G. 更多的行动自由（如灵活的工作时间、较少的监督等）

二、案例分析：不同的表扬方法

某企业营销部的小王做事非常干练，工作效率很高，上级第一天下达任务，第二天小王就做出了执行方案，而且可操作性很强，上级领导非常满意，于是决定好好表扬小王一番。

第一种表扬方式："小王，干得不错呀，我非常满意！小伙子年轻有为，好好干吧！"

第二种表扬方式："小王，昨天我交给你的方案，真没想到你一大早就交给我了，非常迅速。我看了一下，方案中对产品卖点和客户需求的把握非常准确，并且操作性很强。这非常有利于我们营销工作的具体实施，也保证了营销工作的效果。从这事能看出来，你有很强的客户意识，工作效率非常高，而且创造力很强，你的这种工作精神特别值得大家学习，谢谢你！辛苦了！"

讨论：哪一种表扬方法效果更好？为什么？

【训练评估】

<table>
<tr><td colspan="2">我对本训练感触最深的是：</td></tr>
<tr><td colspan="2"></td></tr>
<tr><td colspan="2">我将在自己的职场沟通实践中改变如下：</td></tr>
<tr><td colspan="2"></td></tr>
<tr><td>实践计划</td><td>预计期限</td></tr>
<tr><td></td><td></td></tr>
<tr><td></td><td></td></tr>
<tr><td></td><td></td></tr>
<tr><td></td><td></td></tr>
</table>

【拓展训练与阅读】

一、激励能力测评

设置这部分内容旨在使你了解在激励下属过程中你的角色。第一部分由你独立回答问题。在第二部分，你同一个学员相互帮助，确认使激励更有效的方式。

第一部分

下面一些问题是与在工作中获得满意的因素有关的。仔细思考每个问题，然后在相应的选择上打“✓”。关于你的属下：

1. 是否了解他们所从事工作的目标？是（　）否（　）不知道（　）
2. 是否知道衡量他们工作绩效的关键所在？是（　）否（　）不知道（　）
3. 对他们工作的计划和组织是否有影响力？是（　）否（　）不知道（　）
4. 能否获得有关公司政策、运作方面的信息？是（　）否（　）不知道（　）
5. 是否有机会反馈他们的工作感受？是（　）否（　）不知道（　）
6. 能否从他们的工作执行中得到反馈？是（　）否（　）不知道（　）
7. 是否因成功而受到赞扬、奖励？是（　）否（　）不知道（　）

第二部分

分成两人一组，以第一部分的答案为提纲，讨论下述问题。要求分享见解，相互帮助解决困难。

1. 为了让下属从工作的成功中获得满足，你在多大程度上为他创造了机会？
2. 你的上司、人事部门等在这方面是怎样做的？
3. 你准备在哪方面（第一部分所列）为下属提供或创造更多的机会？

二、阅读与学习

有效激励的技巧

1. 先教后用激励技巧

在做某件事之前，要打好基础，以得到他人的意见或同意。在施以激励之前，预先对人员进行启发会使他们明白要求和规则，有言在先可避免唐突因此引发的矛盾。所以，最好的管理方法是启发，而不是惩罚。

2. 公平激励技巧

几十年以前，宝元通百货公司完全由考核结果来决定提升与受奖。考核的内容包括“意志、才能、工作、行动”四个方面，一般半年评比一次，评比的依据主要是组长和门市纠察人员在日记中专设“人事”一栏，每天记录售货员在这四方面的表现。经过这样的考核，职工就有可能由每月 0.5 元的工资一步步往上爬，一直爬到宝元通“九等三十六级”的顶峰。主任级以上职员就是通过这样的考核逐步提升起来的。这一做法就给人一种印象：凡是能力较强而又积极工作的，在宝元通必有出头之日，凡是考核成绩不好的人，绝无侥幸提升的可能，表现极差者甚至有被辞退或者开除的危险。因此，宝元通规定每年将总盈余的 31.5% 分配给全体职工，在具体进行分配时才没有出现较大的矛盾，大家基本上无异议。

充分利用激励制度就可能极大地调动企业职工的积极性，保证企业各项工作的顺利进行。要保证激励制度的顺利执行，不唯亲、不唯上、不唯己，只唯实，公平相待。

3. 注重现时表现的激励技巧

西洛斯·梅考克是美国国际农机公司创始人，世界第一部收割机的发明者。有一次，一个老工人违反了工作制度，酗酒闹事。按照公司有关管理制度的有关条款，他应受到开除的处分，梅考克在管理人员做出的决定上签署了赞同意见。决定一发布，那位老工人立刻火冒三丈，他委屈地说："当年公司债务累累时，我与你患难与共。3个月不拿工资也毫无怨言，而今犯了这点错就开除我，真是一点情分也不讲!"梅考克平静地对他说："你知不知道这是公司，是有规范的地方……这不是你我两个人的私事，我只能按规定办事，一次也不能例外。"

在实施激励方法时，应该像梅考克一样，只注重激励对象的现时表现，将现时表现同过去的情况分开来看，当奖则奖，该罚就罚。

4. 适时激励技巧

美国一家名为福克斯波罗的公司，专门生产精密仪器设备等高技术产品。在创业初期，一次在技术改造上碰到了影响企业生存的难题。一天晚上，正当公司总裁为此冥思苦想时，一位科学家闯进办公室阐述他的解决办法。总裁听罢，觉得其构思确实非同一般，便想立即给予嘉奖。他在抽屉中翻找了好一阵，最后拿着一件东西躬身递给科学家说："这个给你!"这东西非金非银，而仅仅是一只香蕉。这是他当时所能找到的唯一奖品了，而科学家也为此感动。因为这表示他所取得的成果已得到了领导人的承认。从此以后，该公司授予攻克重大技术难题的技术人员一枚金制香蕉形别针。

行为和肯定性激励的适时性表现为"赏不逾时"的及时性，公司总裁在只有一只香蕉时也要拿出来作为奖品。这么做至少有两个好处：一是当事人的行为受到肯定后，有利于他继续重复所希望出现的行为。这正如小孩学走路时，当他走出一步姿态并不雅的第一步后，就立即鼓励他走出第二步、第三步，直到他真正学会走路为止；二是使其他人看到，只要按制度要求去做，就可以立刻受奖，这说明制度和领导是可信赖的，因而大家就会争相努力，以获得肯定性的奖赏。

5. 适度激励技巧

有人对能通宵达旦玩游戏机者不予理解，但一当自己去玩时，也往往"废寝忘食"，原因何在？游戏机上电脑程序的编制是由于由简到繁、由易到难的原则，在每一个具体的程序中，操作者在与电脑相较量时未必能轻而易举地获胜。但经过一段时间操作之后又能够过一些关。这样稍有努力就进，不努力就退的若得若失的情况对操作者最有吸引力。

游戏机的事例说明了激励标准有个适度性问题，保持了这个度，就能使激励对象乐此不疲地努力。反之，如果激励对象的行为太容易达到被奖励和被处罚的界限，那么，这套激励方法就会使激励对象失去兴趣，达不到激励的目的，故曰：

“赏罚不中则众不威。”

总之，激励制度永远是企业向前发展的政委，考核制度永远是企业的作风。有效的激励和有效的考核是永远无法分离的，而有效的激励所必须把握的原则就是“适时、适度、适法”。

任务四　批评技巧训练

【训练导入】

美国前总统柯立芝有一位漂亮的女秘书，在工作中却常因粗心而出错。一天早晨，柯立芝看见秘书走进办公室，便对她说：“今天你穿的这身衣服真漂亮，正适合漂亮的你。”这句话出自柯立芝口中，简直让女秘书受宠若惊。柯立芝接着说：“但也不要骄傲，我相信你同样能把工作处理得像你一样漂亮的。”从那天起，女秘书在处理公文时很少出错了。一位朋友知道了这件事后，便问柯立芝：“这个方法很妙，你是怎么想出的？”柯立芝得意洋洋地说：“这很简单，你见过理发师给人刮胡子吗？他要先给人涂些肥皂水，为什么呀，就是为了刮起来使人不觉痛。”

【训练目标】

1. 正确对待下属犯错；
2. 采用正确的方法批评下属。

【知识链接】

批评也是一门艺术，正确的方法非常重要，好的方法能够促进企业的生产力提高，不好的方法会使企业的生产力下降。在企业里表扬的声音一定要远远大于批评的声音，企业的绩效才能提高。

一、公开表扬，私下批评

每个人都是有自尊心的。如果领导在公开场合批评员工，不仅有伤员工的自尊心，严重时还会引发尖锐的矛盾。一些领导会在会上点名批评员工，这种做法是不妥的。表扬可以通过口头或书面的形式来实现，而批评只需要一个电话就足够了，这样既能够尊重被批评的人，也能促进被批评人反省自己的缺点。

二、明修栈道，暗度陈仓

领导人批评员工其实也可以采用这种方式来进行。避开与员工正面的冲突，以免引起员工的反感。通过间接的途径来提醒员工，同样能够达到批评的效果。比如，一个企业举办大型活动，邀请了很多知名的专家，而活动的策划者由于工作的疏忽没能将桌签（与会专家的姓名台卡）带到会场，恰巧这个企业的老总看到留在办公室的桌签，于是就将其带到会场来了。就在该策划者惊慌失措时，老总将桌签递了过去，并对其笑着说，“我现在是跟班的了，下次可要注意了”。从此，该员工再也没有犯过类似错误，并且多次为企业策划出具有影响力的活动。

三、促其反省，留有余地

我们常见到画家画花时常常先画一支，而不是全部，也会在枝上添上一只小鸟，让人品位其中意境。诗人写诗同样如此，寥寥数字就能将一幅画面展现在我们眼前，具有言有尽而意无穷的效果。领导人也要善于让员工自省。批评员工，要点到为止，让其自身反省。

四、鼓励为先，鞭策为后

比如说某位员工没有按照工作进度完成工作，领导人于是找其谈话说：“我对你很是失望。”这位员工听后，第一感觉是领导人不重视我了。如果我们换一种方式来处理，你可以说：“你做事向来都是很积极的，从来都是按时完成的，这次一定有别的原因吧。”让其反省并回答。然后你再转到一个愉快的话题上来。我相信这样既可以很好的解决问题，也不至于导致关系的紧张。

【训练实施】

一、训练一：要不要批评

主管甲在和主管乙谈话，时钟指向9：20，某员工走进办公室。

员工（对主管）：“嗨！你早。”

主管甲：“早什么？你又迟到了。”

员工做个鬼脸就走开了。

主管乙：“你的员工经常迟到吗？”

主管甲：“是，有时会迟到。”

主管乙：“为什么不管呢？”

主管甲：“我觉得抓业绩最重要，迟到这种有关纪律的事，不大好管。”

讨论：你认为要不要批评你的员工经常迟到的行为？如果不批评会出现什么情况？

二、训练二：如何批评

主管：“小陆，我今天是想和你谈谈你迟到的问题。我平时也不止一次地提醒过你。”

小陆：“我知道，我有时是不大准时。”

主管：“你知道你的所谓‘有时不大准时’频率有多高吗？你几乎每天都迟到，甚至没有一次你能会准时参加晨会。”

小陆：“昨天我没有迟到。而今天的晨会我也准时参加了。”

主管：“你……”

讨论：你作为领导该如何批评员工？

【训练评估】

<table>
<tr><td colspan="2">我对本训练感触最深的是：</td></tr>
<tr><td colspan="2"></td></tr>
<tr><td colspan="2">我将在自己的职场沟通实践中改变如下：</td></tr>
<tr><td colspan="2"></td></tr>
<tr><td>实践计划</td><td>预计期限</td></tr>
<tr><td></td><td></td></tr>
<tr><td></td><td></td></tr>
<tr><td></td><td></td></tr>
<tr><td></td><td></td></tr>
</table>

【拓展训练与阅读】

一、案例阅读与思考

一个总经理的烦恼：我该怎样指出下属的缺点？

首先，我自认为不是一个求全责备、过于严厉之人，我知道这个世上没有十全十美的员工，我也不会要求一个员工样样都达到我的希望。所以，接下来请不要拿这些大道理来回复我，我现在需要的是技巧性动作。其次，这些天一直让我困惑和思考的问题，就是该不该指出下属的缺点？如何指出？

新来公司不久，我经过一段时间的观察觉得有几个员工不适合他们所在的岗位。本公司是一家网络公司，盈利主要靠广告收入。我时不时都会指出他们在工作中的失误，都是非常具体的错误，而不是泛泛而谈的大道理。但是，他们说我不是一个好领导，整天就知道抱怨。天地良心，我是一个心态非常积极、从不怨天尤人的人，经历过各种打击而此心不改。所以，他们的离职对我不是什么坏事，我只是对他们的前途感到担忧。

但现在有一件事，却让我难以把握了。在剩下的老员工里面，我的助理可以说是我的“死党”，公司里面的所有事情我几乎都会跟她商量。她也很为公司着想，一心扑在工作上，经常加班加点、任劳任怨。

但她有两个毛病是我不能接受的：一是私心，二是喜欢找借口。因为她会利用岗位之便在报销的时候多报，或者在购物的时候，会为自己顺便买一些小东西。还有就是喜欢为自己找借口。比如，会为迟到找借口等，其中有相当一部分的理由是不成立的。

我犹豫和思考了好久，但我终于还是说出来了。一次，事情是她没有做好，我在批评的她的时候，她竟然又说是其他员工不配合所致。这让我恼火了，我料想多半是她自己交待不清所致。但我打电话给另外一位员工核实情况，果然是那位同事没有收到明确的任务布置。

我告诉她我为什么发这么大脾气的原因，不只是眼下这件事，而是她自身的缺点。从此以后，她在工作上也不再那么主动了，每天只是中规中矩地做事，也不再发表自己的意见。我吩咐了她就做，也不再主动提醒我了。

所以，我真的非常迷惑：下属有缺点，我该怎么办？我好歹也是个总经理，难道我连下属在工作中的失误和缺点都不能说吗？为什么一提到他们的缺点会出现那么大的反应呢？不是辞职就是消极对抗?。

那么，接下来，我该怎么办？对下属的缺点是不是就听之任之呢？还是我应该换一种方式？可我该采用什么方式呢？可是我对员工真的已经很好了，好到大家如兄弟姐妹一样，我不喜欢摆架子，也很少用命令式的语气去分配任务的。

思考：如何在保证员工工作积极性的情况下正确指出下属的缺点？